促进理解的
小学数学教与学

徐铭侃　著

·广州·

图书在版编目（CIP）数据

促进理解的小学数学教与学/ 徐铭侃著. —广州：华南理工大学出版社，2021.12
　ISBN 978－7－5623－6874－8

　Ⅰ. ①促… Ⅱ. ①徐… Ⅲ. ①小学数学课－教学参考资料 Ⅳ. ①G624.503

中国版本图书馆 CIP 数据核字（2021）第 211922 号

Cujin Lijie De Xiaoxue Shuxue Jiao Yu Xue
促进理解的小学数学教与学

徐铭侃　著

出 版 人：	卢家明
出版发行：	华南理工大学出版社
	（广州五山华南理工大学 17 号楼，邮编 510640）
	http://hg.cb.scut.edu.cn　E-mail：scutc13@scut.edu.cn
	营销部电话：020－87113487　87111048（传真）
责任编辑：	黄冰莹
责任校对：	詹伟文
印 刷 者：	广州商华彩印有限公司
开　　本：	787mm×960mm　1/16　印张：14.5　字数：282 千
版　　次：	2021 年 12 月第 1 版　2021 年 12 月第 1 次印刷
定　　价：	48.00 元

版权所有　盗版必究　　印装差错　负责调换

序一

读书而不理解，等于不读。理解是一种基本但又复杂的思维活动。关于"理解"的定义，基于不同的学科和视角，有着不同的观点。例如，在解释学中，理解被认为是理解者与被理解者之间通过互动和对话，达成某种共识的过程；在认知心理学中，理解是主体基于已有的知识和经验，获取新知识和新经验并与原有知识及经验不断融合，进而生成新的意义的过程。教育学中的"理解"概念，主要受到认知心理学观点的影响，是指学习者以自身已有的知识和经验为基础，对所学内容进行深刻认识和把握，并将其纳入原有的认知结构体系中进而构建新意义的过程。

培养学生的理解能力是当代学校教育的重要目标之一。在传统的教学中，知识获得是主要目标，因而教学方法以传授和灌输为主，学习方式则以识记和背诵为主。在新的时代背景下，新信息、新概念、新事物等层出不穷，学生需要适应不断变化的环境，灵活运用"已知的知识"解决"未知的问题"，这就要求学生要深刻把握知识的内在联系，在理解知识的基础上将已有的知识迁移到新的情境中。可以说，时代的发展召唤着"促进理解的教与学"。

在小学数学的教与学中，"理解"问题既是重点，也是难点。首先，在理解中学习数学，有助于学生超越对数学概念和公式的识记，实现对数学本质的认识，这不仅能够激发学生的数学学习兴趣，也有利于学生将数学原理迁移到对其他内容的学习中。其次，通常小学生对数学的理解较为困难，教学中遇到的问题也比较多，教师要帮助小学生理解一些抽象的数学知识不是一件容易的事情。对这个既重要又棘手的"理解"问题，徐铭侃校长带领团队坚持十余年，持续关注与探索。如今，徐校长及其团队将研究成果整理为书稿，分三大部分：一是对"理解"及"数学理解"进行解读和介绍，重在讨论"理解及数学理解是什么"（书中的第一章）；二是分别从"概念""运算""图形"和"实际问题"四个不同的单元切入，具体探究"在小学数学中如何促进学生理解"（书中的第二章至第五章）；三是将重点由教转向学，意在探讨小学生数学课程观念的问题（书中的第六章）。

时光飞逝。我与徐校长相识已经十余年了，见证了他在小学数学教学方面的诸多探索与创新过程。大约在 2012 年，他成为广东省首批小学数学名教师工作室主持人，我很荣幸地成为工作室的理论导师。那时，我院正好承担了广东省小学数学骨干教师省级培训，我也很荣幸地担任了省培班的班主任并邀请徐校长来授课。徐校长的课大受欢迎，当期很多骨干教师都提出要去他的工作室跟岗学习。十余年来，徐校长还多次到我校给小学教育专业本科生和小学教育方向教育硕士研究生做讲座，教学效果很好，许多学生毕业多年回校来还会回忆起徐校长讲课的语言艺术和精彩片断。本书是徐校长及其团队十多年来持续研究小学数学理解的思想结晶，其中既有关于"理解"和"数学理解"的理论梳理，又有大量鲜活的教学案例，相信将为一线教师的教学创新提供诸多助益。

  理解是一个动态发展的过程，促进学生的理解也不是一蹴而就的，其中许多问题还有待进一步探讨。例如，究竟如何判断和评价学生是否理解及理解的程度，值得深入探究。最后，祝愿徐校长及其团队在小学数学教学研究方面取得更多更好的成果！

曾文婕

（华南师范大学教育科学学院副院长，教授、博士生导师）

2021 年 9 月 24 日

序二

老徐（徐铭侃校长喜欢我们这样称呼他）在谈及本书以及相关思考时，神态是"忘乎所以"的，周身是散发着光芒的，表情是欣欣然"独乐其中"的，眼神是"执着而坚定"的，心境是如儿童般"洁净天真"的，语言又是老顽童般的俏皮的，思想则是睿智而深邃的……总之，那是一个快乐的思考者才会有的样子。

促进学生理解的教学是每一位教师孜孜不倦的追求，然而，要理解什么？数学的理解跟其他学科的理解有什么不同？理解是怎样开始又怎样结束的？怎样才能知道学生是否理解了？怎样教才更有可能让学生理解？带着这一连串的追问，老徐梳理典型案例，提炼教学方法，将萦绕在他脑海中十余年的思考、学习与实践，外显为文字，撰写成著作，以飨读者。

文理交融、语言轻松诙谐是老徐一贯的表达风格。他以漫谈方式与大家分享"理解"的含义与实践中的"数学理解"，特别是在第一章第二节中，那首我们熟悉的看似讲述恋人之间情感发展进程的小诗，将课标中 7 个行为动词的内涵与层次变化解读得如此生动、易懂，在你莞尔一笑之际，7 个行为动词的含义便铭刻心中。

概念教学、运算教学、图形教学、解决实际问题教学等是小学数学教师最关注的几类重要教学，本书的第二到第五章分别介绍这几类数学教学的特点、内容以及促进学生理解的对应的教学方法，是本书的重头戏，也是一线教师最关心的内容。每一种教学方法都配有老徐精心撰写的教学实践案例，让这些抽象概括的教学方法易读、易懂、易于操作。

第六章是本书的特色内容——小学生理解数学课程，从学生视角观察数学课程，分别从小学生数学课程的价值观念、内容观念、目标观念、学习观念的培养，阐释何为学生"理解"的数学学习，帮助教师理解"学生如何理解数学课程"。教师是学习的组织者、引导者与合作者，教师的学科教学观念潜移默化地影响着学生。当教师实施的是促进理解的数学教学时，学生获得的不仅是知识内容层面的理解，更重要的是观念层面的理解，学科观念的正确树立是学科育人的根本体现。

2012年10月，我们成为老徐主持的省级名教师工作室入室成员。老徐用《义务教育数学课程标准（2011年版）》中的7个行为动词"了解、理解、掌握、运用、经历、体验、探索"写了一首小诗，以诗意的文字开启了对我们的专业引导。从那以后，老徐连续担任三届省工作室主持人，带领了一批又一批学员，开展了一项又一项研究。工作室团队探讨过"结果性目标的递进发展"，研究过"过程性目标与结果性目标的整合"，思考过"数学课程情感目标及其教学策略"……如今，老徐把这些研究和探索聚焦于"理解"，似乎要把它化作一柄开山巨斧，努力开凿出一条"促进理解"的教学改革之路。

　　老徐一直不乐意与我们师徒相称，总劝我们"叫老徐就行了"，开始我们以为他是客气，时间长了，才感觉这正是他治学、处事、为人的风格。

　　团队磨课的时候，他似乎总有"一百个新点子"，在等着你提出问题。可最后你用不用、怎么用他的点子，从来不会勉强你。他常年开放自己的课堂，听他的课是不用提前打招呼的。下课的时候除了跟你分享备课思路和教学心得，还总不忘说一句"谢谢你来听我的课"，因为他说，这是"要让自己行走在悬崖边上""逼着自己把每节课都上好"。

　　如今，老徐不再担任省级名教师工作室主持人，"改为"当省名校长工作室主持人，可他还是坚持站在数学课的讲台上，因为他说，"一节课都马虎不得，孩子们投入的可是生命的成本。……上好课，是最崇高的师德。"

　　如此敬畏课堂、珍惜课堂、钟爱课堂，老徐岂会"为名所困""为名所累"？他稳稳当当地站在讲台上，潇潇洒洒地追求着对"理解"的理解。

郑义富　李宇韬

（郑义富，中山市西区中心小学校长，特级教师，小学数学正高级教师）

（李宇韬，深圳市龙华区松和小学数学正高级教师）

2021年9月

前　言

人们都在追求幸福，可幸福是什么，不同的人却有不同的说法。

有一千个读者就有一千零一个哈姆雷特，是的，还得算上作者的那个。

可是，那么多个各不相同的哈姆雷特多少还是彼此相像的吧，总不至于把他想成堂·吉诃德那样儿吧？

人们也愿意相信，存在一些共同的幸福标准，要不然，为什么会提出打造"幸福校园"、建设"幸福乡村"呢？毕竟"幸福的家庭大多相似"嘛。

理解也是一样。似乎人人都明白理解是怎么回事儿，可又没人说得清楚理解到底是怎么回事儿。这真是一件令人费解的事。

数学给人的印象是严谨和精确的，绝大多数时候非对即错，没留下什么商量的余地。但说起理解数学，至今还是无法形成一个严谨而精确的判定规则。凭什么说学生理解了某个数学知识呢？要听过多少节课、做对多少道题我们才能确信其理解了呢？

可人们还是高度一致地认为，学习数学，就要追求对数学的理解。人们也高度一致地认为，教数学，就要教学生如何理解。人们还高度一致地认为，探索一些关于理解的规律，实施一些促进学生理解的教学方法，是有可能让更多学生达到或趋近于理解的，也是有可能增强学生的理解能力的。

一连串的问题就此产生了：

要理解什么？数学的理解跟其他学科的理解有什么不同？怎么理解？理解是怎么开始，又怎么结束的？理解之前怎样，理解之后又是怎样？理解到什么程度了？理解过后还要做什么？怎么才能知道学生是否理解了？怎样教才更有可能让学生理解？……

成千上万的数学老师，带着对理解的追求，也带着对理解的不解，在一个一个的班级、一节一节的课堂中实践着、感悟着、思考着、探索着，也利用各种方式表达着、分享着自己对理解的理解、对促进学生理解数学的理解。

笔者也是这成千上万的数学老师之一。30多年耕耘小学数学这片土地，的

确积累了不少经历和体验。十余年对作为课程目标水平指标之一的"理解"保持着关注，或许也形成了一些自己的看法。于是，尝试着用这么一本小书把它们整理、记录下来，自言自语般做些表达。所以，本质上这是一本写给自己看的书。是的，"回顾与反思，积累数学活动经验"。

30多年来一直与同行们结伴而行，既接受过前辈们的提携，也努力给后辈们以抬举。参加过不少高层次、高水平的教师培训，也曾组建过省、市级名师工作室团队。理解，逐渐成为我们共同的话题，甚至成为促使我们志同道合的催化剂。我们重视自主探究，也积极合作交流，在探索"理解"奥秘的道路上共同进步，伙伴们的应用意识和创新意识也在不断增强。所以，这本书也是与同行分享收获的一条渠道，以此向前辈们致敬，为后辈做个示范。

本书共分六章，从教师观念、学生观念、教法建议三个部分展开。

第一章以漫谈的方式，小结自己通过学习和思考而形成的对"理解""数学理解"的心得体会，希望借此引起老师们的共鸣或反响。受限于自身的理论水平，没有对"理解"和"数学理解"做系统而有深度的学术探讨，仅选择了若干自己感受较深的侧面或要点进行了讨论。此章重点在第二节"付诸实践的'数学理解'"，主要是从数学老师的教学观念角度展开，分别讨论了小学数学教师对教学内容、过程和方法应该把持怎样的观念。

第二章至第五章分别讨论了在不同知识内容范畴内如何促进学生理解的问题。每章先粗浅概括相关知识或教学的特点，再对小学阶段这部分知识内容进行分类或梳理，重点放在教学建议部分。需要说明的是，"概念""运算""图形""实际问题"这种单元分类方法很容易引起争议，但权衡再三仍做了这样的坚持。主要的想法是，虽然从知识内容分类来看，四者之间颇有交叉重叠之嫌，但在教学实践中，老师们普遍认为这四类内容的教学方法、学习方法差别比较明显，按此分类展开讨论，更容易形成一些共通的认识，为举一反三创造了有利条件。既然是写给自己和老师同行们看的，还是从实践需要出发为好。

第六章是较为特别的一章，选择了一个关于小学生数学课程观念的话题。通过对小学生学习数学、理解数学状况的长期观察，感觉引起小学生个体间巨大差异的因素很多，但小学生的数学课程观念，包括价值观念、内容观念、目标观念、学习观念等，肯定是一种不可忽视的因素。小学数学教师关注这个问题，并在实践中采取一些改进措施，影响、培养学生的数学课程观念，或许对促进他们在数学方面的发展能产生积极的作用。尽管对这个问题的认识还很肤浅，也不成规范体系，但既有所思，就知无不言吧。

书中援引的 140 多个教学案例，绝大部分都是自己多年教学实践中所做的一些实践尝试。有的案例侧重于分析知识内容和教学目标，有的案例介绍教学创新方法。信手拈来，夹叙夹议，或许不够典型，或许观点偏颇，期待读者的包容与批评。为方便读者查阅参考，在书的最后附有案例索引。

徐铭侃

2021 年 9 月 21 日

目 录

第一章　数学教师如何理解"数学理解" ……………………………………… 1
　　第一节　不识庐山真面目——等待理解的"理解" ……………………… 1
　　第二节　只缘身在此山中——付诸实践的"数学理解" ………………… 4

第二章　在概念教学中促进学生理解 …………………………………………… 17
　　第一节　小学数学概念的特点 ……………………………………………… 17
　　第二节　小学数学概念的主要内容 ………………………………………… 19
　　第三节　促进小学生理解数学概念的教学方法 …………………………… 23

第三章　在运算教学中促进学生理解 …………………………………………… 51
　　第一节　小学数学运算的特点 ……………………………………………… 51
　　第二节　小学数学运算的主要内容 ………………………………………… 54
　　第三节　促进小学生理解数学运算的教学方法 …………………………… 59

第四章　在图形教学中促进学生理解 …………………………………………… 83
　　第一节　小学图形与几何的特点 …………………………………………… 83
　　第二节　小学图形与几何的主要内容 ……………………………………… 89
　　第三节　促进小学生理解图形与几何的教学方法 ………………………… 92

第五章　在解决实际问题教学中促进学生理解 ……………………………… 120
　　第一节　关于解决实际问题 ………………………………………………… 120
　　第二节　小学数学解决实际问题的特点 …………………………………… 122
　　第三节　小学数学解决实际问题的主要内容 ……………………………… 127
　　第四节　在解决实际问题中促进学生理解的教学方法 …………………… 135

第六章　小学生理解数学课程 ································· 169
　第一节　观念与课程观念 ··· 169
　第二节　小学生数学课程价值观念及其培养 ··············· 172
　第三节　小学生数学课程内容观念及其培养 ··············· 178
　第四节　小学生数学课程目标观念及其培养 ··············· 187
　第五节　小学生数学课程学习观念及其培养 ··············· 197

附录　本书案例索引 ··· 205

参考文献 ··· 215

后　记 ··· 217

第一章　数学教师如何理解"数学理解"

第一节　不识庐山真面目
——等待理解的"理解"

理解是如此重要，人们持续地探索着它。哲学家、教育学家、心理学家从不同的范畴、不同的角度对理解的意义和功能开展研究，可谓"横看成岭侧成峰，远近高低各不同"。他们的研究成果为我们理解"理解"打开了一扇扇窗，指引着我们眺望"理解"那神秘而又丰富的"国度"。

理解是如此重要，可人们想要说清楚什么是理解，却又是那么地艰难。理解这个词就像它自身一样，似乎人人都明白，可谁也无法真正理解。曾经有人吐槽，在某辞典里查"理解"，解释是"懂，了解。"再去查"懂"，解释是"理解，了解。"其接下来会怎么做，你猜到了吧？

一、"理解"探源

"理"和"解"都是汉语一级字，既常用又古老。

"理"本义为在作坊将山上挖来的璞石加工成美玉，使之成器，有形有款；引申为治理、料理；又有条理、纹理、道理等义。最早见于《说文》。古人用这个字很有目的性，有价值的对象才值得去理一理嘛。理着理着，就能发现对象的内在属性和基本规律，还能升华为理性认识。

"解"始见于商代甲骨文，本义是杀牛、分牛。引申为分裂、消散、排解、解除等义。在古代，杀牛、分牛可不是平头老百姓能做的事，得在专门的场合如祭祀、犒赏，由有资质和资格的专业人士来干，可见"解"是一个很郑重的过程。

要分解某物，最好能知悉其规律。顺从规律，就可能分得更快更好。所以"理"和"解"就走到一块儿了。苏轼《众妙堂记》有"庖丁之理解，郢人之鼻圻，信矣。"大概意思是说专业人士依据事物的规律，凭借高超的技艺，能把很难的事情办得很漂亮，苏轼相信这是事实。此句中的"理解"，倒还是沿用了"理"和"解"的本义，毕竟庖丁最熟悉的是牛的"理"，最擅长的是对牛的"解"。

《宋史·儒林传三·林光朝》里说："未尝著书，惟口授学者，使之心通理解。"说林光朝教学生不用编教材，仅靠语言讲授，就能让学生达到理解的水平。这件事至少说明了三点：第一，理，不再只是具体事物可视的结构或纹理，而是某些更为抽象、宏观的知识和规律。第二，解，不再只是肢体的动作，变成的"心"的活动。第三，理解，开始从屠宰场走进了课堂，变成一种教育追求的境界。

二、教育者说"理解"

那我们就捧出老教育家孔子的几段话来品味品味吧。

①子曰："学而不思则罔，思而不学则殆。"（《论语·为政》）

读书不经过大脑，哪能理解文章的真实含义呢，难免受骗；面对新问题，不认真学习，没有做好知识储备，当然倍感困惑。

②子曰："不愤不启，不悱不发。举一隅不以三隅反，则不复也。"（《论语·述而》）

理解是学生个人必须完成的事，老师只需要在关键时候给予其引导和启发。想得差不多了却说不出来、想了半天却摸不到门路时就是关键时候。

如果学到的知识不能被推广和应用，说明不是真理解，这样的学生真是不想再教了。呵呵，老先生挺有个性的。

③子曰："温故而知新，可以为师矣。"（《论语·为政》）

为什么呢？如果温故只是简单的重复性练习，何以能知新呢？看来孔子的意思是说，能通过复习领悟新道理的人，才配做先生。当先生的人要有一定的理解能力。

④子曰："虽有佳肴，弗食，不知其旨也；虽有至道，弗学，不知其善也。是故学然后知不足，教然后知困。知不足，然后能自反也；知困，然后能自强也。故曰：教学相长也。《兑命》曰：'学学半。'其此之谓乎？"（《礼记·学记》）

有好菜，不去吃，哪能知道它的美味呢？所以味道是要亲自品尝的，说明要获得理解，体验是非常重要的。有好的知识，不去学习，怎么知道它的好处呢？做学生的，不光要理解知识本身，还要理解知识的价值。

反省自我，能知不足，知困；激励自我，能自信，自强。自我反省和自我激励都由情感态度驱动，所以情感态度在促进理解方面也发挥着重要的作用。另外，孔子兴私学那时候，基本没什么同行，所以这里的"教"估计指的不是老师教，而是学生之间同伴互教。如果是这样，说明孔老先生挺重视组织学生合作交流的。他很赞同《兑命》的说法：教是学的一半。

我们把孔子的话理解一下：

①理解是复杂的心智活动，不深入思考就得不到深刻的理解；
②理解是个体的心智活动，必须由学生自己经历，别人替代不了；
③理解以经验为基础，可以是直接经验，也可以是间接经验；
④理解依靠现有的知识，是对现有知识的延伸和发展；
⑤理解的知识要能够应用，不能在新情境中应用的知识不算真理解；
⑥情感态度对理解发挥了重要的作用；
⑦老师要在关键时候引导和启发学生理解；
⑧语言表达既是理解的表现，也有助于理解；
⑨合作交流可以促进双方的理解；
⑩不仅要理解知识的意义，还要理解知识的价值；
⑪不仅要理解知识的意义和价值，还要理解学习知识的过程和方法；

孔子真不简单啊，完全没用到"理解"这个词，就让我明白了这么多关于理解的道理！

三、认识论看"理解"

辩证唯物主义认识论认为认识活动是以实践为基础，从感性认识到理性认识再回到实践的发展过程。感觉、知觉和表象是感性认识的主要形式，概念、判断和推理是理性认识的主要形式，比较、抽象和概括、分析和综合是从感性认识上升到理性认识的基本方法。

从静态来看，理解是认识活动的结果。理解的产物是人脑对客观事物属性和联系的主观能动反映而非事物本身。理解的内容是事物的内在属性而不是简单的外部属性，是事物的本质属性而不是非本质属性，是事物的整体属性而不是片面属性，理解把事物视为联系的存在而不是孤立的存在，既反映了事物内部诸要素的联系，也反映了事物与外部其他事物的联系。

从动态来看，理解是认识活动的过程。理解并非认识过程中的一个瞬间，而是贯穿、往返于认识的各个阶段，并且持续发展和不断完善。在感性认识阶段也有初步的理解，对认识对象的整体把握并非单纯依靠感觉、知觉和表象。在感性认识阶段就已经有现有经验介入，这些现有经验本质上是以往理解的成果。在进行比较、抽象和概括、分析与综合等思维活动的过程中，理解会驱动认识再次返回到感、知觉阶段，补充需要的信息，修正或完善表象。即使到形成理性认识的阶段，也不意味着理解的终止，理解的成果还需要返回实践，既检验理解的成果，也推动理解进一步深化。哪怕是理解成果得到了实践的检验，理解也不会停止，它还会向认识的结构化、体系化方向发展。尽管客观世界是可知的，但客观世界里永远都有未知，这意味着人对事物的认识总是处于一种待完善、待发展的程度，伴随着认识的继续完善和发展，理解也将再次同行。

教育是培养人的社会实践活动，其主要功能是把人类共有的知识转化为学生个体的知识，并以此促进人的发展，进而推动社会的发展。学生学习知识的过程本质上是认识的过程。

人类的知识中包含大量理性知识成分，理性知识反映了事物的本质属性和内在、外部联系。绝大多数理性知识经历了漫长而曲折的抽象和概括过程，最终以概念和命题的形态表达。一方面，理性知识以概念和命题等形态"压缩"，为在较短时间内实现知识的传递创造了条件，另一方面，被"压缩"的知识具有抽象性特点，对学习者的接受和掌握形成了阻碍。

理解就好似认识过程中的"知识质检员"，通过感、知觉获得的信息以原材料或半成品状态输送到人脑，经过思维活动的比较、抽象与概括、分析与综合，被加工成知识。是不是真的成为知识？关键看有没有理解。

理解又好比认识过程中的"压缩工具软件"，它把具体和直观的感性知识"压缩"为抽象的概念和命题，反过来又把概念和命题"解压"还原到具体和直观的情境。能不能实现双向转换？关键还是看有没有理解。

理解还好比认识过程中的"传送带"，连通了实践、感性认识、理性认识、新的实践各个阶段，同时也整合了感知、表象、概念、判断、推理等各种认识形式。

因此，理解在整个学习过程中起着关键性作用，以至于有人说，没有理解的学习不是真正的学习。

第二节　只缘身在此山中

——付诸实践的"数学理解"

数学理解，对于教数学的老师、学数学的学生来说同样是如此重要。尽管有很多研究者尝试去说清楚它，可答案始终不像一道数学题那么简单明了。有时候看了一些似乎很权威的"数学理解"的定义，发现自己竟然根本就不懂理解。读完了某些对"数学理解"的教学建议，发现自己似乎根本就没有教过学生如何理解。汗颜呀！

尽管如此，作为一名渴望明确自己职业真谛、坚定信仰自己职业使命的数学老师，仍然要保持对理解和数学理解的探索热情。苏轼告诉我们，"不识庐山真面目"又有何妨？用脚步去丈量风景吧，让自己成为风景吧，"只缘身在此山中"，更是另外的一种境界！

一、数学理解，理解什么？

小学数学教师可以从不同的层面来理解"数学理解"的对象。根据抽象程度，我们把小学数学教师"数学理解"的对象分为知识内容、课程目标、核心概念三个层面。无需对每个具体对象做细致的分析，仅概述在教学实践中要切实关注的若干要点，供教师参考。

1. 小学数学的知识内容

小学数学知识内容有很多分类方法，但基于改进教学实践的目的，以下列举的几个知识类别并没有严格遵循分类原则。

（1）关于概念的理解

大多数小学数学概念仍处于知识的初级层次，虽然提出了概念名称，但没有给出科学的定义。数学教师对概念的理解不能停留在教材要求的水平，那是对学生的要求。数学教师要通过系统学习夯实知识基础，切实理解概念所揭示的知识本质。

（2）关于命题的理解

命题是判断的语义，反映了概念与概念之间的关系。小学数学知识中很多的概念定义、数量关系、公式等都属于命题。理解一个数学命题的前提是理解命题中包含的所有概念，关键是概念与概念之间的关系，难点是对变式后的命题进行判断和应用。

例如，路程 = 速度 × 时间，理解"路程""速度""时间"这 3 个概念是前提，理解其中的乘法关系是关键，运用数量关系解决新的数学问题是难点。"汽车每小时行 60 千米，3 小时行多少千米？"如果一位学生用"60 + 60 + 60 = 180"的方法解答，你该如何判断他的理解水平？

（3）关于图形的理解

在认识图形的学习中，建立图形的表象是非常重要的认识过程。图形特征往往比较丰富，不要急于脱离直观对象抽象和概括图形特征，要引导学生在抽象过程中反复比对直观对象和图形，确认学生建立了每项特征的正确表象，因为只有当所有特征的表象都正确时，概括总体特征才是有意义的。

小学图形度量教学的重点是理解图形度量和度量单位的意义，而不是理解求积公式，更不是运用求积公式计算。前者是"道"，是"本"，后两者是"法"和"术"，是"末"。理解了度量和度量单位的意义，才能为理解数形结合奠定观念基础。

(4) 关于问题的理解

数学问题是小学数学知识内容的重要呈现方式，既是知识的发生场景，也是知识的发展场景，更是知识的应用场景。数学教师要善于把问题"模型化"而不是"类型化"。数学模型的概括性更强，更贴近知识本质，更体现知识联系，更富于变化，有利于学生形成简洁而清晰的认知结构，有利于培养学生灵活解决问题的能力。过于琐碎的问题分类，既增加了学生的学习负担，更容易导致学生解决问题思路僵化、方法单一。例如，关于行程问题，基本的数学模型就是路程＝速度×时间，不必再分为速度＝路程÷时间，时间＝路程÷速度等类型，甚至所谓的相遇问题、追及问题等，也不必界定为新的问题类型，否则会让学生感觉行程问题是个庞杂的系统。

(5) 关于方法的理解

数学方法是基于学习数学知识和解决数学问题的经验，通过对学习过程进行抽象和概括而形成的认识。方法也是一种知识，是一种关于解决问题时如何选择方向、思路和步骤的知识。教师要强化自己的数学方法意识，在教学中突出数学方法教学环节。举一反三的不是问题，而是方法。掌握了正确的、灵活的方法，解决问题就"不成问题"。

解决实际问题的教学重点是"阅读与理解"，次重点是"回顾与反思"。前者是"磨刀不误砍柴工"，功夫做足，"分析与解答"的方法应该是水到渠成；后者是"吹尽狂沙始到金"，画龙点睛，"分析与解答"的意义才能够水落石出。

2. 小学数学的课程目标

课程目标具有导向功能，是选择课程内容的依据，也是实施教学活动的指南。小学数学课程目标分为课程总目标、学段目标、单元目标与课时目标等四个目标层级。

(1) 关于课程总目标的理解

义务教育阶段数学课程的总目标是根据课程性质、课程基本理念的定位而设计的,核心是"四基""四能"和"六情"。

"四基"是指"适应社会生活和进一步发展所必需的数学的基础知识、基本技能、基本思想、基本活动经验"。其中,基础知识和基本技能是相对显性的目标,与具体知识内容联系紧密,基本思想和基本活动经验比较内隐,广泛渗透于具体知识内容的学习当中,在学习基础知识和基本技能的过程中获得体验和感悟,有些可以适当进行抽象提炼。

"四能"是指"发现和提出问题的能力、分析和解决问题的能力"。总目标阐明了发展"四能"的基本途径是"体会数学知识之间、数学与其他学科之间、数学与生活之间的联系,运用数学的思维方式进行思考",可以提炼为几个关键词:联系、应用、思维、数学思考。

"六情"是指"了解数学的价值、提高学习数学的兴趣,增强学好数学的信心、养成良好的学习习惯,具有初步的创新意识和科学态度"。关键词是:价值、兴趣、信心、习惯、创新意识、科学态度,这是各学科都要着力培养的情感要素,但各学科都要结合自身特点,从不同的渠道和用不同的方式来培养。

总目标从知识技能、数学思考、问题解决和情感态度四个方面具体阐述,进一步具体突出了课程目标的学科属性。同时强调这四个方面是一个密切联系、相互交融的有机整体。总目标阐述的四个方面会相对应地逐步落实到下属各层级目标体系中。

（2）关于学段目标的理解

为使数学课程更加适应学生的年龄特点和成长规律,课程标准把义务教育九年的学习时间划分为三个学段,其中1~3年级为第一学段,4~6年级为第二学段,7~9年级（初中）为第三学段,并相应提出了三个学段的课程目标。

小学数学教师要系统性地理解学段目标,要把学段目标与总目标、总目标的四个方面进行对照,理清层级关系;还要前后对照三个学段目标,理清发展线索。特别提醒小学数学教师要注意分析第三学段课程目标,这样有利于准确把握教学尺度。

（3）关于单元目标的理解

单元目标是学段目标的具体化,与具体知识内容联系更紧密,明确了此单元作为一个知识模块或一个局域知识结构所要达成的教学目标。一般我们可以通过查阅与教材配套的《教师教学用书》等途径来理解单元教学目标。

理解单元教学目标首先要熟悉单元教学内容。教材编写是先确定目标再选择内容,教学实施的时候则要先分析教材内容再分析教学目标,这样才能在分析教学目标的时候不空泛。反过来,理解了单元教学目标之后还要再次分析教材内容，体会教材编写者的设计意图，领会教材与目标之间的联系。结合学生的实际情况，对教学内容做恰当的调整，如重新创设某些问题情境等。

理解单元教学目标要注意整体性。因为单元知识内容内在联系紧密，发展线索清晰，能够突显数学知识的结构性，而把握整体是形成结构的关键。整体理解单元教学目标还有利于落实课程目标的四个方面，增强四个方面的联系。特别是过程与方法、情感与态度的目标，放在单元范围内整体考虑，更容易选择它们的落地、落实之处。

（4）关于课时目标的理解

在单元目标的指导下，科学划分课时教学内容，制定相应的课时教学目标，是课堂教学质量的首要保障，也是数学教师最重要的教学基本功。

理解课时目标常见的误区是盯牢显性目标、忽视隐性目标。过于强调知识和技能的目标精准性，对数学思考、问题解决和情感态度的目标有些漫不经心，这是小学数学教师应该常常反思的一种教学倾向。

理解课时目标常见的误区是简单判断"难点即重点"。虽然大多数情况如此，但不能让这种理解形成思维惯性。例如，分数的意义教学中，教学难点是"把一些物体看作一个整体"，但重点并非在此，而在整体构建分数的意义，理解分数内涵所包含的各要素及其关系。

3. 关于数学课程"核心词"的理解

课程标准提出，应当注重发展学生的数感、符号意识、空间观念、几何直观、数学分析观念、运算能力、推理能力、模型思想、应用意识和创新意识，一般简称为"十个核心词"（为避免与数学知识中的核心概念混淆，曹培英建议表述为"核心词"）。

"十个核心词"是对义务教育数学课程目标的具体化，也是抽象化。说具体化，是因为这些核心词从数学知识的不同领域、对数学能力和数学素养的不同成分进行了具体的描述，为课程目标提出的"四基""四能""六情"提供了更具体的培养途径。说抽象化，是因为这些核心词的目标要求脱离了具体知识背景，交叉融合地渗透于不同知识领域、融通贯穿于整个义务教育数学课程体系之中。学生对这"十个核心词"所提目标的达成情况如何，或许可以听其言，观其行，但要做到察其心却是十分困难。

小学数学教师在要深刻理解"十个核心词"的基础上，主动转变教学观念，改进教学方式，做到"心中常有，眼中常视，行中常用，思中常省"。

下面笔者将自己对"十个核心词"的粗浅认识略做分享：

（1）数感

培养数感主要在数的认识阶段，理解数的意义是形成数感的基础。计数单位包括一、十、百、千、万、亿等，也包括小数、分数的计数单位，理解计数单位是发展数感的关键。培养数感的教学途径很多，数数与读写数、数形结合与实践操作、精算与估算、解决实际问题等数学活动，都蕴涵着发展数感的教学机会。

（2）符号意识

"以数状物"是学生数学认知的重大跨越，"以符状数"是又一次的重大跨越。前者是小学阶段的重点学习任务，后者在小学阶段处于知识的初级形式，小学生在多领域知识的学习过程中积累经验，领会一般规则和方法，为初中学习做好准备。

（3）空间观念

空间观念的核心是空间想象，直观实物表象和抽象图形表象是空间想象的主要媒介。抽象几何图形要依靠空间想象把直观对象"去芜存菁"，问题情境中要利用空间想象把图形的特征还原在实际物体上。这两种空间想象要注意处理好整体与局部的关系，既要把握整体特征，也要注意局部细节。物体方位及位置关系、图形的运动与变换也要依靠空间想象，重点是对两个物体或图形位置关系的想象。准确、完整、清晰的表象是空间想象的基础，语言描述既能检验空间想象，也有助于完善空间想象。

发展空间观念还要注意数形结合的问题。在图形度量的教学中，要有意识地培养学生更精确的空间想象能力，比如能根据给定的图形数据，想象这个图形各部分的大致比例，从而推想它的整体特征。

（4）几何直观

几何直观与数形结合是两个既有联系又有区别的概念。几何直观侧重于"以形辅数"，把貌似与几何无关的数学问题用图形进行描述和分析，以达到形象、直观表征数量及数量关系的效果。数形结合兼具"以形辅数"和"以数解形"的功能，但其目的侧重于研究数与形之间的联系。这里举个直观的例子，每排5个○，摆3排，用这种直观图形帮助学生理解5×3的意义，或理解5×3与3×5相等，是几何直观的应用。给一个长方形的长和宽分别标上5厘米、3厘米，赋予这个长方形特殊的边长属性，使它与其他长方形区别开来，就是数形结合的最朴素应用。

数学以抽象为主要特点，但并不意味着数学只发展学生的抽象思维能力。抽象思维与直观、直觉思维都是人类拥有的思维形式和方法，它们在人类的认识活动中发挥着不同的作用，都应该得到充分的发展。

(5) 数据分析观念

对于小学生而言，数据分析观念着重体现三个要点：一是感悟数据分析的价值。要给学生充分的体验机会，利用数据进行比较、判断、预测，并能合理表达理由，逐步养成"用数据说话"的数学精神。二是体验数据的随机性。数据是客观的，不容作假；数据是随机的，不一定符合预期；数据可能有一定规律，我们预测的是趋势或可能性，但绝不是神机妙算。三是掌握简单的数据分析方法。收集数据是有挑战性的数学活动，平均数、中位数、众数是描述整组数据总体特征的工具，统计图表是整理、观察和分析数据的工具。

(6) 运算能力

运算能力不是运算技能。运算能力的核心是数学思维而不是操作程序。理解运算意义、运算算理、运算法则、运算定律，掌握运算法则、运算顺序、运算技巧、简便计算方法、检验运算结果、选择估算方法等都要经历复杂的数学思维活动，这是学生运算能力发展的过程。运算教学、概念教学、命题教学、解决问题的教学都有着发展运算能力的宝贵契机。

(7) 推理能力

恩格斯曾经指出："归纳和演绎正如分析和综合一样，是必然联系着的。不应当牺牲一个而把另一个捧到天上去，应当把每一个都用到该用的地方去，而要做到这一点，只有注意它们的相互联系、它们的相互补充。"这段话对我们如何理解几种推理之间的关系有很重要的指导意义。

依据推理形式的不同，可以将推理分为演绎推理、归纳推理和类比推理。

依据推理的前提和结论之间是否有必然联系，可以将推理分为必然推理与或然推理（又叫合情推理）。

归纳推理又可以根据前提所考察的对象是否包含了某类事物的全体，分为完全归纳推理和不完全归纳推理。完全归纳推理是必然推理，不完全归纳推理是或然推理。

下图显示了几种推理之间的关系。

推理能力的发展贯穿于整个数学学习过程中，在小学阶段，合情推理占大

多数，但我们需要给学生提供适当的演绎推理的体验机会，并且注意在同一个学习情境中，让学生运用不同的推理形式体验它们之间的联系与区别。

（8）模型思想

广义的数学模型在小学数学知识中普遍存在，数、运算、数量关系、公式、图形等都可以看作是数学模型。狭义的数学模型是指那些反映特定问题或特定的具体事物系统的数学关系结构。前者把一般的数学知识形成过程都解释为数学建模过程，过于泛化；后者需要设计合适的数学问题并指导学生完整地经历建模过程，实施难度大。小学数学教师需要加强数学模型思想理论学习和实践探索，不断积累相关的资源和经验。

（9）应用意识

相对于模型思想，数学应用更充分地体现了数学与外部世界的广泛联系。小学生对数学的一般应用有非常丰富的经验，无论是通过自己运用数学知识解决真实或虚拟的数学问题所获得的直接经验，还是通过观察家长工作和生活中的数学应用所获得的间接经验，都有利于培养学生的应用意识。

在数学教学中，教师还需要利用一些较特殊的知识内容进一步强化学生的应用意识。例如适当改造问题情境，可以让许多统计与概率领域的"数学问题生活化"，综合实践活动的内容设计可以更好地体现"生活问题数学化"。此外，选择适当的数学发展史料，让学生了解数学方法解决生活问题的生动案例，也有利于培养学生的数学应用意识。

（10）创新意识

民主、开放的教学环境是培育创新意识的土壤。宽容的课堂氛围、友好的师生关系是师生积极参与、交往互动、共同发展的基本前提。数学活动形式的开放、数学问题的开放、解决问题思路的开放、问题结果的开放，能为培养学生创新意识创造有利条件。

二、数学理解，怎么理解？

小学数学教师可以从不同的层面来理解"数学理解"的过程。我们选择一个比较特别的角度来讨论这个问题。

数学课程标准使用了两类行为动词：一类是描述结果目标的行为动词，包括"了解""理解""掌握""运用"等；另一类是描述过程目标的行为动词，包括"经历""体验""探索"等。课程标准除了对这些词的基本含义进行解释，还提供了相应的同类词。

我们用生活化的方式来理解这组行为动词及它们之间的关系：

让我们从了解开始吧。

我认识你，我知道你，我找到了你，这就是了解。

生活中的两个人开始相互了解，总会有一定的原因。恋人之间的相互了解是怀着对 TA 的美好印象，然后开始了交往。初期的了解，获得的是对 TA 的声形相貌等基本外部特征的认识。哈哈，如果不是脸盲，下次见面肯定还能认得。

了解的含义是"调查；搞清楚"，也有"明白，懂得"的意思，跟"大致知道"相比，了解还有"清楚地知道"的意思。所以，了解是具有一定目的性的行为，并对行为结果有一定范围内的预期。

数学学习中的了解，开始于对"了解对象"的注意，引起认识活动的动机。所以了解是有目的的学习活动，是在有意注意的支持下的感、知觉活动，同时也有一定水平的抽象思维活动参与其中。了解的结果是知道或清楚地知道对象的特征，形成了关于对象的一定水平的表象。行为表现是能说出或举例说明对象的有关特征，并能利用表象，在具体情境中辨认出来，或者举例说明对象。

在人海中我也能认出你，

你之所以是你，是因为只有一个特别的你，

于是，我理解了你。

随着交往次数增加、交往程度加深，对 TA 的了解程度也从外部特征逐渐深入到习惯、性格、好恶、兴趣、行为方式等个性化特征，甚至认识了 TA 的朋友，进入到 TA 的生活圈里。

理解以了解为基础，是深刻化的了解，是对内部属性的了解，是对对象结构与联系的了解，是从道理和规律上的了解。

数学学习中的理解，基础是了解所获得的直观认识，所以我们也把了解表述为"初步理解""初步认识"。了解和理解一般适用于表达数学知识学习活动的目标。

理解的过程是抽象和概括对象的本质特征，揭示其本质属性，把握对象内部诸要素之间的关系，把握对象与其他事物之间的联系与区别。理解的结果表现形式多样，包括举例、分类、解释、概括、比较、说明等。

理解的过程不是一次发生的，往往需要在各种形式的抽象概括活动中返回到感、知觉层面，通过反复观察而获取关于对象更准确、完整、清晰的信息。

我能让你哭，但我更愿意让你笑。

即使你在哭的时候我也有办法让你笑！

因为，我掌握了你！

第一章　数学教师如何理解"数学理解"

彼此理解的恋人，相互适应 TA 的习性，也掌握了一些调适关系、化解矛盾的特殊方法，共同维系双方感情顺利发展。

掌握，指熟悉并能自由运用。能运用的，是技能或方法，所以掌握的对象通常是某种工具的使用、操作技能，或是某种心智活动的程序技能。掌握的基础是熟悉对象，即理解对象。掌握的要求是自由运用，要达到相当的熟练程度。

数学学习中的掌握和运用一般用于表达数学技能学习活动的目标。掌握是在理解的基础上，把对象用于新的情境，这肯定了数学学习中的掌握应该以理解为基础。新的情境可以是与学习技能时类似的情境，也可以是经过变式或更为复杂的情境。

有时，我想着你跟我去看海，因为你会领航。

有时，我等着你陪我去爬山，因为你有力量。

有时，我需要你的肩膀给我靠一靠，

有时，我会让手指从你的秀发中滑过。

多一次证实了你的爱，我就对你多一份亲近。

恋爱可不是单向的付出，对心爱的 TA，彼此都会有诉求，彼此也会尽量满足对方的诉求。这种相互的诉求与满足，实际上是信任和依赖之情的真实表达。随着双方信任和依赖程度不断加深，感情也日益升华。

在课程标准的行为动词解释中，"证明"被列为与"运用"同等水平的同类词。

运用，本义指根据事物的特点加以利用。由词义可知，运用的前提是理解事物的特点，并以其作为利用的依据。利用是带有确定目的的，或者是要得出某种结论，或者是要解决某个问题。

数学学习中的运用，是综合使用已掌握的对象，选择或创造适当的方法解决问题。运用的目的是解决问题，与掌握相比较，问题的范围、类别更宽广，形式和难度更复杂。同样是技能，运用和掌握使用要求不一样，掌握可以通过模仿或类比，技能选择指向性比较明确，运用提高了要求，需要学生从已掌握的各种技能中综合、选择，甚至创造解决问题需要的新技能。掌握是运用的基础，运用是掌握的发展。

证明，是用可靠的凭据来断定。凭据必须是可靠的，结果必须是确定的（肯定或否定）。

形式逻辑中的证明指根据一些真实的判断，得出另一个判断的真实性的思维过程。在数学上，证明是在一个特定的公理系统中，根据一定的规则或标准，由公理和定理推导出某些命题的过程。证明之所以可视作"运用"的同类

13

词，是因为它同样要求学生要掌握"一定的规则和标准"，掌握必需的"公理和定理"，同时还要对这些规则和标准、公理和定理进行综合、选择、创造。

多年以后，回首这些往事，我一定会想——

我们是怎样从了解到理解？

我又是如何将你掌握并运用？

从相遇到相知，从相爱到相拥，从相守到相扶，终成眷属的恋人们不会忘记走过的历程。品尝过甜和苦，是成长的经历；感受过喜和忧，是人生的经历；甚至尝试过分与合，这是爱的经历。

经历：亲身遭遇，亲自经受。说明主体是确定的，是自己，别人不可替代。遭遇和经受都是过程，有时间维度，无论长短。遭遇和经受产生某些结果，否则不会留有记忆。

数学学习中的经历是指在特定的数学活动中，获得一些感性认识。特定的数学活动是经过设计和组织的、与数学相关的活动，感性认识的主要成果是感觉、知觉和表象。从实际来看，学生在有组织、有目的的数学活动中，并不单纯获得感性认识，也能够形成一些抽象的理性认识。

每一次约会，都是一次从未有过的经历。

让我珍藏起来吧！

每一次收到期待中的礼物，我都会假装惊喜。

哦，其实我体验到的是真的惊喜！

人们不可能记住发生过的每一件事，人们之所以能记住那些往事，是因为那些经历带来了强烈的心理体验，从而留下了深刻的印象。

体验：亲身经历，实地领会。首先，体验来自亲历，我们无法体验别人的体验。其次，体验不是简单地亲历过程，它产生了领会的结果，也叫体会、领悟。领会、体会和领悟都伴随着情感因素，有情绪的体验，也伴随着认识活动及理解。

在数学学习中，体验是指参与特定的数学活动，主动认识或验证对象的特征，获得一些经验。数学体验仍然是有组织、有目的的数学活动，既可能出现在发现知识的时候，也可能出现在验证知识的时候。获得的经验可以是直观的，但更多时候是抽象的。获得的经验不只是关于知识和技能，也有关于过程和方法、情感与态度的经验。

直到我们像童话般地在一起了，

很久，很久，

我还会一直探索你，

因为，

越探索，越不懂你，

越探索，越迷恋你！

爱是需要保鲜的。相爱的人永远保持着对 TA 的几分距离、几分独立、几分未知、几分神秘，才能吸引 TA 保持着对你的探索激情，持续地迷恋着你。

探索：研究思索，寻求答案。人类因为未知而求知，因为求知而探索，探索之中有研究，研究之中有思考。人类通过思考而获得研究的成果，利用成果解答了未知。已知将带来更多的未知，未知又推动了新的探索。探索无止境，思考永相随。

数学学习中的探索：独立或与他人合作参与特定的数学活动，理解或提出问题，寻求解决问题的思路，发现对象的特征及其与相关对象的区别和联系，获得一定的理性认识。

三、数学理解，何为理解？

如何判断学生是否已经理解？是否我们提出一种促进学生理解的路径和程序，学生经历了这段路径并完成了全部程序，就意味我们就可以确信他已经理解？答案恐怕不会很确定。

理解，无论是将它视为认识过程还是心理特征，始终发生在学生的脑海里。但认识发展过程是以回到实践为一个周期的终结，心理特征也最终将部分暴露为外显行为。观察学生在实践中的表现，分析学生外显行为的变化，我们可以收集到许多有价值的证据。所以我们相信，利用这些证据能够对学生的理解水平做出相对准确的判断。

"嗯哼，虽然我走不进你的心里，却可以让你留在我的眼里"。

本书第二章"在数学概念教学中促进学生理解"附有一篇拙作《小学数学理解的学习表征与教学策略》，以"认识百分数"的教学为例，介绍了如何通过举例、分类、比较、概括、解释、说明等活动促进学生理解的教学方法。望借此给数学老师以启发，努力探索评估学生理解水平的有效策略。

随感

听说有大学开设了"恋爱"选修课。[表情：惊讶]

很好奇，这门课程准备采用什么学习方式呢？讲授式，合作交流式，还是体验探究式？[表情：偷笑]

话又说回来，"恋爱"还真是一个非常典型的学习过程。

恋爱是主体的实践活动。父母亲可以帮你相亲，但总不能代替你恋爱吧？

恋爱是认识能力逐步发展的过程。无论"两小无猜"还是"一见钟情",都要经过从陌生到熟悉、从了解到理解的过程。经历了理性思考的婚姻才具有更坚实的基础,对吧?

恋爱也是情感水平发展的过程。照顾好 TA 让自己放心、照顾好自己让 TA 放心、照顾好两个人让双方父母放心,通过恋爱,年轻人逐渐让自己成长为"社会人"。

你看,恋爱这么重要,开这门课好像真是有必要的呢。

不过,我们也不能等孩子们都学会了恋爱再来学数学吧?

第二章 在概念教学中促进学生理解

第一节 小学数学概念的特点

概念是反映对象的特有属性的思维形式。人们通过实践，从对象的许多属性中，抽出其特有属性概括而成。科学认识的成果，都是通过形成各种概念来总结概括的。概念有内涵和外延，概念的内涵和外延是互相联系、互相制约的。概念不是永恒不变的，而是随着社会历史和人类认识的发展而变化的。

数学概念是客观现实中的数量关系和空间形式的本质属性在人脑中的反映。数学概念具有以下的特点：

一、抽象性

数学概念是对数学对象特有属性或本质属性的抽象和概括，是人类理性思维活动的产物。首先，数学概念舍弃了具体对象的非本质属性，例如，"平行四边形"的概念舍弃了具体对象的大小、颜色、材质等属性，抽象出"两组对边分别平行"这一本质属性。其次，数学概念对具有共同属性的一类对象进行概括，如"平行四边形"就是对"两组对边分别平行的四边形"这一类对象的普遍性认识。抽象和概括不仅是形成概念的逻辑方法，也是概念抽象性的根本原因。数学概念的形成，标志着人们对数学对象的认识已从感性认识上升到理性认识。

另一方面，我们也要认识到数学概念的抽象性与具体性是相辅相成的。首先，数学概念来自具体对象，是对具体对象各种属性进行分析、综合、比较之后形成的。离开具体对象，不经过观察、思考、描述等活动，数学概念将无法产生。其次，数学概念也将应用于具体对象。人们运用数学概念对新的对象进行辨析、判断、分类，运用数学概念解决与对象相关的实际问题，运用数学概念发展出新的数学概念。例如，人们要建立"平行四边形"的概念，必须基于对大量的现实情境中的对象进行研究；一旦形成"平行四边形"的概念后，将利用其本质属性辨析新的对象，判断其是否为平行四边形，并解决与其相关的形状、周长、面积计算等实际问题；人们还基于平行四边形的概念进一步分化出长方形、正方形、菱形等新的数学概念。

二、系统性

每个数学概念是确定而独立的，在一定条件下，其内涵和外延是固定的，这使得数学概念具有非常突出的确定性。但每个数学概念不是孤立的，它与其他数学概念存在着丰富多样的联系。数学概念之间的逻辑关系，形成了数学概念的系统性特点。例如，"平行四边形"这个概念，从内涵来看，与"边""对边平行""四边形"等紧密联系。"边"确定了平行四边形是由线段围成的图形而非曲线图形；"对边平行"确定了平行四边形两组对边的位置关系；"四边形"确定了平行四边形与四边形的概念种属关系。从外延来看，一切具有上述本质属性的图形均可称为平行四边形，包括长方形、正方形、菱形等兼具其他属性的对象。而不具有上述全部本质属性的图形如圆、梯形、五边形等，均不可称其为平行四边形。

三、形式化

表达概念的语言形式是词或词组，而数学概念常常进一步形式化，采用一些约定的符号表达概念。形式化方法是运用抽象符号进行科学思维和表述科学知识的方法。运用形式化方法，能克服自然语言的歧义性，简洁而准确地表述科学理论。例如，数字就是非常典型的形式化数学概念。如数字"5"并非现实世界的客观存在物，人们对客观事物的数量属性进行抽象和概括之后，用这个特定符号来表达这种特定属性。各种文明曾经采用了不同的方法表达这种特定属性，但随着文化的交流融合，当今世界人们普遍认同了用阿拉伯数字"5"这种形式化表达的方法。

数学概念的形式化特点，一方面进一步强化了其抽象性特点，可以说是"抽象之上的抽象"，另一方面又促进了数学的简洁性和准确性。例如，当数字符号"5"与位值制、十进制等数学理论结合后，"15""50""500"中的"5"被赋予不同的概念内涵，而仍然不失其简洁性和准确性。

四、动态性

数学概念可以从静态层面来理解。具体数学概念用词或词组，或者形式化的符号等进行表达。作为人类理性思维活动的产物，数学概念是数学理论知识的重要表达形式之一，与定义、判断等其他形式的知识共同构成数学理论系统。

数学概念同时也是动态的。数学概念的形成是一个动态的过程，需要通过观察、操作、测量、计算等具体的实践活动，也需要经过分析、综合、比较、抽象、概括等复杂的思维活动。数学概念的应用也是一个动态的过程，运用数学概念的定义对新的认识对象进行辨析、比较、归类，运用数学概念以及概念之间的关系建立科学的判断，形成数学的规则、定理、公理，运用数学概念解决现实生活中的实际问题等，都是数学概念动态性的生动体现。

例如，"平均数"作为一个统计概念，有明确的定义，有具体的内涵和丰富的外延，是数学统计知识的重要组成部分，这是其静态性表现。另一方面，平均数是人们出于现实生活中客观存在的"比较两组数据整体水平"的需要，在大量的社会实践中逐步发现、推广并形成统一认识的数学概念，其产生与发展是动态的。平均数在现实生活中有广泛的应用，它与中位数、众数等其他数学概念，在具体的问题情境中，从不同的角度、运用不同的方法描述一组数据的特点，形成统计结论，为人们解决现实问题提供参考依据，它们的应用是动态的。

数学概念的动态性给我们的启示是，我们要尊重数学知识的客观性，帮助学生建立正确的数学概念，更要重视学生建立概念的思维活动过程，重视学生运用数学概念理解知识、解决问题的实践能力。

第二节　小学数学概念的主要内容

小学数学概念内容丰富，根据数学概念的知识领域，可以把小学数学概念分为数的概念、量的概念、运算的概念、图形的概念、统计的概念，以及方程、比例等概念。

一、数的概念

小学阶段的数的概念包括两大部分。第一部分可归类为数的认识，包括自然数和整数的认识、分数的认识、小数的认识、百分数的认识等。其中自然数的认识最为重要，知识内容最多，学习时间跨度也最长，是认识分数、小数和百分数的基础。

自然数既有基数的意义，又有序数的意义。自然数使用十进位值制计数法。十进位值制计数法有几个重要的概念：十进制、数位、计数单位、0－9 这 10 个数字。

自然数 1 是一个非常重要的概念。1 是最小的自然数计数单位，根据十进位值制计数法的规则，由 1 而发展出更多的自然数计数单位，所以，从这种意义来说，所有自然数都是"1 的累积"。

1 可以表示一个物体，也可以表示若干物体组成的一个整体。对 1 进行平均分，根据"分的份数"和"取的份数"就可以确定一个分数，如果只取 1 份，得到的分数就是单位分数。所以，也可以说所有的单位分数都是"1 的均分"，而所有的分数都是"通过 1 的均分产生单位分数，通过单位分数的累积形成更多的分数"。

第二部分归类为数的性质，包括分数、小数的性质，这些性质以数学命题形式被概括出来，但因为教材给出了明确的概念名称，我们也可以把它们列入小学数学概念范畴。除此之外，还包括认识奇数与偶数、因数与倍数、质数与合数等，进而延伸出"能被 2、5、3 整除的数的特征"等相关概念。

小学数学教材虽然没有直接安排自然数性质的教学内容，但根据十进位值制计数法规定每个整数表达的唯一性和简洁性，我们可以把"除 0 以外，自然数的最高位上的数字不为 0"视作自然数的性质。

分数的性质是小学概念教学的难点之一。形成难点的原因是，分数与自然数不同，同样大小的自然数必须是相同的，而同样大小的分数则可以有无数个。因此，在进行分数性质教学时，要体现等价类的思想、分类的思想、集合的思想。数形结合的教学手段，有利于促进学生理解分数的性质。

理解小数的性质必须以理解小数的意义为前提。在明确了有限小数实质上是十进分数的一种表达形式的基础上，学生才能够从不同的角度深刻理解小数的性质。可以从量的角度理解，1 分米是 0.1 米，10 厘米是 0.10 米，它们同样长；可以从几何直观的角度理解，正方形被平均分成 100 个格子，10 个格子组成的 1 列可以表示为 0.1，也可以表示为 0.10；还可以从分数性质角度理解，0.1 是十分之一，0.10 是一百分之十，而根据分数的性质，这两个分数是相等的。

二、量的概念

小学阶段学习的量的概念包括质量、时间、长度、面积、体积与容积等概念系统。其中质量、时间概念与现实生活联系非常紧密，学习这些知识，既要充分调动学生的生活经验，也要主动引导学生在实际应用中强化理解，逐步发展量感。长度、面积、体积与容积概念都属于图形的度量概念，与几何知识密切相关，是学生空间观念逐步形成和发展的重要组成部分。延伸出的速度概念相对来说更加抽象，但在现实生活中却有非常丰富的直观案例。

学习量的概念有两个重要的前提，一是理解量与计量，二是理解计量单位。量是客观事物固有的属性。现实生活中的事物都有轻重、长短、大小等量的属性，发生的事件都有时间长短的属性。为了更加准确地刻画和表达这些属性，就产生了计量的现实需求。

计量是用一个规定的标准已知量作为单位，和同类型的未知量相比较而加以检定的过程。通常利用一种计量器具来测量未知量的大小，用数值和单位加以表示。

在对量进行度量时，人们规定的标准已知量就是计量单位。一个具体测量对象包括某个计量单位的数量，就是计量的结果。由于现实生活的复杂性，人们对同类型的量往往会使用一组有大小关系的计量单位，如使用年、月、日和时、分、秒来表示时间这种量，使用立方厘米、立方分米、立方米和毫升、升等表示体积与容积这两种量。

三、运算的概念

小学阶段运算的概念主要是指加、减、乘、除四则运算的意义，也包括运算定律和运算性质等概念。

运算意义是对现实生活中各种数量关系的高度抽象和概括，是构建数学与生活联系的枢纽，是整合各种数学知识的平台。人们在现实生活中需要处理各类数量关系的问题情境，远多于单纯处理数与量的问题情境。数、量、图形、统计等知识，在运算概念的理解和应用中，以复杂而多样的形式深度整合。四则运算意义的教学，同时也是算理、算法教学的认识基础，只有深刻理解运算意义，才能更好地理解、掌握算理和算法。

运算定律和运算性质是四则运算和混合运算固有的规律与性质。它们本应看作一组数学命题，但因为抽象了明确的概念名称，我们仍从概念角度对它们进行分析。从知识发展的规律来分析，它们都源自运算的意义。以加法结合律为例，三个数相加，之所以可以先把前两个数相加，也可以先把后两个数相加，正是基于"加法是把两个数合起来的运算"这种运算意义，即两步加法运算的目的是把三个数合起来，无论先把前两个数合起来，还是先把后两个数合起来，得到的结果是不变的。甚至可以先把第一个加数和第三个加数先相加，这就是加法交换律与结合律的综合应用。

四、图形的概念

小学数学中的图形概念包括图形的认识、位置关系的认识、图形的运动与变换等知识内容。

图形的认识是从初步认识立体图形开始，发展到初步认识常见的平面图形，然后再系统认识直线、射线、线段和角，在此基础上，再从概念层面理解平面图形、立体图形的意义。如此安排教学内容，一方面尊重了小学生的年龄特点和认识规律，因为立体图形在现实生活中更加常见，观察和操作活动更加具有整体性和直观性；另一方面也符合数学知识的结构逻辑。点、线、角、面是构成平面图形和立体图形的基本要素，所以，需要先理解一些有关点、线、角、面的概念，才能为理解平面图形和立体图形的意义做好概念准备。

位置关系的概念包括前、后，上、下，左、右等相对位置关系，东、南、西、北等自然位置关系，还包括垂直与平行等直线位置关系。学习这几组数学概念，既有利于帮助学生体验数学与生活的联系，也是进一步学习几何知识的基础。

小学阶段关于图形的运动与变换概念，主要指对称（轴对称）、平移、旋转，以及按比例放大或缩小等。

五、统计的概念

小学阶段的统计概念也可以分为三组。第一组是关于确定事件与随机事件含义的数学概念，包括一定、不可能、可能等。第二组是用于分析随机性数据的计算工具，包括平均数、中位数、众数等。第三组是用于呈现统计数据的图表工具，包括单式和复式的统计表、条形统计图、折线统计图，还有扇形统计图。

在现实生活中，在一定条件下一定发生或一定不发生的事件都可称为确定事件。例如日出日落、四季轮回等是一定会发生的，同时掷出两枚骰子朝上两个数字之和为 13 是一定不会发生的，这些都称之为确定事件。在一定条件下可能发生也可能不发生的事件，如明天是否会下雨、某种商品的销售增长率等，这些称之为随机事件。对随机事件发生的数据进行收集、整理、分析，并形成具有一定合理性的判断与预测，都是数据分析的活动。

平均数、中位数、众数是人们为了说明样本的总体数据特征而发明的统计量。中位数和众数是样本中的具体数据，比较直观，而平均数具有更强的随机性，相对更抽象。三种统计量对样本的总体数据特征都具有代表性，需要根据样本的实际情况灵活选择。

各种统计表和统计图是人们为了更直观、明了地呈现统计数据而创造的表达方式。掌握这些统计图表的概念，理解它们的价值和原理，可以帮助学生更好地观察结构化的统计数据，并能直观地进行比较和分析，促进学生数据分析素养的提升。

六、方程、比例的概念

方程是小学阶段重要的数学思想方法，其核心是将问题中的未知量用数字以外的数学符号（如 x、y 等字母）表示，根据数量之间的相等关系构建方程模型。用方程表示数量的相等关系，不仅能体现方程的应用价值，也有助于学生形成模型思想。虽然方程的定义比较直观：含有未知数的等式叫方程，但这个概念蕴含的思想却非常丰富，如未知数的意义、用字母表示数量和数量关系、用等式表达相等关系、等式的性质等都是学生理解方程概念的重要内容。

正、反比例关系是小学阶段体现函数思想的必学内容。用函数表示数量关系和变化规律，不仅能体现函数思想的应用价值，也有助于学生形成模型思想。学习正、反比例的概念，可以更有效地促进小学和初中数学学习的衔接。理解正、反比例关系的概念，要注重让学生充分体验一一对应的函数思想，充分感悟变量的意义，并运用数形结合的教学手段让学生对正、反比例关系的图像形成一定水平的认识。

第三节　促进小学生理解数学概念的教学方法

小学数学概念分布在各个知识领域当中，学习不同知识领域的数学概念，需要运用不同的学习和教学方法。但是，根据小学生的认知规律，我们仍然可以从一般教学方法层面来探讨小学数学概念教学中如何促进学生达到理解的认识水平。

小学数学概念教学需要经过引入、表征、定义、巩固、应用等阶段，学生在整个学习过程中，不断进行抽象和概括，逐步加深理解程度。因此，教师要在概念教学的各阶段实施相应的教学方法，促进学生开展数学思考。

一、小学生学习数学概念的认知方式

现代认知心理学关于学习理论的研究和小学数学教学实践都表明，小学生

主要通过同化和顺应两种方式认知数学。

皮亚杰认为"个体把刺激纳入原有的格局之内，就好像消化系统将营养物吸收一样，这就是所谓同化"。在小学数学学习中，同化是指学生在学习中将新的数学知识纳入原有的认知结构，以充实认知结构的内容使数学认知结构发生量变，从而扩大和完善已有数学认知结构的过程。

【案例2-1】① 学习万以内数的认识过程，就是以十进位值制的基本规则为固定点，在认识了100以内数的基础之上，通过认识新的计数单位、数位，学会万以内数的读写，并理解其意义。通过学习，学生把新知识纳入到已有的数的认识的认知结构中去，从而扩大和完善了数的认识的认知结构。

皮亚杰把顺应定义为"内部图式的改变，以适应现实，叫作顺应"，即当主体的图式不能同化客体时，必须调整原有图式，引起图式的质的变化，建立新的图式，使主体适应环境。在小学数学学习中，顺应就是改造原有的认知结构，以适应新知学习，建立新的数学认知结构的过程。

【案例2-2】学生首次学习列方程解决问题，由于头脑里只有根据题中数量关系列算式解决问题的经验，没有建立等量关系并根据等量关系列方程的观念作为同化新知识的固定点，学习中无法将列方程解决问题的新知识直接纳入原有认知结构，教师就应该有目的地指导学生用顺应的认知方式学习新知识。通过学习，学生对于解决问题的认知结构将会产生质的变化，不再单纯通过列算式解决问题，还建立了关于列方程解决问题的新的认知。

二、概念的引入

1. 现实情境引入

面对一个新的数学概念，如果学生缺少相应的关联知识，难以从已有的认知结构中提取与之相近、相似或相反的类比对象，常常需要教师创设适当的现实生活情境来引入概念。

【案例2-3】在认识确定事件和随机事件的概念时，人教版小学数学教材创设了"抽签表演节目"的现实生活情境，把抽签过程分三

---

① 见书末案例索引，下案例同。

个阶段呈现，通过人物对话，引导学生分析各个阶段的抽签结果，充分体验事件发生的不确定性与确定性。具体线索是：

①小明第一个抽签，他抽得的结果是不能确定的，三种情况都可能；

②小丽第二个抽签，她抽得的结果也是不能确定的，但只有两种可能的情况，她不可能抽到跳舞；

③小雪第三个抽签，她抽到的结果是确定的，只能是唱歌。

三个阶段要把握的教学要点是：

①组织学生预测：每一轮抽签的结果是确定的，还是不确定的？为什么？

②如果这一轮抽签的结果是不确定的，那么可能会有几种情况？为什么？

③如果有多种可能的结果，那么抽到哪种结果可能性大？为什么？

④在什么情况下抽签的结果是确定的？为什么？

通过上述教学活动，学生对较为抽象的"一定""不可能""可能"等概念获得充分的感知机会，在具体情境中逐步理解这些概念的真实意义。

2. 几何直观引入

一些现实生活中的物体具有较特殊的外部形状，可以作为教学资源，在引入新的图形概念时，帮助学生借助实物进行感知活动。由于这些物体同时也包含了许多几何图形本质属性之外的其他属性，因此，教师要合理利用资源，引导学生通过直观想象，把对图形的直观感知上升到概念理解的高度。

【案例2-4】直线和射线的概念，是在线段概念的基础上，用"无限延伸"的动态方式建立起来的。指导学生理解这两个数学概念，着重把握好以下三个问题：从哪里开始延伸，向哪里延伸，无限延伸意味着什么。

对第一个问题的思考，可以抽象直线、射线与线段在形状特征上的共性，即它们都是直的。无论是两端延伸还是向一端延伸，都不会改变线段固有的"直的"属性。

对第二个问题的思考，可以抽象直线、线段的端点数量。线段向两端延伸，两个端点都消失了，所以直线没有端点；线段向一端延伸，一个端点消失了，另一个端点被保留，所以射线有一个端点。

对第三个问题的思考，可以抽象它们"可否度量"的属性。线段有两个端点，说明它的长度限制在两个端点之内，是有限的，可以度量。向两端或一端无限延伸后形成直线或射线，它们的长度变为无限，也就无法度量了。

课件能动态地展示"延伸"，给学生的直观想象提供支持，但即使是课件也无法展示"无限"，因此，启发学生展开空间想象，结合身体的动作进行描述，达到"意会"的认识水平，是理解概念的重要手段，也是促进学生直观想象能力发展的重要机会。

3. 问题情境引入

如果一个新的数学概念，在学生已有的认知结构中存在与之相近、相似或相反的概念，教学中可以充分利用学生已有的旧知识，鼓励学生联想和类比，主动迁移，自主提出并定义新概念。这类概念可以通过设计问题情境来引入教学。

【案例2-5】在学习复式折线统计图时，学生已经掌握了复式条形统计图、折线（单式）统计图等概念，复式折线统计图在知识范畴、整体结构、构成要素、应用价值等方面与这些旧知识存在诸多相近、相似之处，为学生自主提出并理解新概念提供了有利条件。

教师可从应用价值理解入手，提出一个"为什么人们会制作复式折线统计图"的问题，利用问题情境，启发学生全面而深入地理解复式折线统计图概念。

主要从以下方向指导学生思考：当一组数据按项目分类，并且人们关心各个数据的实际大小时，选择条形统计图较合适；当一组数据按时间次序分类，而且人们更关心这组数据是如何随着时间变化而变化时，选择折线统计图更合适。条形统计图有利于分析项目之间的差异，而折线统计图有利于预测变化的趋势。当人们需要对两组数据进行直观比较时，通常会把两组数据呈现在同一个统计图中，形成复式统计图。

这种以问题情境引入复式折线统计图概念的教学方式，没有把过多的课堂教学时间用于绘制统计图，而是让学生把学习注意力更多地集中在数据分析活动中，从而更深切地感受各类统计图的应用价值。

三、概念的表征

1. 操作表征

通过操作活动，可以使学生获得更充分的感知。

【案例2-6】小学一年级学生认识立体图形时，对各种实物或模型进行摸一摸、摆一摆、拼一拼、滚一滚、堆一堆等操作活动，能更充分地感知平面和曲面的特点，更全面地认识几种立体图形的主要特征，更准确地描述各种立体图形的不同之处。再如，学习质量单位克与千克时，为学生准备多样的操作对象，让学生经历掂一掂、提一提、背一背等活动，调动身体多个部位感知1克、1千克、几克、几千克、几十克、几十千克，对于学生理解计量单位、发展量感都有很大的益处。

通过操作活动，还可以使学生加深对认知对象本质属性的认识。

【案例2-7】在学习轴对称图形时，常常有学生认为平行四边形也是轴对称图形，这时，让学生动手操作，亲自对折平行四边形，看看两边是否能够重合。通过这样的操作活动，学生对轴对称图形"对折后两边重合"这一本质属性就形成了更准确的理解。

【案例2-8】再如，学习3的倍数时，学生对"各位数字之和"往往不太容易理解，如果指导学生用摆棋子的方式进行操作，能够有效地突破教学难点。当棋子数是3的倍数时，无论怎样摆数，得到的都是3的倍数；当棋子数不是3的倍数时，无论怎样摆数，得到的都不是3的倍数；而棋子数就是摆出的多位数各个数位上的数字之和。

2. 实物表征

小学数学概念教学大多都与实际生活有着密切的联系，充分利用现实生活中的具体实物组织教学活动，不仅能激发学生的学习兴趣，也能促进学生理解概念。

【案例2-9】小学低年级学生认识人民币，可以把教学过程分为"认钱""换钱""算钱"三个阶段，鼓励学生利用课前准备的人民币实物（或仿真卡片），对各种面额的人民币进行观察和描述，掌握它们的主要特点；师生或同学之间进行人民币的零整兑换，理解它们的等值关系；组织开展模拟购物活动，用不同的方式凑成商品价格。充分的实物操作活动，可以让学生进一步了解、熟悉各种人民币的外部特点，掌握识别方法，是培养学生观察能力的有效手段。还可以让学生在活动中主动运用数的组成相关知识，在解决现实数学问题的同时，进一步体验等价代换的数学思想。

【案例2-10】平移和旋转是图形变换的重要数学概念，因为表现的是图形的运动形式，单纯依靠对静态图片的观察和想象，不足以让学生理解这些变换形式的主要特点。教学中应充分利用生活中的实物，如平移教室的玻璃窗、旋转教室的门，这些操作活动可以更直观地表现相关数学概念的本质属性，促进学生理解概念。

3. 图形表征

图形表征在图形概念的教学中应用非常广泛，很难想象，脱离了直观的图形，我们如何让学生理解图形概念。

图形表征与实物表征不同，如长方体、圆柱的直观图舍弃了实物或模型的非本质属性，全面、准确、简洁地揭示了图形的特征，因此，教学中要有意识地指导学生观察直观图，对照直观图有序表述长方体或圆柱的特征，尽可能帮助学生借助直观图（而不是实物形象）来建立关于长方体、圆柱的表象，帮助学生把对相关图形概念的理解从实物表征跨越到图形表征层次。

图形表征在数与代数、统计与概率领域同样应用广泛。学生在理解一些较抽象的概念时，往往需要通过图形表征活动才能进行有效的抽象和概括。

【案例2-11】初步认识分数时，学生观察发现，同样大小的长方形可以用很多种方法平均分成4份，每份都是这个长方形的四分之一；形状不同的图形（长方形、正方形、圆等），只要被平均分成4份，其中的1份也可以表示四分之一。在学习分数的意义时，图形表征能更好地帮助学生理解"多个物体组成的一个整体也可以被看作是单位'1'"这个概念难点。所以，图形表征不仅能给学生提供丰富的感知材料，也能有力地支撑学生的抽象和概括思维活动。

4. 符号表征

数学符号是数学的一种特殊的语言，它具有抽象性、简洁性、概括性、一般性。符号表征是抽象数学概念的一种重要方式，一般发生在学生充分感知概念、准确理解概念、掌握概念语词之后，是对操作表征、实物表征和图形表征的形式化，把学生对数学概念的直观表象发展为抽象的符号表达，为今后更便捷地应用概念打好基础。

【案例2-12】在认识方程时,人教版小学数学教材设计了一组操作活动,引导学生在操作实践和观察交流中体验完整的概念抽象过程,符号表征活动也逐步深入:

①从平衡的天平左右两边所放物体质量相等的数学现象,抽象出等式,理解"="不仅用于表示运算的结果,更可用于表示数值的相等关系;

②从天平不平衡的现象中,抽象出未知数,并用字母"x"表示,强化用字母表示数的符号意识;

③两次试放砝码,天平都不平衡,抽象出两个不等式,理解">""<"表达的不等值关系;

④调整砝码的质量后天平恢复平衡,抽象出一道含有未知数的等式,形成关于方程的典型表象。

学生在上述活动中不断将现实情境转化为由数和符号组成的数学表达式,是一次符号表征活动的真实体验。

5. 语言表征

语言是思维的外壳,也是思维的工具。学生在学习数学概念的过程中进行语言表征,不仅仅发生在对概念进行语言定义的环节,而应贯穿于引入、表征、定义、巩固、应用等全过程。引导学生用自己的语言描述观察所得、用概念语词进行概括、用规范语句界定概念内涵、在新的问题情境中运用概念及其内涵进行辨析和应用,并通过语言表述理由,这些活动都是学生理解概念的必要内容,也是教师接收反馈信息、调整教学手段的重要依据。

【案例2-13】以认识平均分的教学为例,学生的语言表征始终伴随着对数学概念的抽象过程:

①通过观察和对比,把分的结果抽象为"每份分得同样多""每份都不一样多""有的部分同样多,但不是所有的部分都同样多"等类别,并用自己的语言进行描述,实现动作表征、图形表征向语言表征的转化。

②教材设计了多种形式的操作活动,"分一分""摆一摆""圈一圈""填一填"等,并指导学生逐步学会用数学语言描述这些操作活动,实现"多元表征"的统一。

③通过大量的操作和表达活动,逐步概括出"平均分"应包含三个要素:被分的物品数量、每份数、分的份数。

④将两类平均分(等分和包含)分开教学,让学生感受到,虽然

分的结果要求是一致的（即每份分得同样多），但分的过程要求却存在区别，操作与表述要体现这种区别。

四、概念的定义

1. 属加种差定义

定义是揭示概念内涵的方法。属加种差定义是最有代表性的定义方法，它把某一概念包含在它的属概念中，并揭示它与同一个属概念下的其他种概念之间的差别，即"种差"。小学阶段也有不少数学概念采用了这种定义方式。

【案例2-14】人教版小学数学教材对平行四边形的定义是：两组对边分别平行的四边形叫作平行四边形。"四边形"是平行四边形所在的属，说明平行四边形是四边形的一种，具有四边形的全部属性，即由同一平面内的4条线段依次首尾相接围成的封闭图形（此处不讨论立体图形中的四边形）；"两组对边分别平行"是平行四边形与其他四边形的种差，只有两组对边分别平行的四边形才可以称之为平行四边形，只要是两组对边分别平行的四边形都可以称之为平行四边形。

由于属加种差是科学概念中常用的定义方式，所以学习平行四边形的认识，不仅要注重学生切实理解概念，还应有意识地让学生体会它的定义方式。教学中应注意以下几个问题：

①要明确平行四边形首先是四边形。不封闭图形、曲线图形、五边形等其他多边形都不是平行四边形。

②要明确平行四边形的两组对边分别平行。只有一组对边平行、没有对边平行的四边形都不是平行四边形。

③要明确平行四边形虽然具有易变形的不稳定性，但在变形过程中其本质属性不会改变：始终是四边形、两组对边分别保持平行。

④要明确平行四边形中可以存在更特殊的情形。当平行四边形的四条边都相等时，形成菱形；当平行四边形的邻边成直角时，形成长方形；当平行四边形的四条边都相等且邻边成直角时，形成正方形。这个部分的教学，是渗透集合思想的良好契机。

2. 示例型定义

有些数学概念在现实生活中应用广泛，学生在正式学习之前对这些概念已经有一定的了解基础，具备了一定的生活经验，所以小学数学教材可能采用生活情境引入、举例提出概念的方式来编排教学内容。

【案例 2-15】学生在第一学段（三年级下册）开始初步认识小数。学生在现实生活中已经较广泛地接触过小数，如商品的价格、质量、人的体温、身高等，常常出现小数数据。教材用示例的方法先提出概念："像 3.45、0.85、2.60、36.6、1.2 和 1.5 这样的数叫作小数"，再通过例题教学，以长度、人民币为知识背景，引导学生初步理解小数与十进分数之间的联系。

【案例 2-16】轴对称是图形变换的重要形式，欧氏几何中称为轴反射变换，"在欧氏平面上或欧氏空间中，把任一点 A 映成关于给定直线 S 对称的点 A 的变换称为关于直线 S 的轴反射变换"。人教版数学教材直到初中阶段都没有对轴对称给出严格的定义，仍然采用描述性定义："如果一个图形沿一条直线折叠，直线两旁的部分能够互相重合，这个图形就叫作轴对称图形。这条直线就是它们的对称轴。"

人教版小学数学在第一学段（二年级下册）安排了初步认识轴对称图形的内容，教材利用生活实例和对折后剪出的图形引出轴对称图形的概念，主要是让学生感知生活中的对称现象，初步认识轴对称图形的外部特征，了解对称轴。第二学段（四年级下册）则更加简洁地采用示例的方法提出概念，直接出示一组现实生活中的轴对称图形，要求学生画出它们的对称轴。在此基础上，教材利用方格纸上的轴对称图形，揭示轴对称图形的本质属性：对应点连线与对称轴垂直且被对称轴平分，对应点到对称轴的距离是相等的。然后，进一步要求学生根据轴对称图形的上述特征，在方格纸上补全轴对称图形。

3. 描述性定义

受限于小学生的生活经验和知识基础，一些数学概念无法用明确的定义形式在教材里呈现。教材往往利用生活情境、实物或图形，用描述对象主要特点的方法提出概念，再引导学生在直观认识的基础上逐步深化理解。

【案例 2-17】人教版小学数学在二年级上册安排了"长度单位"这个单元，在学生掌握了以厘米和米为单位测量具体物体长度的基础上，教材编排了初步认识线段的内容。教材首先呈现拉紧的一段线、黑板、桌子和书等实物图片，直接提出线段的概念："拉紧的一段线，可以看作一条线段""黑板边、桌子边、书边都可以看成线段"，再出示线段的图形，然后描述线段的主要特点"线段是直的，可以量出长度"。

在欧氏几何学中,直线是基本概念,射线和线段由直线概念延伸而来,"介于两点间的直线部分称为线段,这两点称为线段的端点"。由于直线更加抽象,在现实生活中很难找出适当的原型实例,而线段因为具有长度,反倒更容易为学生所理解,于是教材采用了这种实例引入、描述特点的方式来组织学生先学习线段这个基本概念。

在教学中,教师要组织学生充分感知,合理表达,正确辨识,动手操作,引导学生概括描述性定义所提出的线段的两个本质属性:直的、有限长度。一方面加深对线段主要特点的认识,另一方面也积累几何知识的学习经验,为下一阶段进一步认识线段、直线、射线等做好准备。

4. 功能性定义

为突出数学知识在实际生活中的应用价值,小学数学教材也可能通过功能描述的方式对某些数学概念进行定义。

【案例2-18】"小数亦称十进分数,是实数的一种特殊的表现形式",显然,现代数学对小数的定义准确地揭示了其本质属性,但小学生尚未掌握十进分数、实数等概念,自然很难理解这样的定义。人教版小学数学四年级下册在"小数的意义和性质"单元中,使用了功能描述的方式进行概念定义:"在进行测量和计算时,往往不能正好得到整数的结果,这时常用小数来表示"。

指导学生感受产生小数的现实背景,是人们在进行测量和计算时,不能正好得到整数的结果。关于小数的产生,还可以结合教材在"你知道吗"中呈现的史料进行教学。

由于学生之前初步学习过分数,知道测量和计算时如果得不到整数的结果,还可以用分数来表示,为什么人们还要使用小数呢?通过适当的教学活动,让学生产生探索小数和分数之间联系的学习动机,并进一步感受用小数来表示十进分数的便利。

【案例2-19】百分数是现代社会生活中应用非常广泛的数学知识,在进行数据统计和分析时更为常见。同时,在数学知识体系中,百分数与整数、分数、小数有着密切的联系。教学中,同样可以提出一个问题:为什么人们要使用百分数?

要准确理解百分数的概念内涵,可以从教材提出的功能性定义入手:"表示一个数是另一个数的百分之几的数,叫作百分数",说明百分数用于表达两个数量之间的倍率关系,不表示具体的数量,这是它与分数的区别。由于百分数统一用100作分母，而且使用百分号来书写，具有易读、易写、易比较等优势，故而人们在现实生活中大量使用百分数。这样的理解，不仅能突出百分数这个数学概念的本质属性，还能进一步强化学生对其应用价值的认同。

5. 过程性定义

小学阶段的某些数学概念，是通过揭示其产生过程的方式进行定义的。

【案例2-20】在第二学段认识线段、直线和射线时，人教版教材以线段为基础概念，给出直线和射线的定义：把线段向两端无限延伸，就得到一条直线。直线没有端点，是无限长的。把线段向一端无限延伸，就得到一条射线，射线只有一个端点。上述两项定义，以动态的方式直观描述了直线和射线的形成过程，对于帮助学生理解直线和射线的无限性，以及直线、射线、线段三者之间的联系与区别，都具有很强的引导性。

【案例2-21】小学数学教材中没有明确给出平均数的定义，主要通过"总数除以总份数所得的结果就是平均数"进行过程性定义，重点在于让学生掌握计算平均数的方法，并能结合实际问题进行分析，感受平均数的价值。平均数作为一种常用的统计量，它对于一组数据而言所具有的代表性、随机性等本质属性，需要在多个教学环节中逐步让学生达到理解水平。

①理解平均数与平均分的意义差别。"平均每个人收集了13个矿泉水瓶"，并没有改变每个人收集的实际个数，不表示每人都正好是收集了13个，不表示恰好有一人或几人收集的是13个。

②理解平均数的统计学意义。"男生队共踢了85个，女生队共踢了76个"，总数可以描述两队踢毽子的成绩，"男生队平均每人踢了17个，女生队平均每人踢了19个"，平均数也可以描述两队踢毽子的成绩，而且在人数不相等的情况下，用平均数更公平，更合理。

③理解平均数的应用价值。通过计算"草莓蛋糕近5天的销售平均数"，可以预测"明天做多少个合适"，平均数能帮助人们进行推断和预测。

④理解平均数的某些特点，如平均数不大于整组数中的最大数，不小于整组数中的最小数；平均数具有随机性，每次增减一个数据，都有可能改变整组数据的平均数；极端数据（与同数其他数据相比过大或过小的）对平均数有一定的影响等。

理解平均数的意义，对于发展学生从具体情境中抽象数学概念的能力，促进学生理解数学与现实生活间的联系，都能产生积极的作用。

五、概念的巩固

1. 通过阅读和记忆巩固

我们强调数学概念要在理解的基础上记忆，反对死记硬背教科书上的定义，但是，必要的阅读和记忆对于促进学生理解仍然发挥着重要的作用。当前中小学课堂教学中的确存在一种倾向，有些教师忽视了组织学生完整、细致和反复阅读教材的环节，以至于部分学生对教科书上的内容非常不熟悉。

【案例2-22】人教版小学数学五年级下册第四单元"分数的意义和性质"包括6个小节的教学内容，涉及分数、分数单位、分数与除法的关系、真分数、假分数、带分数、分数的基本性质、公因数、最大公因数、约分、最简分数、公倍数、最小公倍数、通分、分数和小数的互化等十几个知识要点，其中有不少概念的理解和技能的掌握属于小学数学学习的难点。对于习惯了难点分散、小步快跑的小学生来说，较难适应这样的高密度知识单元。有经验的教师会在整个单元教学中坚持指导学生认真阅读教科书，每节课前把本单元内已学过的内容做一次精选阅读，能产生较好的知识保持效果。

这样的做法具有多重意义，一是适当增加了概念、命题、规则的再现频率，能有效抵抗遗忘，增强记忆保持；二是通过反复阅读，可以使学生更适应数学语言的表达方式，感受数学语言的准确、精练、条理性；三是促进理解各种知识之间的相互联系，有利于数学知识的结构化。

当然，教师也可以针对学生容易发生的记忆困难，提供必要的支持和帮助。

【案例2-23】小学低年级学生初次学习除法竖式时，常常不记得每个数应该写在什么位置上，不记得运算的步骤，有的教师就编了一段顺口溜帮助学生记忆：一横一撇写个"厂"，除法竖式像间房。被除数在房里坐，除数站在房外望。商要坐在房顶上，乘积总在下面藏。

【案例2-24】在学习圆的相关知识时，由于圆的特征相对于已学过的平面图形较为特殊，新概念和新公式较多且集中，容易混淆。教师让部分有学习困难的学生在大拇指上写个字母 s，食指上写 r，中指上写 d，无名指上写 c，利用手指的相邻关系，更容易找到解决某个计算问题所需要的条件。

2. 通过变式与反例巩固

抽象的概念需要熟悉而广泛的事物才得以形成。小学生学习新数学知识，形成抽象的数学概念，绝不是一次完成的，而要经历复杂的认识过程。在由感性认识向理性认识发展的思维活动中，教师除了要提供常态标准材料，还要有意提供一些变式和反例材料。

变式，就是变换肯定例证的非本质属性，使学生在事物的各种表现形式和事物所在的不同情境中认识事物的本质属性。形成概念的主要目的是抽象和概括事物的本质属性，但也要注意排除非本质属性的干扰，变式材料的应用目的即在于此。

【案例 2-25】在学习垂直与平行、过已知直线外一点作其垂线、作三角形的高时都需要提供一定的变式材料：

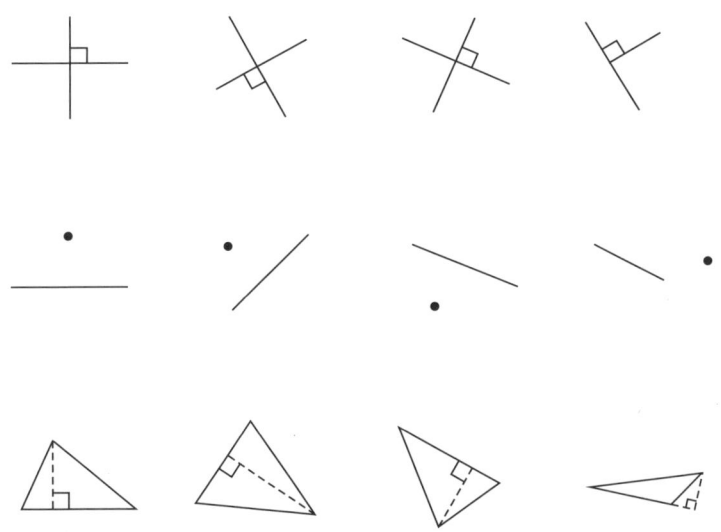

提供这种充分全面的变式材料，能保证学生从具体到抽象的概括是完善的逻辑思维活动，形成的概念才可能是深刻和概括的。

初步形成的知识巩固程度较差，最容易向邻近的知识、概念泛化。此时，故意提供反例，通过及时的比较、思辨，可以帮助学生从反例中引起对知识的更为深刻的正面思考。同时，典型反例的恰当提供，可以对错误防患于未然，

把将发生而未发生的错误消灭在萌芽状态。

【案例2-26】在学习正比例的概念时,有位教师创设了这样的教学情境:

甲汽车在公路上行驶,行驶的时间和路程如下表:

时间（小时）	1	2	3	4		6		…
路程（千米）	80	160	240		400		560	

乙汽车在公路上行驶,行驶的时间和路程如下表:

时间（小时）	1	2	3	4		6		…
路程（千米）	80	140	225		380		550	

请同学们观察这两张表中汽车行驶的时间和路程这两个量的变化情况,然后在空格里填上适当的数。

学生经过尝试之后,纷纷表示,甲车的表好填,乙车的表不好填。

乙车的表不好填,是因为乙车的速度不确定。作为一个反例,恰好突出了甲车的表之所以好填的原因,甲车的速度是确定不变的。一正一反,对比鲜明,以反衬正,以反激正,强化了成正比例的量的关键特征:相关联的两种量中,相对应的数的比值一定。

3. 通过辨识与辨析巩固

辨识与辨析都是常用的巩固数学概念理解成果的学习方法。一般来说,二者都需要提供若干肯定的例证和否定的例证,要求学生在一组对象中做出正确的选择或判断。不同之处在于,辨识一般只需要做出选择或判断,而辨析还需要学生说明自己选择或判断的理由。

【案例2-27】在学习了质量单位克和千克之后,出示一组日常生活用品的图片,要求学生判断、计算这些物品有多重,用哪个单位合适。这样的巩固练习,是学生对掌握两个质量单位情况的直接反馈。学生结合自己的生活经验做出判断,答案非此即彼,学生在权衡选择的过程中,实际上对两个计量单位称量范围以及它们之间的进率关系进行了充分的巩固。

【案例2-28】学习了百分数的意义之后,可以出示下面的巩固练习题:

下面各题的结果，哪些能用百分数表示？哪些不能？为什么？

①鸭有 75 只，鸡有 100 只。鸭的只数是鸡的（　　）。

②一批大米原有 $\frac{85}{100}$ 吨，卖出了 $\frac{30}{100}$ 吨，还剩（　　）吨。

③长方形长 $\frac{80}{100}$ 米，宽 $\frac{60}{100}$ 米，长比宽多（　　）米，宽是长的（　　）。

本题要求学生不仅做出判断，还要根据百分数的意义以及百分数和分数的联系，具体说明判断的理由。设计这道练习题的目的在于强化对百分数意义的理解，突出百分数用于表示两个数之间的倍率关系，而不能表示具体的数量。分数则既可以表示倍率关系，也可以表示数量。

4. 通过多元表征巩固

一方面，某些数学概念所刻画的知识存在着多元表征形式，例如，点到直线的距离这个数学概念，迁移到三角形中之后，就可以表征为三角形一条底边上的高。小数的计数规则，实质上是整数十进位值制的延伸和拓展。又如，比例尺有多种表征形式：可以是分数形式的如 $\frac{1}{100000}$；可以是文字形式：图上距离 1 厘米表示实际距离 1 千米，或是一幅十万分之一的地图；还可以是图形形式的如：![0 1 2 3 4 5千米]。我们需要帮助学生主动适应知识的多元表征，在对各种形式的比例尺进行探究和应用的过程中，加深对比例尺概念的理解，准确把握概念内涵，灵活处理概念的外延。

另一方面，学生学习数学概念的活动形式也是多样的，经历了多元的概念表征活动。如前文所述，操作表征、实物表征、图形表征、符号表征、语言表征等，既可以理解为概念的知识表征形式，也可以理解为学生学习数学概念的各种心理表征形式。我们既要让学生经历多元表征活动，也要充分重视多元表征之间的联系，协同促进学生对数学概念的理解。有效组织学生的语言表征活动，并通过学生表达接收教学反馈信息，是一种重要的教学手段。

【案例 2-29】长方体的特征内容很丰富，学生初学时很难完整地表述，教师可以组织学生在充分操作模型、细致观察直观图的基础上，分别从面、棱、顶点三个角度，数量、形状、关系三个方面进行表述，并逐步整理成完整的表格。这样的教学不仅能帮助学生形成完整的长方体特征概念，还能渗透认识立体图形特征的学习方法，为今后进一步认识其他立体图形做好学法铺垫。

5. 通过联系与区别巩固

每个数学概念都与其他概念存在着联系，是否能准确地把握一个数学概念与其他相关概念之间的联系与区别，是判断学生对概念理解程度的重要指标。特别是一些成组、成对出现的概念，教师更应该注意指导学生关注概念间的联系与区别。

【案例2-30】为帮助学生深刻理解正、反比例关系，在完成对两个概念的基本认识过程后，很有必要组织学生对它们进行比较。教学中要注意以下几点：

①具有正、反比例关系的是两种量，而非两组数。如，甲长方形的面积是24平方厘米，长是8厘米；乙长方形的面积是36平方厘米，长是12厘米。我们不能因为 $\frac{24}{8}=\frac{36}{12}$ 而判定两个长方形的面积与长成正比例关系。

②具有正、反比例关系的两种量相关联，一种量变化，另一种量随着变化，存在着客观的因果联系。一个人的身高与年龄可能存在着同时增长的相同趋势，但并非年龄增长，身高一定会随着增长。

③两种相关联的量，关联方式是多样的。比如随着季节的变化，某地昼夜长短会不断发生变化，出现昼长夜短、昼短夜长的规律，但昼夜时间这两种量的和是一定的，它们之间的关系不是正、反比例关系。

④同时满足"两种量""相关联"两个条件的基础上，如果再存在比值一定或乘积一定的关联形式，我们才可以判定它们成正、反比例关系。

小学数学中有不少成对概念，有的具有依存关系，如图形的底和高，在三角形中，没有确定的底就无法确定相应的高，而在平行四边形中，确定一组对边为底，可以作出无数条相等的高。有的具有对立关系，如奇数和偶数，所有的自然数要么能被2整除，是偶数，要么不能被2整除，是奇数，非此即彼。有的具有并列关系，如垂直和平行，它们都是同一平面内两条直线的特殊位置关系。同一平面内的两条直线，首先按是否相交分为两大类，不相交的两条直线互相平行。垂直是相交中的特殊情形，当相交的两条直线正好成直角时，它们互相垂直。垂直和平行的分类标准不一致，要注意防止学生错误地认为"两条直线要么互相垂直,要么互相平行"。

百分数从本质来看也是一个关系概念,因为它反映的是两个数之间的倍率关系。每个百分数总是与两个量有关系,其中一个量被视作单位"1",另一个量与之进行比较。

6. 通过结构和模块巩固

数学知识结构和数学认知结构是意义不同但又紧密联系的两个概念。数学知识结构是由数学概念、原理、公式、法则以及其他相关命题构成的一种严密的知识体系,是有关数量关系和空间形式科学真理的客观反映。数学认知结构是学生头脑里的数学知识按照自己的理解深度、广度,结合着自己的感觉、知觉、记忆、思维、联想等认知特点组合成的一个具有内部规律的整体结构。

良好的认知结构是学生数学能力的重要特征。几乎所有新的数学知识的学习都离不开现有认知结构中的知识经验,这是因为将新知识纳入现有认知结构时,需要有与之有关的旧知识发挥固定作用。良好的认识结构不仅为学生在学习新知识时提供了必需的同化条件,还能提高新旧知识之间的可辨识性,深化对新旧知识的理解。具有宽广、完整、稳定、清晰的认知结构,是学生数学能力发展水平的重要特征。

揭示知识的结构是优化认知结构的有效途径。数学学科知识是一个完整的、纵横连接的网络结构,但数学教材依据学生认知水平和规律,没有直接按照知识结构编排教学内容,而是化整为零、螺旋上升。适时适当地向学生揭示数学知识的结构,能帮助学生强化理解知识之间的联系,从整体上把握知识的发生、发展脉络,从而优化自己的认知结构。

【案例2-31】有学者以人教版小学数学教材为例,编制了"百分数"教材知识结构体系图,从"数的认识""数的运算"以及"比和比例"三条知识链中分析百分数教学内容在教材知识结构中的位置,理清了它与相关内容之间的关系,也揭示了各知识内容编排和发展的线索。这种体系图不仅有利于帮助教师准确理解教学内容,也可以适当地呈现给学生,促进学生形成结构化的认识。

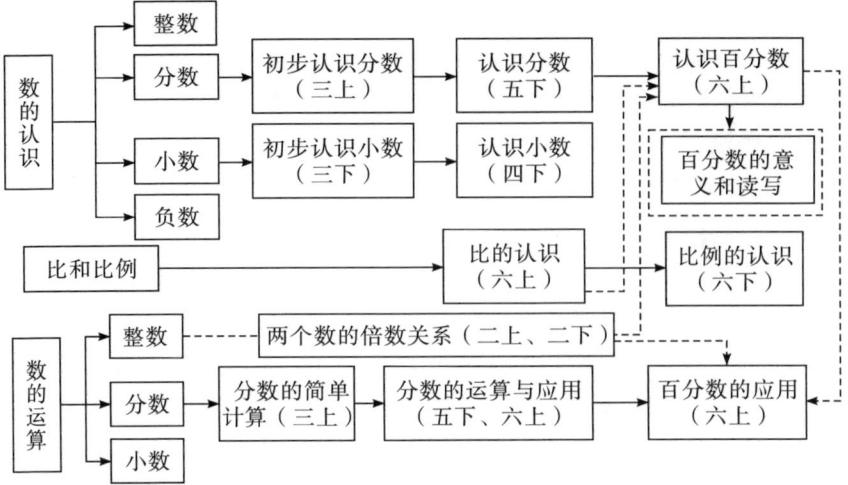

【案例2-32】六年级下册总复习单元中有一道巩固平面图形相关计算公式的习题，就是以结构化的形式呈现的，直观地指导学生回顾各种公式的推导过程，领会它们之间的联系。

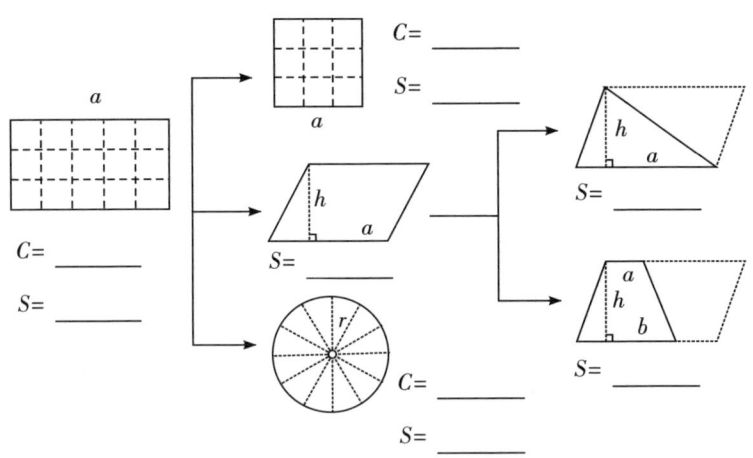

六、概念的应用

1. 概念的直接应用

直接应用新概念的教学活动，一般发生在学生已经完成概念的抽象概括过程，形成概念定义之后，其教学功能主要是为了检验学生学习效果，进一步巩固对概念定义及其内涵和外延的准确理解。

【案例2-33】学习完方程的概念之后，可组织学生进行以下的练习。

判断题：①方程都是等式；②含有未知数的式子是方程；③一个方程里只能有一个未知数。

这组题是要求学生以方程的定义为依据，根据定义的语意进行判断。题①检验学生对概念种属关系的理解，"等式"是方程的属概念。题②检验学生对概念外延的理解，"式子"的概念范畴比"等式"大，含有未知数的式子不一定是方程。题③检验学生对概念内涵的理解，方程的定义中并没有界定未知数的个数，因此，等式所含有的未知数的个数不是方程的本质属性，$x+x+x=27$ 是方程，$x+y=27$ 也是方程。

选择题：下面哪些式子是方程？
① $35+65=100$；② $x-14>72$；③ $y+24$；
④ $5x+32=47$；⑤ $6(y+2)=42$；⑥ $5+x=x+7$

教师要求学生不仅回答某个式子是否为方程，还要求他们从定义及其内涵和外延等多角度给予合理的解释。学生对题⑥可能会产生争议，认为不可能找到 x 所表示的那个数，所以它不是方程。从数学意义来讲，题⑥仍然是方程，只不过满足方程的 x 的集合为空集，或者说它是一道无解的方程。

看图列方程：

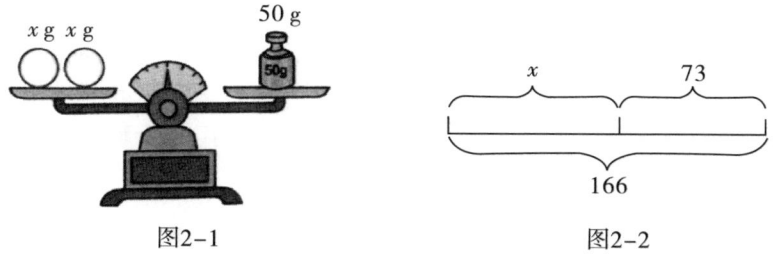

图2-1　　　　　图2-2

学生根据图意列出方程并不困难，但教师仍然应该组织学生进行表述和交流，评议要点仍然要集中于强化概念的理解。图①可以列出至少两种不同方程 $x+x=50$，或者 $2x=50$；图②可能出现更多的答案，如 $x+73=166$，$73+x=166$，$166-x=73$，即使学生列出 $x=166-73$ 或 $166-73=x$，教师也应根据方程的定义做出肯定的评价，有关的争议可留待以后探讨。

2. 在学习新概念中的应用

新概念的定义通常是由已知概念及相互间的关系构成，因此，学习新概念常常要以理解已有概念为基础。反过来，学习新概念的过程也是对已知概念的复习和巩固，可以产生温故而知新的效果。

【案例2-34】学生在四年级上册先学习"过直线外一点画这条直线的垂线"，然后再学习"点到直线的距离"。这个概念的现实应用和学习应用机会不丰富，学生容易发生遗忘。如果在学习"平行四边形的高"和"三角形的高"等数学概念时，注意组织学生复习上述两个知识，不仅进一步加深对"高"的意义及画法的理解，还能有效促进对上述两个知识的记忆和保持。

【案例2-35】三角形任意两边之和大于第三边是三角形的特性之一，教学中学生常常困惑于"任意"这个词语，教师也常常采用测量、归纳的方法指导学生理解。如果换一个角度引导学生思考，把这个命题转化为与之等价的另一种表达方式：三角形任意一边小于其他两边之和，再引导学生观察三角形，发现三角形任意一边实质是两个顶点之间的一条线段，而其他两边之和则是这两个顶点之间的一条折线。一部分学生恍然大悟，原来这就是我们早已知道的数学知识：两点之间，线段最短。这个教学案例再次证实，在新概念的学习过程中，恰当的教学方式可以让学生对已有数学知识形成更深刻的理解。

3. 在解决问题中的应用

数学概念的价值不仅在于它有孕育出新概念的能力，更重要的是它能与原理、公式、法则等其他命题相结合应用于解决各类数学问题的活动中。应用概念也是促进学生理解概念的重要阶段，准确选择并应用概念解决问题，是学生理解概念的重要标志。

【案例2-36】24位同学平均分成若干组，可以有多少种分组方法？面对这个实际问题，学生开始的时候往往会选择枚举、列表等方法，但经过尝试以后，更多的学生会意识到这是一道与因数、倍数概念相关的数学问题，列举出24的全部因数，因数的个数即为分组的方法数（需要提醒学生根据题意，去掉分为1组的情形）。

【案例2-37】植树问题是人教版小学数学安排在五年级上册"数学广角"单元中的一类实际问题。由于此类问题与实际生活联系密切，而且变化丰富，学生很感兴趣。但是，学生在解决这类问题的时候却常常会遇到不知从何寻找突破口的思考困难。教师如果从明确植树问题相关概念入手组织教学，能对更多的学生掌握这个知识提供帮助。

植树问题实质上是由两组数量关系组合而成。一组是关于间隔距离、间隔数和总长三者的数量关系，它符合一般的乘法数量关系模型，间隔距离×间隔数＝总长。另一组是关于棵数和间隔数之间的关系，根据植树的不同情形（两端都植树、两端都不植树、只在一端植树）而存在棵数比间隔数多1、少1或相等三种情况。组合两组数量关系的连接数量是间隔数（因为只有它出现在两组数量关系当中），问题的思考难点恰恰在于间隔数，一般来说，间隔数既不作为条件也不作为问题，在常规的植树问题中它竟然是"隐形"的。但是，一旦我们从间隔数入手，确定了它的相关信息（作为已知条件或问题均可），有序解决问题就变得很容易了。

上述教学方法，能让学生在解决问题的过程中获得一种新的体验，即问题的核心是数量关系。而概念是构成数量关系的要素，只有理解与问题相关的各种概念，才能确定解决问题的正确思路，只有抓住数学问题中的关键概念，才能找到解决问题的突破口。

4. 概念的综合应用

数学问题的多样性、复杂性和综合性，对学生综合应用数学概念的能力提出了更高的要求。面对复杂数学问题，准确判断与之相关的数学概念，灵活选择与此概念相关的原理、公式、法则，综合运用多种数学知识予以解决，不仅是学生数学概念深刻理解的成效表现，也是学生数学能力发展的成效表现。

【案例2-38】东东前4次单元测验的平均分是88分，第五次他要考多少分，才能把平均分提高到90分？

这个数学问题来自学生生活实际，解决问题的方式也灵活多样，是一道综合平均数概念及相关数量关系的数学问题，有利于巩固加深学生对平均数概念的理解，也有利于培养学生灵活解决数学问题的能力。

①可以指导学生根据平均数相关数量关系，运用综合分析法，逐步寻求问题的解答：先根据"4次"和"平均分88分"两个已知条件，计算出前4次的总分，88×4＝352分；再根据"5次"和"平均分达到90分"两个已知条件，计算出5次的总分，90×5＝450分；两个总分的差即为第5次测验应该考出的分数：450－352＝98分。

②可以指导学生根据平均数的概念，运用移多补少的方法，推导

第 5 次测验应考出的分数：前 4 次平均分为 88 分，距离 90 分少 2 分，即少了 4 个 2 分，共 8 分。第 5 次过后要把平均分提高到 90 分，至少要考到 90 分，还要额外再多考 8 分用于"移多补少"，因此，第 5 次需要考出 98 分。

③还可以指导学生从反向思考问题：如果第 5 次仍然考出 88 分，那么 5 次测验的平均分保持 88 分不变。要让平均分达到 90 分，需要每次都再提高 2 分，5 次总计多提高 10 分。前 4 次是不可能再提高的了，那么第 5 次需要考出 88 + 10 = 98 分。

上述三种解题思路，分别从不同角度加深概念理解，促进掌握和应用。第①种思路主要着力于巩固平均数问题的数量关系，在数量关系中强化对平均数的理解；第②种思路从平均数概念的本质属性角度拓展认识深度，5 次测验的分数不一定相等，平均数是对一组数据进行移多补少后得到的一种统计量；第③种思路则突出了平均数的随机性，新增的数据可能会改变整组数据的平均数，新增数据的与其他数据的大小关系，决定了它对整组数据平均数的改变趋势。

随感

我常想，为什么人们这么喜欢"概念"呢？看见什么东西、遇到什么事情，总想给它取个名字。

后来想明白了，因为人比较"懒"。人和人之间主要还是靠语言进行信息交流，如果我每次都要跟对面的那个人说："我又看到了那个头上长角、身上长毛、爱吃青草、喜欢咩咩叫的动物"，真是很累，真不如"我又看到了羊"来得方便。

而且人还很"笨"，据说人的大脑运算速度不及超级电脑的万分之一，人的视觉、听觉器官对超过 7 个字或 5 个音节的词反应很迟钝。所以人总爱用最简单的方式给最常见的东西取名字。"妈""5""平行四边形"，一听，一看，就知道是啥。

人也很"急"，一辈子就这么点儿时间，要学的东西却那么多。老祖宗们攒了这么多，怎样才能尽快地传给下一代呢？那就让某些人专门干这个活儿吧！于是有了一种职业，还取个名字叫"老师"。既然是专业的，那就得让人觉得咱够水平，把要学的、要传的东西都取上合适的名字，教起来的确是方便、迅速很多。

尽管人很"懒"、很"笨"、很"急"，但我还是感觉非常骄傲！

【附】 小学数学理解的学习表征与教学策略
——以"认识百分数"教学为例

【摘要】 理解是内在的思维过程和结果,但能通过学生的学习活动和行为表现进行表征。举例、分类、解释、概括、比较、说明等数学活动,是促进学生理解的基本途径,也是反馈学生理解水平的学习表征。多样化方式呈现教学信息,从了解逐渐过渡到理解,在应用中促进理解的深刻化,及时澄清学生可能发生的"误解"等,是促进学生理解的有效教学策略。

【关键词】 数学理解;学习表征;有效教学策略

一、理解的意义

教育心理学对"理解"的一般解释是,理解是运用已有的经验、知识去认识事物的种种联系、关系,直至认识其本质、规律的一种逐步深入的思维活动。[1]根据这一解释,学生对百分数这个概念的理解,应该包括对概念内涵、外延及其与相关概念的关系等三个方面的内容。

《义务教育数学课程标准(2011年版)》把"理解"作为描述结果目标的行为动词之一,并对其基本含义进行了说明:"描述对象的特征和由来,阐述此对象与相关对象之间的区别和联系。"[2]同时,课程标准还把"认识""会"列为理解的同类词。由此看来,认识百分数,应该要求学生达到理解的水平。

安德森(Anderson,L.W.)在修订布卢姆教育目标分类学时指出,"学生的理解出现在他们将要学习的'新'知识与原有知识建立联系时。更具体地说,是输入的知识被整合进原有图式和认知框架中的时候。"[3]当学生"从口头、书面和图画传播的教学信息中建构意义时,我们就说,学生在理解。"这说明,学生在理解百分数意义的时候,需要面对多样化的数学信息,同时也会呈现出多样化的思维外化的表征。

二、小学数学"理解"的学习表征

理解是一种内在的思维过程或思维结果。注重理解的教学,教学目标是否

达到应该是可观察和测评的外在依据。把理解确定为课堂教学的目标重点，就需要预设相应的学习活动，这些活动能够直观、生动地反映出学生的思维过程与结果，从而使学生的学习结果变得可预期、可观测和可引导。

（一）举例

举例是指学生能根据概念提供具体的例子。在数学概念引入阶段，学生借助生活经验和已有知识举例，主要依据外部特征等非本质属性选择相应的例子。在概念理解阶段，举出的例子则应该符合概念的内涵，反映对象的本质属性。

认识百分数是从认识其直观特征开始的。笔者设计的学习活动包括要求学生描述百分数的外部特征，正确地读出百分数，正确地写出指定的或自选的百分数。

事实上，要求学生提供（说出或写出）百分数的具体例子并不困难。这是因为百分数在现实生活中有着广泛的应用，学生在课前已经积累了较多的关于百分数的经验。但是，学生的这些经验尚处于日常概念或前科学概念水平，它既是通过理解形成科学概念的基础和出发点，也需要通过预设的学习活动加以修正和规范。描述特征和正确读写都是这种修正和规范的具体结果。

（二）分类

分类是以对象的本质属性或显著特征为根据所做的划分。[4]在数学学习中，主要根据对象的数量特征、空间特征等属性分类。正确地分类表示学生能够指明学习对象属于或不属于某个概念范畴之内，也可以表示学生能够对符合概念意义的对象进行类目的再一次划分，以修正或完善自身的认知结构。

在本课时中，分类的学习活动分为以下两个层次：

第一个层次是直观分类，即对一组百分数进行观察以后，要求学生根据百分号前面的数的特征进行分类。学生可以把它们分为百分号前面的数大于100、等于100或小于100三类，也可分为整数和小数两类。这一活动的预设意图在于帮助学生对百分数的外延形成更系统和清晰的认识。

第二个层次是意义分类，在揭示了"百分数是表示一个数是另一个数的百分之几的数"这一概念内涵之后，要求学生在具体的问题情境中判断哪些问题的结果可以用百分数表示，哪些不能用百分数表示。与举例不同，这一活动的预设意图在于评价学生是否能够运用百分数的意义，将表示问题结果的数据进行类目化和归属。

（三）解释

"当学生将信息从一种表征形式转化为另一种表征形式时，解释产生了。"[5]解释是常用的数学学习活动形式，要求小学生结合自己的思考，以数学概念、法则等为依据，对自己的判断或做法做出说明。

百分数的意义突出地表现为它只表示两个数的关系，而且是特殊的比率关系。它与学生以前认识的整数、分数、小数在意义上的差异，给学生的理解制造了更多的障碍。因此，建立百分数的概念、理解百分数的意义，需要以"解释具体情境中百分数的意思"作为基础。

本课时中，以解释为表征的学习活动包括以下几个形式：

（1）数字与语言之间的转换：观察教材提供的插图，尝试用自己的语言表述图中百分数的意思。如一批产品的合格率是98%，表示合格产品数是产品总数的98%；服装标签上的"羊毛50%"，表示羊毛的质量是整件服装质量的50%。

（2）图画与数字之间的转换：在10×10的方格纸上用涂色的方法表示指定的百分数；或根据某一图形中涂色部分所表示的量占总量的百分之几，写出相应的百分数。

（3）语言与语言之间的转换：用非范式的表述方式呈现百分数如"感冒百分之九十左右是由病毒引起的，百分之十左右是由细菌引起的。"要求学生用范式的表述方式进行解释："由病毒引起的感冒病例占全部感冒病例的90%左右，由细菌引起的感冒病例占全部感冒病例的10%左右。"

（四）概括

概括是把从个别对象中抽取出来的属性，推广到该类一切对象，从而形成关于这类对象普遍性认识的逻辑方法。[6]在小学数学教学中，概括的主要特征是学生能用定义、结论或公式的形式抽象出概念或规律。

加涅（Gagne, R. M.）认为，学习定义性概念的必要条件是，学习者必须具有要学习的概念定义中所包含的相关概念。[7]"百分数是表示一个数是另一个数的百分之几的数"，这一定义中包含的"一个数""另一个数""百分之几"等相关概念都不难理解，但这一概念的核心"两个数之间的比率关系"却更为抽象，学生较难理解。

本课时预设的教学过程是引导学生经历充分的具体情境下数学概念理解活动。理解大量具体情境中的百分数之后，学生可以采用归纳的方法，发现这些百分数尽管现实背景不同，呈现方式不同，但它们都是在两个数发生倍比关系时产生，并且用百分数表示倍比的结果。即它们都是表示一个数是另一个数的百分之几，从而逐步抽象出百分数的定义性概念。

（五）比较

比较是指学生能阐述当前知识对象与相关对象之间的区别与联系。数学概念的教学不能停留于比较表面特征，而应该引导学生从概念属性层面分析各种对象的区别与联系。

教材要求学生比较百分数和分数在意义上的区别。事实上，百分数意义的归属是"数"，这一本质属性不仅与分数"同"，也与整数、小数"同"。另一方面，百分数的特性是"只表示两数间的比率关系"，这一本质属性不仅与分数"异"，也与整数、小数"异"。所以，教师在课堂教学中鼓励学生把百分数与"以前所学过的数"进行比较，以寻同为次，以探异为主，为学生完善知识结构提供更科学的指引。

教师设计了一组填空题，如（1）甲乙两地相距（ ）千米；（2）汽车的速度是火车的（ ）；（3）食堂买进的大米已经吃了（ ）千克，吃了总数的（ ）。经过提问引导，学生发现所有的空格都可以填写整数、小数或分数，但只有特定的空格才能填写百分数。由此印证了百分数与其他数的区别。在此基础上，教师再进一步提问：哪些空格填写百分数更合适？有什么好处？以此促进学生更深入地思考百分数的数学意义和现实应用价值。

（六）说明

"当学生能建构和运用一个系统的因果模型时，说明就出现了。"[8] "说明"要求学生对知识对象的本质属性有深刻的理解，并且能综合运用更多的知识和经验，因此，它比"解释"更具表征意义，是理解达到较高层次的标志。

在本课时中，教师利用教材提供的图画形式的情境呈现两个百分数："咱们学校有60%的学生参加了兴趣小组""我们班差不多达到了65%"。教师预设的问题是："既然65%大于60%，是否可以说，我们班参加兴趣小组的人数比全校的还要多？"学生利用基本的生活经验对这一问题给出了否定的回答。教师继续提问："65%大于60%，到底说明了什么？"在讨论过程中，学生首先明确了两个百分数的具体含义，再进一步体验到这两个百分数的现实意义，是描述我们班、全校学生参加兴趣小组的"积极性"，最后形成较为统一的认识是："65%大于60%，说明我们班的学生参加兴趣小组的积极性比全校的总体水平更高。"

另一个关于"说明"的预设问题是："一批产品的合格率是98%。如果继续加强质量管理，这批产品的合格率最高可能达到多少？"同样为学生提供了一个运用百分数意义说明生活事实的机会。

三、促进"理解"的小学数学有效教学策略

针对学生实现"理解"的学习表征,教师需要运用多种教学手段,组织学生经历学习活动,促使各种学习表征得以呈现。各种教学活动安排的次序、时间的分配以及活动的组织形式等要素,需要在教学目标的统领下构建成一种结构,一种有主次、有顺序、有内在逻辑联系的结构。实现结构化的思路和方法就是教学策略。

(一)多样化方式呈现教学信息

一方面,现实生活和数学知识系统中的百分数存在于多样化的背景下,学生需要从多样化的数学信息中认识百分数;另一方面,促进学生理解的重要教学措施是变式,在变式中突出多个具体对象的共性,有利于引导学生发现对象的本质属性。因此,提供丰富的、多样化的数学信息,并且不断以新的方式呈现这些数学信息,对于学生实现理解有积极的促进作用。

(二)从了解逐渐过渡到理解

百分数意义的抽象性决定了学生对这一知识对象的理解过程以间接理解为主。间接理解的过程是从最初模糊笼统、未分化的了解,经过一系列的思维活动,逐渐过渡到明确清楚、分化的理解。学生了解百分数的水平,决定了教学的起点。在教师预设和组织的教学活动中,学生呈现出各种理解的表征,标志着教学的终点。教学策略的目的和价值在于使这种过渡更加自然、流畅,更加符合学生的认知规律。

(三)在应用中促进理解的深刻化

理解和迁移、应用的关系非常密切。只有被理解的知识才能迁移和应用。适当的应用反过来可以促进理解的深刻化。比如:"一批产品的合格率是98%,不合格的产品占百分之几?你可以用一个怎样的概念表示不合格产品的百分比?"又如:给出一组羊毛衫的成分、价格标签,运用生活经验和所学知识,判断买哪件更合理。类似的问题跨越了理解的范畴,引导学生进入更高层次的数学思考和问题解决学习层面,目的却是为了加深对百分数意义的理解。

(四)及时澄清学生的"误解"

外在表征并不能完全反映学生内在的思维。准确把握和科学分析教学反馈信息,有利于教师通过外化的表征判断学生思维水平的真实状况,及时澄清学生可能发生的"误解"。例如:学生能够在具体情境中解释百分数的含义,有可能是基于对图画、语言或文本的理解,不一定是从概念内涵层面推演出正确

的表述。因此，在经过大量的具体解释活动之后，引导学生经历概念化的过程是十分必要的。抽象出科学概念之后，学生对百分数意义的理解才抓住了本质属性。又如：学生能够正确表述百分数的意义"表示一个数是另一个数的百分之几"，有可能是对此前描述多个百分数具体含义所得经验的模仿或归纳。学生是否真正理解百分数"只表示两个数间的比率关系"，教师还需要观察和分析学生其他的学习表征，才能做出合理的评价。

四、结语

理解是一种内在的思维过程或思维结果，研究理解的学习表征能使理解以多种可观测的行为表征直观呈现，有利于教师即时进行评价。根据学生需要或可能呈现的学习表征，教师可预设相应的教学活动。教师预设学生学习表征的呈现，意味着教师关注学生的理解发生、发展和达成。

运用适当的教学策略，可以使教学活动具备更合理的结构和序列，这有利于学生的学习表征自然、有序地呈现。同时，教师需要根据学生外化的学习表征进行合适的反馈以及时澄清学生的"误解"，并逐步提升学生的理解水平，是最考验教师教学智慧的。

参考文献

[1] 范程，张翘楚，王艳秋，等. 新编心理学［M］. 延吉：延边大学出版社，1995：254.

[2] 中华人民共和国教育部. 义务教育数学课程标准（2011版）［M］. 北京：北京师范大学出版社，2012：72.

[3］[5］[8] 安德森，克拉斯沃尔，艾雷辛，等. 学习、教学和评估的分类学（布卢姆教育目标分类学修订版）［M］. 皮连生，译. 上海：华东师范大学出版社，2008：62，63.

[4］[6] 辞海编辑委员会. 辞海［M］. 上海：上海辞书出版社，2010：1039，514.

[7] 加涅. 学习的条件和教学论［M］. 皮连生，等，译. 上海：华东师范大学出版社，1999：114-115.

第三章　在运算教学中促进学生理解

第一节　小学数学运算的特点

根据一定的数学概念、法则和定理，由一些已知量通过计算得出确定结果的过程，称为运算。能够按照一定的程序与步骤进行运算，称为运算技能。不仅会根据法则、公式等正确进行运算，而且理解运算的算理，能够根据题目条件寻求正确的运算途径，称为运算能力。

运算技能的特征是正确、熟练。运算能力是运算技能与逻辑思维等的有机整合，不仅是一种数学的操作能力，更是一种数学的思维能力。运算正确、灵活、合理和简洁是运算能力的主要特征。

一方面，运算技能是运算能力的重要成分，是运算能力得以形成和发展的基础，也是运算能力发展水平的显性表现之一。另一方面，运算技能的学习、掌握、巩固、应用不能脱离运算能力的支持，只有在准确理解运算算理的基础上，运算技能才能真正内化为心智技能。因此，小学数学运算教学既要重视学生掌握运算技能，更要注重发展学生的运算能力。

一、基础性

1. 小学阶段所形成的运算技能是现实生活应用的基础

人们在日常生活和工作中需要处理很多关于数的计算问题，小学阶段所掌握的计算技能是人们在现代社会生活中必备的基础性技能。尽管计算机和智能化设备快速普及，人们可以更方便地使用这些设备解决计算问题，但口算、估算等能力始终有着广泛的应用场景。

2. 运算技能和运算能力是学习数学知识的必备基础

运算在小学数学课程中占有重要的地位，不仅是"数与代数"的重要内容，"图形与几何""统计与概率""综合与实践"也都与运算有着密切的联系。学习几何图形的周长、面积或体积，学习统计分析中的平均数等数学知识都要求学生具备相应的运算技能与能力。

3. 运算能力是学生数学素养发展的重要基础

张景中院士认为"运算是具体的推理，推理是抽象的运算"，说明运算本质上是一种数学思维活动，因此，运算能力的发展本身就是学生数学素养发展的一部分。同时，在学习运算知识的过程中，学生经历了明确运算意义、理解算理、概括算法、应用算理和算法、灵活选择进行算法优化等数学活动，在习得运算技能的同时，也促进了数学抽象、模型思想、几何直观等多种数学能力的发展。

二、丰富性

小学阶段关于数学运算的知识内容非常丰富，在小学数学知识体系中占有很大的比例。

1. 运算知识类型丰富

小学阶段数学运算知识包括运算意义、性质、定律、法则等四类知识。运算意义属于概念性知识，它揭示了一种运算的本质属性，描述了这种运算的应用功能。运算性质是对一种运算固有特性进行描述的命题。小学阶段学习的运算定律主要指加法交换律、结合律和乘法交换律、结合律、分配律。运算法则是基于运算意义和算理，对一种运算的方法、步骤和形式所做出的一般性总结，它是指导具体运算实践的操作规则。数的意义，以及运算的意义、性质和定律，是各种运算的算理基础和算法依据。

2. 运算对象由简到繁

小学阶段数学运算知识以关于整数、小数、分数以及百分数的四则运算为基础，逐步拓展延伸到多种数型、多步多级的混合运算。此外，还包括关于比和比例、方程等的运算。整数的四则运算教学内容占比最大，一般都分解为多个教学环节，循环递进，逐步发展。小数是在整数基础上对数系的拓展，小数沿用了整数的十进位值制计数方法，因此，小数四则运算的意义、法则、性质和定律实质上是整数四则运算相关知识的延伸和发展。由于分数具有"计数单位不确定"的特性，所以分数的四则运算知识更具有特殊性。小学阶段对百分数四则运算一般不作过高要求，主要是在实际应用中解决一些计算问题，通常转化为小数的计算。

3. 口算、笔算相互促进

口算和笔算，二者在应用场景、算理和算法上都存在明显的区别。掌握适当的口算技能，一方面增强学生应用数学技能解决实际问题的能力，另一方面为学习较复杂的笔算知识打基础、做准备。学生口算技能的熟练程度会直接影响他们笔算的精确度和速度。反过来，笔算过程中包含着大量的口算活动，笔算也能不断巩固学生的口算技能。

4. 运算结果要求灵活

小学数学运算以精算为主，但也涉及一些估算的教学内容。精算和估算在现实生活的不同场景中都有广泛的应用。在数学学习中，估算多用于解决实际问题。估算教学不仅要求学生掌握一定的估算技能，还要求学生结合实际问题，确定估值的方向、精度等。学习估算，能培养学生综合运用数学知识解决实际问题的能力。

三、系统性

小学数学教材以结构化、系统化的方式编排数的运算知识内容，既尊重小学生的年龄特点和认知规律，也充分体现了运算知识的发生、发展规律，体现了各种知识之间的联系。

1. 以数的认识为基础，运算知识和技能与其相随相伴

例如，一年级学生在认识 1-5 等数的时候，即开始初步认识加法和减法，当认数范围扩大到 20 以内时，同时就学习 20 以内的进位加法、退位减法。在初步认识了小数和分数概念后，教材随即安排了相应的加、减法知识内容。

2. 利用实际问题原型，把运算知识的学习与解决实际问题相结合

一方面，实际问题所呈现的现实情境有利于学生基于生活经验理解运算的直观意义，如认识加法时，以动态或静态方式理解教材提供的场景图、点子图等，学生可以直观地抽象地认为加法算式是表示把两个数合起来的意思。另一方面，实际问题创设的现实情境还有利于学生理解算理，如学习小数加法时，利用现实生活中的商品价格素材，把抽象的小数加法还原为"元加元""角加角"的生活经验，为理解"小数点要对齐"的算理算法提供了事实依据。

3. 分散难点，循序渐进地编排学习内容

例如，除数是一位数的笔算除法，教材按以下线索安排了 7 道例题，引导学生逐步理解算理、掌握算法：①两位数除以一位数，十位和个位分别能整除；②两位数除以一位数，十位有余数；③三位数除以一位数，百位够商 1；④三位数除以一位数，百位不够商 1；⑤被除数是 0 的除法；⑥三位数除以一位数，商中间有 0；⑦三位数除以一位数，商的个位是 0。

4. 利用四则运算之间的关系，逐步发展运算概念系统

教材在四年级上册集中抽象概括四则运算的意义、每种运算各部分之间的关系，虽然没有明确表述"逆运算"的概念含义，但在第一学段却做了大量的铺垫和孕伏：一年级上册在学习 1－5 各数的过程中初步认识加法和减法，让学生体会两种运算在意义上的相对、相反；二年级上册以"同数相加"的算式、"几个几"的表述等引入乘法概念，让学生体会乘法是关于某类特殊加法的新的运算形式；乘法口诀的学习过程进一步引导学生加深了对乘法和加法间联系的认识；同样以"几个几"为主要认识工具，二年级下册开始了对"平均分"的学习，进而引入除法的概念，学生可以直观地感受到除法和乘法之间的联系。

第二节　小学数学运算的主要内容

在本章第一节讨论小学数学运算的特点时，我们已经从其丰富性的角度，对小学数学运算的各类知识进行了整体的分型分类。现在我们依据人教版小学数学教材的编排思路，从整数、小数、分数三个部分分别梳理四则运算知识内容的发展线索，并简要介绍知识发展的关键点。

一、整数加法和减法的知识发展线索

一年级上册

"1－5 的认识和加减法"单元：初步理解加减法的含义，会用自己的方法口算 5 以内的加减法。

"6－10 的认识和加减法"单元：比较熟练地进行 10 以内的加减法计算，以及连加、连减和加减混合计算；用 10 以内的加减法解决简单的实际问题。

"11－20 各数的认识"单元：了解加法和减法算式各部分的名称；能够计算简单的 10 加几及相应的减法。

"20 以内的进位加法"单元：知道 20 以内进位加法的基本方法，能熟练地口算 20 以内的进位加法；会解决相应的简单实际问题。

一年级下册

"20 以内的退位减法"单元：理解 20 以内退位减法的算理，掌握 20 以内退位减法的基本方法,能熟练地口算 20 以内的退位减法;会解决相应的简单实际问题。

"100 以内的加法和减法(一)"单元:理解 100 以内加法和减法的算理,能口算 100 以内整十数加、减整十数,口算两位数加、减一位数和整十数;认识小括号,能口算含有小括号的两步加、减混合运算;会解决同数连加、连减同数的简单实际问题。

二年级上册

"100 以内的加法和减法(二)"单元:理解 100 以内两位数加、减两位数的算理,能正确计算 100 以内两位数加、减两位数;掌握连加、连减和加减混合竖式的简便写法,能正确、灵活地计算连加、连减和加减混合式题(包括含有小括号的);解决相应的简单的实际问题。

三年级上册

"万以内的加法和减法(一)"单元:能正确口算两位数加、减两位数(和在 100 以内),会正确计算几百几十加、减几百几十;结合具体情境,选择恰当的方法进行加、减法的估算;能解决相应的实际问题。

"万以内的加法和减法(二)"单元:能正确计算三位数加、减三位数;理解验算的意义,会对加法和减法进行验算;解决相关的实际问题。

二、整数乘法的知识发展线索

二年级上册

"表内乘法(一)"单元:在具体情境中理解乘法运算的意义,知道乘法算式各部分的名称;经历编制乘法口诀的过程,熟记 2-6 的乘法口诀,会用口诀熟练口算有关乘法算式;解决相应的简单实际问题。

"表内乘法(二)"单元:经历编制 7-9 乘法口诀的过程,理解每一句口诀的意义,初步记熟 7-9 的乘法口诀;熟练地计算表内乘法,会用乘法解决简单的实际问题。

三年级上册

"多位数乘一位数"单元:比较熟练地口算整十、整百、整千数乘一位数,两位数乘一位数(不进位);理解多位数乘一位数的笔算算理,掌握计算方法;在具体情境中选择恰当的策略进行乘法估算。

三年级下册

"两位数乘两位数"单元:掌握两位数、几百几十乘一位数(进位),两位数乘整十数、整百数（不进位），整十数乘几百几十数（不进位）的口算方法；理解两位数乘两位数的算理，掌握两位数乘两位数的计算方法。

四年级上册

"三位数乘两位数"单元：理解三位数乘两位数的算理，会计算三位数乘两位数。探索"积的变化规律"，理解规律内涵；了解常见的数量关系，能运用数量间的关系解决一些简单的实际问题。

三、整数除法的知识发展线索

二年级下册

"表内除法（一）"单元：在具体情境中理解平均分及除法运算的意义，能进行平均分，会读、写除法算式，知道除法算式各部分的名称；初步认识乘法、除法之间的关系，能比较熟练地用 2－6 的乘法口诀求商。

二年级下册

"表内除法（二）"单元：能比较熟练地用 7－9 的乘法口诀求商，会用除法解决简单的实际问题。

"有余数的除法"单元：在具体情境中理解余数及有余数除法的含义；掌握除法竖式的书写过程，理解竖式中每个数所表示的含义；初步掌握试商的基本方法，能比较熟练地进行有余数除法的口算和笔算；用有余数的除法解决简单的实际问题。

三年级下册

"除数是一位数的除法"单元：会口算除数是一位数的除法，商是整十、整百、整千的数的除法，几百几十（或几千几百）除以一位数的除法；能用乘法验算；掌握一位数除多位数的除法估算的一般方法；解决相应的实际问题。

四年级上册

"除数是两位数的除法"单元：会口算整十数除整十数、几百几十的数（商一位数）；掌握两位数除两位数、三位数的计算方法；了解商的变化规律；解决相关的实际问题。

四、小数加法和减法的知识发展线索

三年级上册

"小数的初步认识"单元：在具体情境中体会小数加、减法的算理，会正

确计算一位小数的加、减法，并能解决相应的实际问题。

四年级下册

"小数的加法和减法"单元：自主探索小数加、减法的计算方法，理解算理，能正确地进行小数加、减及混合运算。

五、小数乘法的知识发展线索

五年级上册

"小数乘法"单元：理解和掌握小数乘法的算理和计算方法，能正确地进行小数乘法的计算和验算。

六、小数除法的知识发展线索

五年级上册

"小数除法"单元：理解和掌握小数除法的算理和计算方法，能正确地进行小数除法的计算和验算。

七、分数加法和减法的知识发展线索

三年级上册

"分数的初步认识"单元：会计算简单的同分母分数的加、减法，会计算1减去几分之几。

五年级下册

"分数的加法和减法"单元：理解分数加、减法的含义和算理，掌握计算方法，能正确计算。解决相关的实际问题。

八、分数乘法的知识发展线索

六年级上册

"分数乘法"单元：理解分数乘法的意义是整数乘法意义的扩展；理解并掌握分数乘法的计算方法，会计算分数乘整数、分数和小数。

九、分数除法的知识发展线索

六年级上册

"分数除法"单元：体会分数除法的意义，理解并掌握分数除法的计算方

法，会进行分数除法计算；能解决相关的实际问题。

十、混合运算的知识发展线索

二年级下册

"混合运算"单元：正确理解和掌握含有两级运算的混合运算的运算顺序，能正确按照运算顺序进行脱式计算；逐步学会列综合算式解决两步计算的简单实际问题。

四年级下册

"四则运算"单元：结合具体情境，理解加、减、乘、除四则运算的意义，掌握四则运算中各部分间的关系，对四则运算知识进行较系统的概括和总结；认识中括号，掌握四则混合运算的顺序，能进行简单的四则混合运算；会用四则混合运算的知识解决一些实际问题。

"运算定律"单元：探索和理解加法交换律、加法结合律、乘法交换律、乘法结合律、乘法分配律，并能运用运算定律进行一些简便计算。

十一、简易方程、比、比例等知识的发展线索

五年级上册

"简易方程"单元：理解用字母表示数的基本含义，能够用字母表示学过的运算定律和计算公式、常见的数量关系；会求含有字母的式子的值；认识方程、初步理解等式的基本性质，能用等式的性质解简易方程；初步学会列方程解决简单的实际问题。

六年级上册

"比"单元：理解比的意义，知道比与分数、除法的关系；理解并掌握比的基本性质，会求比值、化简比，能解答按比例分配的实际问题。

六年级下册

"比例"单元：理解比例的意义，会判断四个数能否组成比例；理解比例的基本性质，能正确地解比例；理解相关联的量，理解正比例和反比例的意义，掌握成正比例、反比例的量的变化规律；认识正比例关系的图象；能解决与比例、正比例、反比例、比例尺等相关的实际问题。

总体来看，人教版小学数学教材在运算知识内容的编排上，有非常突出的特点：

1. 循序渐进，分散难点

数学运算的教学内容贯穿 12 册，全学段共编排 30 余个学习单元。整数四则运算是重点和基础，相关教学内容编排了近 20 个学习单元，分散了四则运算的教学难点，安排了较长的学习时间，分多个阶段学习和巩固。利用知识联系，相对集中地学习分数、小数的四则运算，知识发展进程和学习进度明显加快。

2. 把运算知识教学与数的认识教学紧密结合起来

在一年级上册分阶段认识 20 以内的数时，即让学生开始初步学习相关的运算知识。分数、小数从初步认识到意义理解，也都安排了相应的运算教学内容。每次扩展学生关于数的认识的知识系统时，相关的运算教学也随即跟进。

3. 把理解运算意义、理解算理、掌握算法紧密联系起来

每个知识单元都注重渗透、揭示和扩展运算的意义。以理解运算意义为基础，指导学生理解算理。逐步概括和总结整数、分数、小数四则运算的计算方法，以及四则混合运算的计算规则。以等式的基本性质、比的基本性质、比例的基本性质等为算理依据，帮助学生掌握正确的解方程、求比值与化简比、解比例的方法。

4. 把运算知识应用于解决实际问题教学活动中

突出数学运算知识的应用价值，让学生每掌握一种新的运算技能都能及时提供必要的应用机会。随着学生运算知识的不断丰富，相关的实际问题也不断深化发展。通过大量的解决实际问题的数学活动，促进学生对运算知识的理解、掌握和应用。

第三节　促进小学生理解数学运算的教学方法

一、强化对运算意义的理解

1. 利用生活经验和已有知识引入运算概念

运算是人们为了解决现实生活中各种数量关系问题而发明的数学方法和工具。小学生在日常生活中接触了大量的数学运算实例，对数学运算的意义形成了初步的、感性的直观认识。学习关于运算意义的知识，既要以学生的生活经验为基础，也要帮助学生抽象和概括自己的生活经验，逐步提升到数学概念的

理性高度。选择、设计具有典型意义的生活原型，用生动的生活现象引入运算概念，是小学运算概念教学的常用方法。

【案例 3-1】在一年级上册初步认识加法之前，学生具备一些关于加法的基本生活经验：在日常生活中，"增加""来了""合起来"等过程会导致物品数量增多；整体包含各个部分，各个部分的数量合起来等于整体的数量。教材创设了"小丑图"现实情境，引导学生充分体验加法概念的抽象过程。动态角度理解连环画，可以抽象出"合起来""增加了"的意义，从而意识到加法是反映数量变化过程及结果的运算。静态角度理解连环画，可以抽象出"两部分""总数"的意义，感受到加法是描述部分和整体之间关系的运算。教材进一步呈现了半抽象的"点子图"情境，仍然可以从动态和静态两个角度进行观察和理解。教师要鼓励学生对不同情境、从不同角度进行观察和描述，逐步内化对加法意义的认识。

理解运算的意义，也离不开学生已有的数学知识。例如，初步认识加法的意义，就与已经学过的数的组成知识（分与合）、数的顺序知识（一个一个地数）、数的大小知识（总数比每个部分数多）密切相关。教师引导学生运用这些已有知识描述现象、表达思考，既能感受到数学知识之间的联系，也能逐步适应数学的表达方式。

2. 运用多种表征及其联系促进理解运算的内涵

指导学生综合运用多种表征形式，注重多种表征形式之间的沟通与联系，是小学运算概念教学的一般规律。尤其是在初步认识运算概念阶段，利用学具、情境、图形等直观对象，通过操作、表达、画图等活动指导学生，更有利于学生经历概念的抽象过程，在形成丰富的、多样的直观表象基础上，逐步理解概念内涵。

【案例 3-2】平均分是初步认识除法意义的重要基础，对平均分的意义、方法、过程和结果的理解，直接制约了学生对除法运算意义的理解水平。教材分两个阶段安排学习内容，每个阶段都明确提出了多种表征相结合的教学要求。

第一阶段主要教学目的是理解平均分意义。教材设计了把 6 颗糖分成 3 份的操作活动，通过对多种操作结果进行观察和比较，提出平均分概念，并解释其内涵。在练习活动中，用填空题形式指导学生对平均分的过程和结果进行语言表征，规范学生的思维过程和表达方式。两种表征形式的结合点突出了平均分所包含的三个要素，即"被分物品的总数""每份数""分成的份数"，强调了"每份同样多"的关键属性。

第二阶段主要教学目的是理解平均分的两种方法：按份数平均分、按每份数平均分。这两种分法分别反映了两种不同现实模型中蕴含的除法数量关系，但如果只看分的结果，两种分法间的差异并不明显。按份数平均分，集中于"每分完一轮都要检查是否做到每份同样多"这个要点，按每份数平均分，集中于"按要求分完后得到了多少份"这个要点。学生是否理解它们之间的差异，教师需要通过对其操作、表达过程进行观察和分析才能做出正确的判断。因此，本阶段的教学同样要重视学生的多种表征及其联系。

3. 以运算意义为依据解释算理

运算法则是关于运算方法和过程的规则，这种规则道理何在，就是我们通常所说的算理。运算意义是说明算理的依据之一，从运算意义的角度解释算理，能加深学生对算理的理解水平，增强他们对运算法则的信任程度。

【案例3-3】在小数初步认识阶段，相应的小数加法问题利用了"元、角、分"生活原型，学生能较直观地理解必须把元加元、角加角、分加分，竖式中两个加数的小数点是对齐的。

在认识了小数的意义，掌握了小数计数单位相关知识之后，小数加法的计算法则才最终概括为形式化的"小数点对齐"。为什么小数点要对齐？不对齐行不行？只有解决好学生的这些疑问，才能让学生形成稳定、持久的法则意识。

从数的意义来看，小数是十进分数的表现形式，在计数规则上与整数保持一致。整数加法的意义是"把两个数合起来的运算"，计算时，要求把相同计数单位的数相加，形式上表现为数位对齐。小数加法是整数加法的延伸，在运算意义上同样保持一致性，计算时，也要求把相同计数单位的数相加，数位对齐的要求在形式上就转化为小数点对齐。

只有让学生形成这样的认识，才能避免整数加法"末位对齐"这种表象的干扰，避免负迁移导致学生在计算小数位数不相同的两个小数相加时，错误地将两个加数的末位对齐。更有价值的是，在后续学习中，当学生需要解决类似于3.6-2.53这类问题时，能更准确地理解为什么要把3.6看作是3.60。

4. 解决实际问题时及时巩固对运算意义的理解

小学数学的运算概念多采用关系描述、功能描述的形式进行定义。如"求几个相同加数的和的简便运算叫乘法""已知两个加数的和与其中的一个加数，求另一个加数的运算叫减法"，不仅揭示了乘法与加法、减法与加法的关系，也指明了在什么情况下应该选择用乘法或减法来计算。

小学数学的绝大部分实际问题虽然情境和素材广泛而且生动，但其数量关系都是加、减、乘、除四则运算的模型应用。根据四则运算所包含的数量及其关系，组合已知条件和问题形成丰富多样的题型类别。因此，解决小学数学中的实际问题，核心任务是分析数量及数量关系，关键步骤是依据数量关系列出算式或方程。准确理解、灵活运用四则运算的意义，是正确解决实际问题的前提。反过来看，小学数学中大量进行的解决实际问题数学活动，一个很重要的目的，就是不断加深学生对运算意义的理解。

【案例3-4】有余数的除法是小学阶段一个很重要的数学概念。在等分物品的时候，有的时候恰好可以均分，有的时候却会出现剩余。整除反映前者，而有余数的除法则反映了后者。二者互补，形成更为完整的数学知识体系，客观地解释了现实生活的多样性和整体性。在教学这一内容时，我们应注重引导学生进一步加深对除法意义的理解。

①9支铅笔，每人分2支。可以分给（　　）人，还剩（　　）支。
②9支铅笔，平均分给4人。每人分（　　）支，还剩（　　）支。

关于除法，应努力促成学生形成以下的认识：

①无论按份数平均分还是按每份数平均分，都有可能出现剩余。
②剩余的这个数叫作余数。余数不是每份数，更不是份数，而是被除数的一部分，因此，表示余数的数量单位应与被除数一致。
③除法运算实质上包含了被除数、除数、商和余数4个部分，研究的是它们四者之间的关系。可以结合验算过程指导学生进一步探索发现它们之间的关系。
④有余数的除法是一般情况，而整除是特例（余数为0）。
⑤为了符合现实生活的一般原则，同时保证数学运算结果的唯一性，人们规定了余数要小于除数。

二、深化对算理依据的理解

1. 通过数的意义理解算理

算理算理，简单来说就是计算的道理。这种计算方法有没有道理？道理是什么？为什么说它是有道理的？引导学生对这类问题进行思考，不仅能增强他们对计算法则的认同程度，还能有效地促进学生主动开展数学抽象、逻辑推理活动，逐步形成综合的数学运算能力。

严格来说，几乎每种运算的算理都与数的意义有关。整数、小数加减法的基本算理与它们采用十进位值制密切相关，多位数乘除法也要根据十进位值制分析每步乘或除的实际意义。因为分数意义更为抽象，而且分数的计数单位具有不确定性（根据分数的分母确定），导致学生在理解分数运算的算理时可能遇到一些困难，出现不少困惑。在分数运算教学中把分数意义作为认识基础，利用分数意义帮助学生理解算理，是一种行之有效的教学方法。

【案例3-5】在初步认识分数的阶段学习简单的同分母分数加减法，主要利用几何直观，通过对图形的涂色部分进行"合并"和"去掉"等操作活动，介绍分数加减法的计算方法。然后指导学生结合具体的算式，说明其算理。如，$\frac{2}{8}+\frac{1}{8}$ 的算理解释为 2 个 $\frac{1}{8}$ 加 1 个 $\frac{1}{8}$ 是 3 个 $\frac{1}{8}$，也就是 $\frac{3}{8}$，为学生在第二学段进一步学习分数加减法的计算法则做了非常重要的铺垫。

【案例3-6】理解异分母分数加减法的算理是第二学段学习分数加减法的难点。学生基于对分数意义、分数的基本性质、同分母分数加减法等知识技能的理解和掌握，探索异分母分数加减法的计算法则，经历了一系列的数学抽象思维活动：

①抽象数学规则：知道新的运算形式需要与之相适应的计算规则，产生探索异分母分数加减法计算法则的学习动机。

②应用数学概念：知道通分是依据分数的基本性质，通分可以改变分子、分母的大小，但不改变分数的大小。

③运用数学思想：运用"转化"的数学思想方法，理解之所以要把异分母分数化为同分母分数，是为了统一各数的计数单位，从而将新运算转化为已经学过的同分母分数加减法。

④拓展认知结构：知道异分母分数加减法的法则以同分母分数加

减法法则为基础，同时又是对后者的发展，它们共同组成分数加减法的计算法则。

⑤把握算理实质：尤为重要的，应注意引导学生逐步感受，分数加减法的算理，与整数、小数加减法算理在本质上是一致的，即相同计算单位的数才能直接相加减。

2. 通过运算意义理解算理

在本节前文"以运算意义为依据解释算理"中已就相关问题进行过讨论，现在再以含有两级运算的混合运算案例加以说明。

【案例3-7】学生最早学习含有两级运算的混合运算是在二年级上册学习表内乘法相关知识的时候，学习了乘加、乘减。这个阶段出现的算式均为乘法在前，加、减在后，结合现实情境，学生比较容易接受先算乘法，再算加、减的计算规则。二年级下册安排了混合运算单元，总结概括了一般规则：在没有括号的算式里，如果有乘、除法，又有加、减法，先算乘、除法，后算加、减法。算式里有括号的，要先算括号里面的。这个阶段的算式出现了加、减在前，乘、除在后的形式，学生比较容易出错。四年级下册进一步总结有中、小括号的四则混合运算的顺序，算式结构更加多样和复杂。

在上述知识的教学中，要注意从运算意义角度引导学生理解规则所蕴含的算理。一方面，运算顺序取决于运算的意义，乘、除法是加、减法的高级形态，所以在混合运算中，乘、除法要先于加、减法计算。另一方面，解决问题的现实需要，推动了括号的产生与发展。这些数学规则是顺应数学知识内部体系和社会生活应用需求的发展而逐步形成的，规则一旦形成，就具有相应的约束性，理解、接受并遵从数学规则，是学习数学应具备的基本态度。

3. 通过运算性质理解算理

运算性质反映的是一种运算所固有的特性，掌握运算性质是对运算意义的深化理解。运算性质往往作为推导运算方法的理论基础，是学生理解算理的依据。

【案例3-8】学习除法的商不变性质，是通过观察具体情境中一组算式的变化，运用不完全归纳的方法抽象概括出来的。在后续学习中，学生还可以结合分数的性质和分数与除法的关系，进一步证明除法的商不变性质。商不变性质是解释一个数除以小数除法算理的重要依据。正是基于除法的商不变性质，我们才可以通过同时扩大除数和被除数，将除数是小数的除法转化为除数是整数的除法。

【案例3-9】等式的性质是在直观的天平操作活动中，依据生活经验，通过合情推理而得出的结论。等式性质是推导方程解法的算理依据，学生在理解并掌握等式性质的基础上，进一步学习简易方程的解法。

【案例3-10】比例的基本性质也是通过对具体情境中的比例进行操作和观察，运用不完全归纳的方法抽象概括出来的。把比例的基本性质应用于求比例中未知项的计算活动中，是运算性质作为算理和算法依据的一个典型知识案例。

4. 通过运算定律理解算理

运算定律是在运算过程中被事实所证明的四则运算变化发展的基本规律。加法运算定律有加法交换律、加法结合律，乘法运算定律有乘法交换律、乘法结合律、乘法分配律。俗称"五大定律"。运算定律也可以作为促进学生理解算理的依据。

【案例3-11】计算小数乘法时，我们为什么可以先按照整数乘法算出积，再点小数点？为什么积的小数位数是两个乘数的小数位数之和？教材利用乘法的性质来说明算理：分别把两个因数扩大10倍、100倍……，使之都变为整数，算出积之后再缩小相应的倍数，在保持积不变的前提下，确定计算的结果。我们也可以利用乘法交换律与结合律帮助学生进一步理解算理，如计算2.3×0.45时，可以引导学生经历以下的推导过程：

$$2.3 \times 0.45$$
$$= 23 \times 0.1 \times 45 \times 0.01$$
$$= (23 \times 45) \times (0.1 \times 0.01)$$
$$= 1035 \times 0.001$$
$$= 1.035$$

【案例3-12】再如，学完乘法分配律后，教材安排了一道练习题，要求学生结合对两位数乘两位数竖式计算过程进行观察，说明乘法运算定律发挥的作用。计算25×12实际上经历了以下步骤：

$$25 \times 12$$
$$= 25 \times (10 + 2)$$
$$= 25 \times 10 + 25 \times 2$$

= 250 + 50
= 300

虽然是用新知识再次解释已有的旧知识，但这种思考活动能让学生意识到知识间的联系、新知识的应用价值，也能进一步感受到乘法算理是科学、客观，能够被证明的。

三、在理解算理的基础上掌握算法

1. 算理理解是发展学生数学思维能力的重要途径

算理是运算法则的原理，它揭示了运算的本质，是制定运算法则的道理和依据。学生理解算理的过程，是综合运用数学知识和方法的复杂的思维活动过程。以数的意义、运算的意义，以及运算的性质、定律等为依据，通过解决具体情境中的运算问题，对其过程和结果进行观察、分析、比较、综合、抽象、概括，从而形成解决一般运算问题的方法和步骤。伴随这一过程，学生不仅能获得关于运算方法的知识和技能，更能够充分体验丰富多样的数学思维过程，在理解算理的同时，发展数学思维的能力。部分教师忽视了算理理解的价值，把运算教学的目标狭隘地确定为掌握运算技能，认为学生只要通过模仿、记忆和反复的练习即可掌握，从而把大量的学习时间用于死记硬背法则、重复机械训练上，用于提高学生运算的速度和正确率上，这种做法对学生数学能力的发展是极其不利的。

【案例3-13】以小数乘小数计算法则的形成过程为例，我们来分析算理理解过程中学生思维活动的主要表现：

①教材以一个实际问题情境引入新知识：给一个长2.4m、宽0.8m的长方形宣传栏刷油漆，每平方米要用油漆0.9kg，一共需要多少千克油漆？从解决实际问题的思路来看，要先算出宣传栏的面积，再计算需要油漆的数量。学生基于已有的解决问题的经验，比较容易确定这样的思路。

②一部分学生可能会想到把长和宽的数量单位改为分米，这样可以转化为整数乘法。更多的人意识到，这是一道小数乘小数的计算问题，是刚学过的小数乘整数知识的延续，也是现实生活中常常需要解决的问题，探索其运算方法既是数学知识发展的必要，也是解决现实问题的需要。这是明确运算对象、确定学习目标、形成学习动机的思维过程。

③迁移小数乘整数的计算方法，把两个因数都扩大 10 倍，使之变为整数，从而把小数乘小数转化为整数乘法。这是利用已有知识和经验、明确探索新知识的思考方向和方法的思维过程。

④按整数乘法算出积之后，积的小数点位置如何确定？这是理解算理的难点。学生可能存在两种不同意见，一种是既然两个因数都扩大了 10 倍，那么所得的积也扩大了 10 倍，我们把乘得的整数积再缩小到原来的 1/10 就可以了；另一种意见是，当两个因数分别扩大 10 倍时，乘积扩大了 $10 \times 10 = 100$ 倍，我们要把乘得的整数积缩小到原来的 1/100 才能得出正确的计算结果。教师应组织学生进行比较、分析等思维活动，在准确理解并应用乘法性质的基础上，帮助学生形成正确的算理认识。

⑤计算需要油漆的数量时，由于两个因数的小数位数不同，更需要在正确理解算理的基础上，合理地处理整数积的小数点位置。这既是算理的直接应用，也为进一步抽象和概括算法创设了新的问题情境。

⑥如何更加简洁地表述小数乘小数的计算方法？如何更加简便地进行计算？通过对小数乘小数以及小数乘整数计算题的因数和乘积进行观察、比较、综合，师生可以共同概括小数乘法的计算法则：先按整数乘法算出积，再根据因数的小数位数确定积的小数点位置。

经历上述思维活动，学生将获得一些超越知识本身的感受：法则的探索发现过程虽然是经过知识分类、过程分步之后逐渐完成的，但形成的计算法则具有统一性。算理依据是乘法的性质，但总结出的算法聚焦于小数点位置这个关键，更加直观明了，操作简便。小数乘法之所以可以转化为整数乘法，是因为小数意义和整数意义有着密切的联系，充分利用知识间的联系，是探索发现新的数学知识的重要途径。

2. 把理解运算算理与掌握运算法则相结合

算理是解决运算问题的知识背景，回答"为什么要这样算""为什么可以这样算"等问题。法则是解决运算问题的操作规则，回答"怎样算""过程、步骤、结果有什么要求"等问题。算理属于观念性知识，主要通过内在的数学思维活动而产生。算法属于操作性知识，主要通过外显的数学操作技能来表现。二者在本质上具有统一性，并通过多种方式结合。

例如，算理可以直接形成算法。

【案例 3-14】等式的性质既是理解解方程算理的依据，也是掌握解方程算法的依据。虽然我们还可以利用四则运算各部分之间的关系解方程（通常我们把这种方法形象地称为"方程的算术解法"），但利用等式性质解方程，不仅更为统一而简洁，还能促进学生代数观念的形成和发展，为中学进一步学习代数式及其运算打好基础。

求形如 $2(3x+8)=58$ 的方程的解，如果利用四则运算各部分之间的关系求解，学生需要运用的数学知识包括四则运算的顺序、积与因数的关系、和与加数的关系等，对学生综合运用数学知识的能力要求较高；如果利用等式的性质求解，则体现为等式的三次化简变形，方法更为统一，在降低解方程难度的同时，让学生逐步习惯把"$3x+8$"看作未知数、把"$3x$"看作未知数，还有利于引导学生初步建立代数式及其运算方法的观念。

又如，算法抽象为程序规则，但仍与算理保持紧密联系。

【案例3-15】小数加减法的计算法则，关键在"小数点对齐"，这是由小数的意义、加法的意义所决定的，但是，如果学生不能正确理解算理，简单地应用法则，很可能出现一些问题。在教学中，常常会发现一部分学生在计算 $3.5-0.86=2.64$ 这类问题时，即使列出正确的竖式，仍然不知道百分位上的计算要求而得出2.76、2.74之类的错误结果。针对这类错误，教师要善于引导学生从算理角度进行分析和判断，从而强化算理对算法的指导。

再如，算法高度形式化之后，与算理间失去了表层直接联系。

【案例3-16】要证明"一个数除以分数，等于乘这个分数的倒数"这一算法规则，需要经历很复杂的推导过程，对其算理的理解，是小学数学知识体系中的一个难点。但掌握基本算法、运用法则进行正确的计算，对大多数学生来说并不困难。即使是这种情况，教师仍然不能简单地满足于学生掌握计算法则而忽视法则形成过程的教学，而是应把算理教学活动当作是促进学生抽象逻辑思维的发展机会，让学生经历必要的推导过程，同时把它当作是引导学生建立数学学习观念的机会，让学生感悟"数学是要讲道理的，是按道理办事的"。

3. 对各种运算的算理进行适当的整合

不同形式的数学运算，计算法则有着明显的区别。小学阶段关于整数、分数和小数的四则运算法则，根据小学生的年龄特点和认知结构，一般都经历了若干阶段：逐步发展、逐步统一、逐步完善。我们要遵循数学知识的逻辑结构，在适当的时机帮助学生对已经学过的各种运算法则进行梳理、整合，以促进学生形成关于数学运算的更为合理的认知结构。

【案例3-17】在三年级上册学习完万以内的加减法之后，我们可以帮助学生总结整数加减法竖式计算的基本法则："数位对齐，低位算起；满十进一，退一当十。"数位对齐，是要把相同计数单位上的数直接相加减；从低位算起，是为了更方便地处理进位和退位的问题；满十进一、退一当十，是为了遵守整数计数规则，对每个数位的加减都适用。

【案例3-18】在五年级下册学习完分数的加减法之后，我们可以帮助学生再次进行提炼和总结：整数、小数、分数的加减法，都遵守"相同计数单位的数相加减"这个基本算理，但在算法上表现不同。整数加减法表现为"数位对齐"，小数加减法表现为"小数点对齐"，分数加减法表现为"分母相同"。

【案例3-19】在六年级上册学习完分数除法之后，教材给出了一条关于除法的通用法则：除以一个不等于0的数，等于乘这个数的倒数。教师应把握好教学时机，利用这个法则完善学生的认知结构。

①从应用范围来看，这个法则不仅对分数除法适用，对整数除法（甚至是小数除法）同样适用。$36 \div 8 = 36 \times \frac{1}{8} = \frac{9}{2}$，$2.4 \div 0.75 = \frac{24}{10} \div \frac{75}{100} = \frac{24}{10} \times \frac{100}{75} = \frac{16}{5}$，在具体计算中合理运用，可以让某些计算变得更加简便。

②从算理依据来看，可以利用我们学过的除法与分数的关系进行对这个法则进行证明：$a \div b = \frac{a}{b} = a \times \frac{1}{b}$（$b \neq 0$）。

③从知识联系来看，这个法则说明除法不是一种孤立的运算形式，它与乘法有着密切的联系。除法的计算，最终可以转化为相应的乘法计算。在数学知识体系中，类似的关系还有很多，我们应该意识到，这是数学知识体系的一个重要特点。

四、算法多样化与算法优化相结合

1. 算法多样化及其教学价值

从数学运算教学来看，算法多样化是指学生面对同一个运算对象，依据不

同的理由,选择不同的思路,运用不同的方法,并最终均获得正确结果的一种生成性教学现象。

算法多样化本质上是由于学生的个别化差异而形成的。学生对已有知识的掌握程度和当前的激活水平存在差异,使他们在学习新知识的时候可能基于不同的知识生长点,进而导致他们认识新知识的方向、方法和进程出现差异。学生对知识的不同表征方式的适应性存在差异,有的善于通过操作表征获得认识,有的倾向于图形表征,有的在语言表征方面更具有优势,学习方式的倾向性也会导致他们对新知识的认知出现角度、范围、深度等方面的差异。

鼓励算法多样化,是尊重学生主体地位、促进学生主动学习的教学策略之一。每一种算法都是学生数学活动的产物,是学生经过观察、操作、讨论、交流等外显实践活动,以及分析、比较、推理、概括等内在思维活动而形成的对新知识的认识。教师充分肯定多种算法的价值,是对学生积极参与数学活动的学习态度和认可,是对学生自主探索发现新知识的学习方式的倡导。

充分利用多样化的算法,是主动适应学生个体差异、积极利用生成性教学资源,从而促进全体学生深化理解新知识的有效教学手段。多样化的算法,可以作为指导学生进行分析和比较的资源。通过比较和分析找出差异,抽象出解释算理的多种依据,分析多种算法的优势和不足,体会解决问题方法的多样性。多样化的算法,也可以作为指导学生进行分析与综合的资源,推理、概括出算理的一般内涵,发现更具广泛适应性的一般计算方法。

【案例3-20】学习两位数加两位数口算时,如果教师有意鼓励学生提出自己的独特算法,就可能生成丰富的教学资源。以39+54为例,学生可能提出的算法有三类:

①分别计算两个数位上的加法。有的先算9+4=13,再算30+50=80,最后算13+80=93;有的先算30+50=80,再算9+4=13,最后算80+13=93。这两种算法基于之前学习过的两位数加两位数笔算知识,遵从"个位与个位相加,十位与十位相加"的基本算理,把两位数加两位数转化为整十数与两位数的加法。区别在于第一种从个位加起,更符合笔算加法的计算法则,而第二种先加十位,对提高运算速度有一定帮助。

②把一个加数拆分成整十数和一位数。有的先算39+50=89,再算89+4=93;有的先算30+54=84,再算9+84=93;甚至会有先算39+4=43,再算43+50=93,或者先算9+54=63,再算30+63=93。这几种算法都基于以前学习过的两种口算方法:两位数加整十

数、两位数加一位数。一般来说，学生主动发现第一种算法的可能性较大，因为这种算法符合通常的观察习惯。如果在教师合理启发下，学生能够提出其他几种算法，说明学生对两位数的组成，以及已有的口算技能等知识掌握较好，达到了灵活应用的水平。

③预先判断是否发生进位的综合型方法。预判个位数相加会进位，先算 30 + 50 + 10 = 90，再确定进位后个位数字是 3，得出结果是 93。这种算法是对第一类算法的优化，在建立了"个位相加只有两种可能，或者向十位进 1，或者不进位"这个基本认识之后，主动适应二者差别，先确定结果的十位数，再确定个位数。鼓励学生掌握这种思路，不仅是对已有知识的综合应用，也能促进学生逐步养成主动观察算式及数据特点，灵活选择计算方法的习惯。

2. 鼓励学生主动进行算法优化

在数学运算的教学中，师生对多样化算法进行比较和分析，揭示各种算法蕴含的算理，在肯定多种算法合理性基础上，讨论各种算法的优势与不足，引导学生概括提炼出更为简洁、更为便利、具有广泛适应性、与后续知识技能联系更紧密的算法，这个过程即为算法优化。

算法优化的教学活动，首先能通过辨析和证明，排除学生可能出现的错误猜测。

【案例 3 – 21】受知识负迁移的影响，学生在探索异分母分数加法计算法则时，常常会提出一种猜想："两个异分母分数相加，可以把分子相加作分子，分母相加作分母"。教师如能充分预设这个可能性，有意引导学生在算法多样化阶段提出这样的猜想，再通过证伪进行排除，既有利于引发学生主动调整探索方向，也能提前规避学生形成错误的知识结论。证伪相对来说较为容易，只需要举出一个反例即可。我们可以通过几何直观，指导学生观察同一个长方形中的 $\frac{1}{2}$ 和 $\frac{3}{8}$，可以直观发现它们的和不等于 $\frac{4}{10}$ 而等于 $\frac{7}{8}$。

算法优化的教学活动，还能通过比较和判断，排除适应性受到限制的算法。

【案例 3 – 22】学生在探索分数除法的计算法则时，迁移分数乘法的计算方法，提出"分子相除作分子，分母相除作分母"。这种算法其实是正确的，我们可以用分数与除法的关系及相关运算性质来证明：

$$\frac{a}{b} \div \frac{c}{d} = (a \div b) \div (c \div d) = a \div b \div c \times d$$

$$= a \div c \div b \times d = (a \div c) \div (b \div d) = \frac{a \div c}{b \div d}$$

（b，c，d 均不等于 0）

但是，这种计算方法的应用范围存在明显的局限性，当两个分数的分子和分母不能整除时，计算会变得非常烦琐。例如 $\frac{5}{8} \div \frac{4}{7} = \frac{5 \div 4}{8 \div 7}$，学生接下来就完全不知道应该如何进行下去了。当学生意识到这种算法的局限性之后，就会主动产生探索更具广泛适应性计算法则的学习动机。

算法优化的教学活动，还能通过总结和概括，引导学生主动选择对后续学习更具发展性的算法。

【案例 3-23】学习方程的解法，教材安排以 5 道例题的篇幅，逐步提高方程的复杂程度，引导学生系统学习利用等式性质解方程的方法。主要内容包括：

①以 $x + a = b$ 为例，扩展到 $a + x = b$，$x - a = b$ 等形式；
②以 $ax = b$ 为例，扩展到 $x \div a = b$ 的形式；
③以 $a - x = b$ 为例，扩展到 $a \div x = b$ 的形式；
④以 $ax \pm b = c$ 为例，扩展到 $ax \pm b \times c = d$ 等形式；
⑤以 $a(x \pm b) = c$ 为例，扩展到 $a(bx \pm c) = d$ 及 $(a \pm bx) \div c = d$ 等形式；
⑥在后续列方程解决实际问题的学习内容中，还出现了 $ax \pm bx = c$ 等形式的方程。

对于上述①、②、③类的方程，利用四则运算各部分间的关系求解，同样比较简便。特别是其中第③类方程，利用等式性质求解，涉及未知数的运算，有一个消元的过程，学生理解起来有一定难度。为解决学生困难，有的老师对"减数 = 被减数 − 差""除数 = 被除数 ÷ 商"进行记忆强化，有的老师提前介绍"移项变号"的解法，以帮助学生掌握"未知数是减数或除数"这两类特殊方程的解法。单就解决当前教学难点来看，这些做法并无不妥，但我们仍应正视等式性质在解方程时的算理基础作用，以及它在解较复杂方程时的便利性，更重要的是，根据等式性质解方程，更利于与初中阶段数学知识进行衔接。

"在解决简单问题的过程中掌握高级的方法，面对复杂问题的时候才能做好方法的准备"，在解方程这个教学内容中的算法优化，其价值应该即在于此吧。

五、通过用简便方法计算发展数学运算能力

1. 用简便方法计算是数学运算能力的体现

运算技能的特征是正确、熟练。能够按照法则规定的程序与步骤进行运算，是获得正确运算结果的基本途径，也是学生形成运算技能的具体表现。运算能力是运算技能与逻辑思维等的有机整合，不仅是一种数学的操作能力，更是一种数学的思维能力。正确、灵活、合理和简洁是运算能力的主要特征。

用简便方法计算不仅是一种运算技能，更是数学运算能力的集中体现。用简便方法计算是指根据运算对象的具体特点和条件，合理、综合地应用相关概念、法则、性质、定律等数学知识，选择更加灵活、简洁的运算方法和程序，并获得正确运算结果的过程。用简便方法计算实质上是算法优化的一种表现形式，是在既有法则能够保障求得正确结果的前提下，主动发现多样化算法，并从中进行优选的数学活动。用简便方法计算时，学生需要结合具体的运算情境，经历理解运算对象、掌握运算法则、探究运算思路、选择运算方法、设计运算程序、求得运算结果等一系列的数学活动过程，并伴随着观察、比较、分析、综合、判断、推理等一系列复杂的数学思维活动。用简便方法计算，不仅是更快捷地求得正确运算结果的过程，也是学生主动应用数学知识、积极展开数学思维的过程。因此，用简便方法计算不仅有利于提高运算的正确率和速度，还有利于发展学生的观察、比较、分析、综合、判断、推理等数学思维能力，发展综合运用数学知识解决运算问题的能力。

我们不能把用简便方法计算视作仅与运算定律相关的孤立的教学内容，或者认为它是检验学生是否理解和掌握运算定律的一种考试方式。只有从发展学生运算能力的角度来理解用简便方法计算的教学价值，才能在教学实践中主动避免为考而教、为考而学、为考而练的倾向。

2. 用简便方法计算的算理依据是多样的

小学阶段的简便计算教学内容，相对集中于学完四则运算的运算定律之

后,应用范围从整数四则运算逐步扩展到小数、分数的四则运算。因此,学生一般认为只有运用了相关运算定律,才能称为用简便方法计算。事实上,用简便方法计算的算理依据是多样的。

恰当运用运算性质可以进行简便计算。

【案例3-24】四年级上册学习三位数乘两位数的知识时,教材特意安排了一道例题,介绍两个整十数相乘的笔算方法。如 160×30,虽然竖式写法仍然遵照个位对齐的规则,但计算过程却被简缩为"先口算出 $16 \times 3 = 48$,再在积的末尾添两个0"。教师应引导学生从乘法性质角度理解这种计算方法的算理(虽然乘法性质是后续教学内容,但此处可结合具体实例让学生对其进行直观了解)。通过适量的巩固练习和变式练习,还可以进一步指导学生归纳简便计算的方法:因数(都是整数)末尾有0的,在竖式中可以不参加对位,也不进行计算;两个因数末尾一共有多少个0,就在积的末尾添几个0。

【案例3-25】我们利用商不变的性质把一个数除以小数的除法转化为除数是整数的除法,推导出除数是小数的除法计算法则。但商不变性质的应用并不仅限于此,灵活运用商不变性质,还可以让计算变得简便:

$36 \div 50 = (36 \times 2) \div (50 \times 2) = 72 \div 100 = 0.72$
$36 \div 25 = (36 \times 4) \div (25 \times 4) = 144 \div 100 = 1.44$
$36 \div 125 = (36 \times 8) \div (125 \times 8) = 288 \div 1000 = 0.288$
$36 \div 0.5 = (36 \times 2) \div (0.5 \times 2) = 72 \div 1 = 72$
$36 \div 2.5 = (36 \times 4) \div (2.5 \times 4) = 144 \div 10 = 14.4$
$36 \div 0.125 = (36 \times 8) \div (0.125 \times 8) = 288 \div 1 = 288$

灵活运用运算法则可以进行简便计算。

【案例3-26】分数乘法的计算法则是"分子相乘的积作分子,分母相乘的积作分母",经过进一步学习,学生发现为了计算简便,可以先约分再乘,这实质上就是对基本计算法则的灵活运用。又如,计算一个数除以分数,我们通常根据法则将其转化为乘这个分数的倒数,但是,对于一些特殊的分数除法,如果被除数的分子和分母恰好能分别被除数的分子和分母整除,我们就可以直接用分子相除的商作分子,分母相除的商作分母,如:

$$\frac{27}{56} \div \frac{9}{14} = \frac{27 \div 9}{56 \div 14} = \frac{3}{4}$$

虽然从运算的难度来看，这种算法未见得简便多少，但教师在具体教学情境中有意做这样的引导，目的是鼓励学生养成观察和分析运算对象特点的习惯，主动地从多样化算法中寻求更为简洁的运算思路，体现的是一种把运算技能教学推向运算能力培养，促进学生知识技能与数学思维能力共同发展的教学价值追求。

3. 分析运算条件要多角度结合

一个具体的运算问题，是否可以用简便方法计算，要看它是否具备相应的简便运算条件。分析运算条件要对运算对象做整体的观察，并且从多个角度进行分析，才能得出综合的判断。就运用"五大定律"进行简便计算的问题来说，分析运算条件主要从算式结构、数据特点、合理性判断三个方面进行。

分析算式结构，是指分析一个具体算式中的各数是以何种运算形式组织起来的，以及这种结构与某种运算定律是否有着一定的关联和匹配。例如，若干个数连加的算式，在结构上与加法交换律和结合律形成匹配；若干个数连乘的算式，与乘法交换律和结合律形成匹配；两个乘积的和，与乘法分配律形成匹配。

但是，变式的问题中可能隐藏着匹配的结构，这是对学生观察和分析能力的挑战。

【案例 3-27】$35 \times 99 + 35$，可以转化 $35 \times 99 + 35 \times 1$，$63 \times 101$ 也可以转化为 $63 \times 100 + 63 \times 1$，从而与乘法分配律相匹配。而 125×88，既可以转化为 $125 \times 80 + 125 \times 8$，也可以转化为 $125 \times 8 \times 11$，前者把 88 分拆成 80 与 8 两个加数，形成与乘法分配律相匹配的算式结构，后者把 88 分解成 8 与 11 两个因数，形成与乘法结合律相匹配的算式结构。

同时，运算定律与运算性质结合，可以形成更多的推广形式，这使得具备简便计算结构条件的运算形式变得更为丰富。

【案例 3-28】$273 - 73 - 27 = 273 - (73 + 27)$、$3200 \div 4 \div 25 = 3200 \div (4 \times 25)$，是根据减法和除法运算性质，对加法结合律、乘法结合律的推广。难怪有学生会把这类情形称为"减法结合律""除法结合律"。乘法分配律也可以推广为"两个乘积的差"，如 $17 \times 23 - 23 \times 7 = 23 \times (17 - 7)$。

分析数据特点，就小学生而言主要是指观察参与运算的各数，分析它们是否存在"凑整"的条件，以及通过何种方式"凑整"。

【案例 3-29】算式中的两个数相加（或相减）正好凑成整十整百的数；2 与 5、4 与 25、8 与 125 是乘法计算中能凑整的"好朋友"；99、101 这样的数，也能通过适当的变化凑整。

随着运算定律的应用范围扩大到小数、分数领域，具备凑整条件的数据更加多样化，一些凑整方法也变得更加隐蔽。

【案例 3-30】$25 \times 9.9 + 2.5$，隐藏了凑整条件，可以做如下转化：$25 \times 9.9 + 2.5 = 2.5 \times 99 + 2.5 \times 1$，或 $25 \times 9.9 + 2.5 = 25 \times 9.9 + 25 \times 0.1$。

合理性判断是指学生通过算式结构和数据特点进行观察和分析之后，初步认为其可能进行某种方式的简便运算，但仍然需要综合运用运算概念、性质、定律等知识，探讨这种运算方法的合理性。合理性判断实际上是一种学生对自我的内部监控机制。合理性的基本前提是有理有据，保证运算结果正确。

对一些貌似可以进行简便计算的问题，如果缺少合理性判断这个环节，学生可能会产生一些错误的做法。教师对学生可能出现的错误要能够提前预判，可以适当创设一些反例情境，从正反两个方面帮助学生形成正确的知识，并强化合理性判断的重要性。

【案例 3-31】$12 \times 97 + 3$ 虽然具备 $97 + 3 = 100$ 的凑整条件，但不符合乘法分配律的算式结构，它与 $12 \times 97 + 12 \times 3$ 是不相等的，因此不能转化为 $12 \times (97 + 3)$；$123 - 68 + 32$ 虽然具备 $68 + 32 = 100$ 的凑整条件，但与 $123 - 68 - 32$ 是不相等的，也不能转化为 $123 - (68 + 32)$。

六、在解决实际问题中培养估算的能力

1. 估算是数学运算能力发展的重要特征

估算是人们在日常生活、工作和生产中，对一些无法或没有必要进行精确测量和计算的数量所进行的近似或粗略估计的一种算法。小学数学中的估算主要是指能结合具体情境，选择适当的单位，对数据进行适当的放大或缩小，通过口算，得到和、差、积、商的近似值。

有人认为，估算的结果精度要求没有精算那么高，应该比精算更容易理解和掌握。事实上，老师们普遍反映估算教师难教学生也难学。造成这些教学困难的主要原因是估算问题有着明显的开放性。

首先，估算问题的现实情境是开放的。日常生活中，人们在涉及商品的价值、人或物的数量、物体的质量、时间等计算问题时，常常会用估算的方法获得大致的结果，以这些生活现象为原型，设计的与估算相关的数学问题显得丰富多样。由于小学生的生活经验很有限，从数学视角理解并分析生活现象的能力还处于初步发展阶段，使得学生在解决与估算有关的实际问题时常常因为经验的限制而遇到困难。

其次，估算方法的选择是开放的。估算的方向有"估大"或"估小"的选择，近似数的精确度也有很多的选择。在具体问题情境中，是往大估还是往小估，选择怎样的精确度，都需要根据解决问题的实际需要做出判断和选择，这也增加了解决问题的难度。

第三，估算的结果是开放的。与精算结果的唯一性、确定性形成对比，估算的结果往往是一个区间范围，是一个近似数。人们通过这个近似数的区间范围即可做出正确判断，因此通过估算得到的近似值仍然具有现实意义的确定性。习惯了精算结果确定性的小学生，对估算结果数值的近似性与其现实意义的确定性之间存在的这种辩证关系较难理解，常有一些困惑："这是通过估计得到的结果，对不对呢？"

正因如此，我们需要根据估算教学内容的开放性，重新认识估算的教学价值。估算不仅是重要的运算技能，也是学生数学运算能力发展的重要特征。

进行估算需要具备一定的知识、掌握一定的方法。对条件数据取近似值，需要选择合理的精确度，这是避免估算结果出现过大误差的基础。选择估大还是估小，需要结合实际情况经过符合逻辑的思考。对估算结果与精确值之间的大小关系，需要根据选用的估算方法做出合理判断。估算结果是否能够成为解决相关问题的有效依据，需要经过适当的推理，做出合理的解释。因此，估算符合数学运算正确、灵活、合理和简洁的特征，学生对估算知识的理解和掌握水平，是衡量其数学运算能力发展水平的重要参考。

2. 培养学生估算能力与发展解决问题的能力相结合

估算的应用价值体现于现实生活的方方面面，培养学生估算能力也应与解决丰富多样的实际问题相结合。教师要指导学生在解决问题的过程中掌握估算的方法、理解估算的原理、感受估算的价值。

估算方法以近似数的概念、取近似数的方法为基础。我们通常用"四舍五入"的方法取一个数的近似数。一个具体的数量，根据不同的精确度要求，得到的近似值是不同的；一个具体的数量，在确定的精确度下，其近似值也是确定的。如 5.0498，如果规定精确度为 1、0.1、0.01 或 0.001，则分别约等于 5、

5.0、5.05、5.050。

在解决实际问题时，我们还可以运用更多的方法取近似数。

【案例3-32】成语辞典的价格是35.4元，英汉辞典的价格是24.8元。要买这两本辞典，①50元够吗？②70元够吗？③60元够吗？

①如果把35.4估计为30，24.8估计为20，30+20=50，但由于两本辞典的价格都被"估小"了，实际的总价肯定比50元多，所以50元肯定不够。

②如果把35.4估计为40，把24.8估计为30，40+30=70，由于两本辞典的价格都被"估大"了，实际的总价肯定比70元少，所以70元肯定够。

③如果把35.4估计为35，把24.8估计为25，35+25=60，看来60元是够的。但是，运用"四舍五入"的方法，一本辞典的价格被"估大"，另一本的价格被"估小"，估算的结果虽然更接近精确值，但由此得出的判断却是不符合逻辑的。

虽然在小学阶段一般不会出现类似题③的问题，但作为一种教学资源，教师指导学生对上述三个问题及其估算过程进行比较，可以让学生对估算方法产生进一步深入的思考：两个加数都被估大，估算所得的和肯定比实际的和要大；两个加数都被估小，估算所得的和肯定比实际的和要小；两个加数一个被估大而另一个被估小，则无法确定估算结果与实际结果的大小关系。这种情况不仅会出现在加法运算中，在其他运算（减法、乘法、除法）中是否也会出现呢？会不会有一些值得探索的规律呢？教师可以把这个问题开发成一项探究性学习任务，吸引学生把数学思考延伸到课外。

估算是人们在测量和计算时无法或没必要得出精确结果时，用近似或估计的数据计算出结果，并依据结果做出合理判断的一种运算形式。例如，现实生活中我们描述两个城市之间的距离，往往只需要说明它们相距若干千米即可，但这并非两个城市之间的精确距离，而事实上这个精确距离既不可测，也没有实际需要。又如，两个年级的学生开会，人数分别是230多和220多，我们只需要知道总人数比400多但不到500人，就可以判断准备400把椅子不够坐而500把椅子是够坐的，并不需要知道确切的人数。

所以，关于估算的原理，我们大致上需要让学生形成以下的认识：

①得不到精确值就不勉强，近似值也是描述数量大小的有效方法。"寥寥

无几"很少,"成千上万"很多,"转瞬之间"很短,"经年累月"很长,有时近似值更能突出具体对象的数量特征。

②如果估算结果能够说明问题、做出判断,就不一定要精算。两件商品的价格都是300多元,带600元肯定不够,700元不一定够,800元肯定够,很多时候,估算比精算更方便。

③现实生活需要我们灵活运用估计和估算的方法。"四舍五入"不是取近似数的唯一方法,搬运一批货物,如果算得需要3.2次,正确的答案应该是4次而不是3次,当然,不应该是5次。

④虽然大多数情况下,我们可以用精算来检验估算结果,检验用估算结果做出的判断,但并不意味估算不重要,估算的价值在于过程中的数学思考。

⑤在四则运算中,对参加运算的两个数做估大或估小的处理,是一项需要谨慎对待的任务。一般来说,当改变两个数的大小,可以确定对运算结果大小的影响时,我们可以利用结果做出正确的判断。如果改变两个数的大小,无法确定运算结果是变大还是变小,估算结果可能不能帮助我们做出正确的判断。

七、重视培养良好的运算习惯

1. 确定每一步计算都有理有据

计算的本质是对代数式的化简,核心是确保每一步得到的新代数式与化简前的值相等。每一步计算都必须遵从相应的规则、符合相应的程序,而这些规则、程序之所以合理而且必要,是因为它们来自数学概念、法则、公式、定律等。在完成一项计算任务时,要确保自己的每一步计算都是有理有据的,符合规则和程序要求,具备充分的算理依据,才能为正确计算提供基本保障。

在理解的基础上习得的运算技能,经过了必要的巩固和练习之后,逐步内化为稳定的、可以长时间保持的心智技能,在完成具体运算任务时,外显为连贯性的、自动化的心智活动体系,对保障计算正确能产生积极作用。而仅通过模仿习得的运算技能,即使经过大量的练习,仍然有可能停留在操作技能的水平,容易发生记忆消退、记忆混淆,抗干扰性低,对新情境的适应性差,出现错误的几率也就更高。

这种学习心理规律启发我们,在学生学习某种运算技能的初期,不能简单地通过学生是否能算出正确结果来判断其掌握程度,不能急于提出过高的计算速度要求,而应该利用更多的时间、创设更多的情境、采用更多的方式,提高学生对新知识和技能的理解水平。

2. 保持专注，直到完成计算

注意，是心理活动对一定对象的指向和集中，对儿童学习活动起着积极的组织作用。小学生的注意以无意注意占优势，有意注意逐步发展。特别是低年级学生，即使是有意注意，也表现出持续时间较短、集中程度较浅、容易受无意注意干扰等特征。

数学计算是一种复杂的心智技能活动，从感知计算对象到完成计算结果，整个过程都需要有意注意的支持。如果在完成一项计算任务的过程中，因外部因素干扰或内部调控失效而造成注意分散、注意偏移，将会影响心智技能活动的连贯性，导致计算活动出现停顿、错误等现象。部分小学生计算易出错、速度慢，除了知识和技能方面的问题，个体的注意品质也是一个重要的原因。

教师要在计算教学中培养和训练学生的有意注意自我调控能力。一方面要营造丰富生动的学习环境，利用多样化的活动形式激发学生的兴趣，使学生对即将要进行的计算活动产生积极的动机，并主动组织自己的注意。另一方面要合理安排任务分量，对低年级学生来说，完成一组计算任务的持续时间不宜过长，必要的时候可以分组进行，在开始下一组任务前也要提示学生再次集中自己的注意力。对中高年级学生来说，随着计算问题越来越复杂，完成单项计算任务（如多位数乘、除法计算、多步混合运算等）所需时间越来越长，更要重视注意的作用，鼓励学生养成保持专注的习惯，努力做到在完成一项计算任务的过程中不分心、不停顿。

3. 主动而及时地验算

每个人都希望自己计算的结果总是正确的。尽管大多数情况下的确如此，但我们仍然应该让学生意识到，在大量的计算中出现一些错误是在所难免的，没有人能保证自己的计算始终不会出错，重要的是敢于自我质疑，善于发现错误。

教学中，教师要通过有效教学方法，帮助学生体会验算的重要性，逐步增强验算的意识，养成主动验算的习惯。主动验算是一种对运算过程和结果负责任的态度，被动验算只是完成老师或试题提出的验算要求。会验算只能说明学生掌握了这种技能，养成主动验算的习惯才能真正发挥验算的功能。

同时还应该鼓励学生养成及时验算的习惯。及时的验算能产生事半功倍的效果，可以不让错误结果带入下一步的计算。取得最后结果后再验算反而需要更多的时间，更难发现过程中的错误。通过及时验算自觉识错、纠错，不断提高计算的准确性。

4. 用不同的算法来检验计算结果

小学数学教学验算的知识和方法，有着双重目的。一方面通过理解验算的算理，体验四则运算之间的联系，感受加法和减法、乘法和除法之间的逆运算关系，促进数学知识的结构化。另一方面为学生验证计算结果是否正确提供适当的方法。为了易于发现错误，最好不采用原来的计算方法检验计算结果是否正确。

可以利用逆运算关系来验算。如用算得的和减去一个加数，看是否等于另一个加数；用算得的商乘除数，看是否等于被除数。

可以利用运算律来验算。交换两个加数的位置再算一遍，或交换两个因数的位置再乘一遍，看两次计算的结果是否相等。

可以利用四则运算各部分间的关系来验算。被减数减去算得的差，看是否等于减数；用算得的商乘除数再加余数，看是否等于被除数。

有些计算问题可以根据运算规律来检验。

【案例 3-33】计算 14.5×0.72，如果算得结果是 104.4，利用因数与 1 的大小关系来判断，因为 $0.72 < 1$，所以积应该小于 14.5，而 $104.4 > 14.5$，结果一定是错误的。

有些计算问题还可以通过估算的方法来检验。

【案例 3-34】计算 $204 \div 23$，把被除数和除数同时估大，估算 $210 \div 30 = 7$，同时估小，估算 $200 \div 20 = 10$，计算结果很有可能在大于 7 且小于 10 这个区间，如果算得的结果不在此区间，就需要通过其他方式再次检验。

解决实际问题的结果错误，可能是列式不正确导致的，也可能是计算错误导致的。对解决实际问题的结果进行检验，除了通过回顾整个思路过程和计算过程，检查是否发生错误之外，还可以通过置换条件和问题来进行检验。

【案例 3-35】有龟和鹤共 40 只，龟的腿和鹤的腿共有 112 条。龟、鹤各有几只？

如果算得龟有 16 只，鹤有 24 只，我们可以根据下面的思路来检验：$16 + 24 = 40$，说明答案符合原题"共 40 只"的条件；$16 \times 4 + 24 \times 2 = 64 + 48 = 112$，说明答案符合原题"腿共有 112 条"的条件。算得的答案符合原题所有条件，由此可判断答案是正确的。

对于某些实际问题，用列算式或列方程的方法，可以相互检验。

5. 草稿纸不能潦草

在数学测验和练习中，常常会出现"直接写出得数"和"用递等式计算"的运算形式，要求学生省略书写口算或笔算计算过程。首先应该让学生认识到，"直接写出得数"并非都必须口算，"用递等式计算"过程中也有很多步骤不能通过口算完成，要勤于、善于利用草稿纸，在草稿纸上完成必要的计算过程。

部分学生对于在草稿纸上的计算不够重视，认为老师不会批阅草稿，就可以不受拘束，潦草书写。有经验的教师会关注到这是学生发生计算错误的原因之一，因此而重视培养学生利用草稿纸计算的良好习惯，努力做到过程完整规范、书写清晰工整。坚持严谨的草稿纸计算习惯，既能提高计算的准确性，也便于检查和检验。

随感

还在结绳计数的年代，人们肯定就已经开始学着"算"了。所以要比资历，"算"，算得上最老资格的数学，以至于有些人认为，如果没"算"，根本就不算数学。

可是近些年，"算"有点儿失落了，因为有个叫电脑的玩意儿，不仅算得飞快，而且个头还小，成天呆在人的手边儿，不用算盘不用笔，就帮人把"算"的活儿给干了。有时候"算"就觉得，人是不是很快就不需要它了。

可我觉得"算"有点儿想多了。在数学江湖上屹立这么多年，那地位，可不是随便来个啥就能挑战的。"算"的本事可多着呢！

要不要算？从哪儿开始算？用什么方法算？怎么算？算完了有啥用处？

这些事儿，是电脑那玩意儿都能整明白的吗？会动手指不叫本事，能动脑子才是真本事！

别急，人哪，一时半会儿还离不开"算"呢！

第四章 在图形教学中促进学生理解

第一节 小学图形与几何的特点

图形是空间形式的主要表现。小学"图形与几何"是课程设置的四个内容领域之一，主要学习图形的认识、图形的测量、图形的运动、图形与位置等方面的知识，以发展学生的空间观念、几何直观、推理能力为核心。

《义务教育数学课程标准（2011 年版）》指出："空间观念主要是指根据物体特征抽象出几何图形，根据几何图形想象出所描述的实际物体；想象出物体的方位和相互之间的位置关系；描述图形的运动和变化；依据语言描述画出图形等。""几何直观主要是指利用图形描述和分析问题。借助几何直观可以把复杂的数学问题变得简明、形象，有助于探索解决问题的思路，预测结果。几何直观可以帮助学生直观地理解数学，在整个数学学习过程中都发挥着重要作用。"

推理能力的发展贯穿于整个数学学习过程中。推理一般包括合情推理和演绎推理。在解决问题的过程中，两种推理功能不同，相辅相成。合情推理主要通过归纳和类比进行推断，用于探索思路，发现结论；演绎推理按照逻辑推理的法则证明和计算，用于证明结论。

一、直观性

1. 经验直观

小学"图形与几何"的教学内容都取自于学生熟悉的现实生活，学生在正式开始学习某个知识内容时，一般都具备了一定的经验基础，或者曾经听过相关的图形概念，或者接触过相关的图形运动事实，对概念所指对象或现象的表面特征有较为丰富的感性经验。

小学生对现实情境中的图形数量属性也具有一定的直观经验。他们对平面图形的周长和面积、立体图形的体积或容积，具备直观判断大小的经验，或者形成了自己的比较方法（如通过重叠来比较两个物品的面积大小，通过装水的多少来比较两个容器的容积大小）。

2. 对象直观

小学"图形与几何"的教学内容呈现方式注重直观，一般都利用现实生活中的典型素材来创设情境，突出了现实生活中的事物在形状、方位、运动等方面的关键特征，吸引学生感知、注意对象，帮助学生形成关于对象的正确表象。

小学数学教材在引导学生抽象图形特征时，会提供范式图形，作为一种半抽象、半直观的观察对象，能帮助学生把观察视角从现实情境转移到数学情境。这些范式图形去掉了具体事物的颜色、材质、大小等非本质外部特征，淡化了整类图形的非本质属性（如长方形的长宽比例、平行四边形邻边的夹角等），从而突出了此类图形在点、线、面、体等方面的本质属性。

3. 活动直观

小学"图形与几何"教学内容注重创设活动性的教学情境。无论在图形的认识、度量、运动等教学中，还是在数形结合的教学中，都注重指导学生动手操作。

有的操作活动能引导学生感知认识对象。如低年级初步认识长方体、正方体、圆柱、球等立体图形时，教材设计了摸一摸、滚一滚、堆一堆等活动，为学生感知点与线、线与面，以及直线与曲线、平面与曲面等提供了丰富的接触机会。

有的操作活动能引发学生的比较、推理等数学思考。如推导各种平面图形的面积计算公式，大多先将其转化为已知图形，学生能自然产生对转化前后两种图形进行比较的想法，并基于比较得出的结论开展推理活动，探索新图形的面积计算公式。

4. 表象直观

图形概念是高度抽象化、形式化的数学知识，一般以词语、符号等形式表达，如"三角形""△ABC"等。但因为概念所指对象的直观性特点在人的认知结构中，图形概念更多时候以图形表象的形式建立、存储和提取。

当人们看到或听到"三角形""△ABC"时，脑海里浮现出的是一个没有颜色、材质、大小等具体特征的一般三角形表象，而当看到或听到"直角三角形""Rt△ABC"时，则浮现出一个没有颜色、材质、大小等具体特征，但有两条边成直角的三角形表象。

学生对某种图形建立的直观表象，是否准确反映了对象的本质属性和涵盖范围,是衡量学生对图形概念理解水平的重要依据。不同年龄学生的认知结构中,关于图形的直观表象的抽象水平也不同。低年级的同学听到"三角形",可能想起了某个具有三角形形状的具体物体,而掌握三角形的概念及特性、分类等知识后,高年级学生再听到"三角形",就不应该以具体物体为表象,也不应该以包含了非本质属性的特殊三角形(如正三角形、直角三角形)为表象。这是我们在教学几何概念、指导学生建立正确图形表象时应该注意的问题。

二、抽象性

1. 去芜存菁抽象概念

小学"图形与几何"知识的学习过程中包含大量的数学抽象活动,特别是在学习图形与几何的数学概念时,数学抽象更表现为主要的思维活动形式。

对图形概念的抽象,主要表现是要抛开图形的颜色、材质、大小等非本质属性,找到构成图形的点、线、面要素,并明确各要素的数量、相互关系等本质属性。例如,理解长方形的概念,就要明确它具有由四条线段首尾连接围成、对边平行且相等、邻边互成直角、有四个顶点等本质属性。

对图形运动概念的抽象,主要表现是要舍去对运动对象其他特征的关注,着眼于经过运动和变换后,原始图形与目标图形在形状、大小、方向、距离等方面的关系。例如,一个图形在平移过程中,形状、大小、方向都不发生改变,但与原图形会形成某个方向的距离;一个图形按规定比例放大,其形状、方向、位置不发生变化,但其大小会被改变。

2. 异中求同抽象特性

小学"图形与几何"中较少涉及图形特性的教学内容,而是以直观体会、初步理解为学习目标。主要有"从直线外一点向直线画线段,其中垂线最短",三角形的"稳定性"、三角形"任意两边之和大于第三边",平行四边形的"易变形性",还有"轴对称图形对应点的连线垂直于对称轴且被对称轴平分"等。

对上述图形特性的抽象性,教材一般都指导学生通过归纳、类比等合情推理活动形成认识。

【案例 4-1】理解三角形的稳定性,可以通过以下的方式:给各学习小组发放规格一致的三根小棒,三根小棒长度不相等并能够围成三角形。比较学生围成的"各种"三角形,可以发现,所有三角形通过适当的平移、旋转、翻转（对称运动）等方式变换后，均能互相重合，意味着固定长度的三根小棒只能拼成唯一形状和大小的三角形，进一步说明当三角形三条边的长度确定后，其形状和大小也被确定。在初中数学中，我们用"边边边定理"证明两个三角形全等，从本质上证实了三角形的稳定性。

3. 化新为旧抽象公式

小学图形与几何中包含较多的求积公式内容。对图形周长、面积、体积等数量属性的研究，是学生空间观念发展的重要内容。明确图形的数量属性，才能用数来描述图形的具体特征，真正实现数与形的结合。

各种求积公式本质上都是客观反映图形中各种数量和数量关系的数学模型，探索发现各种求积公式的过程是一种数学建模活动。根据小学生的认知规律，小学阶段一般都运用数学化归思想，用转化的方法把新图形转化为熟悉的旧图形，运用旧图形求积公式推导新图形求积公式。例如，把平行四边形转化为面积相等的长方形，可以推导出平行四边形的面积计算公式；把三角形、梯形转化为平行四边形，推导出三角形和梯形的面积计算公式；化曲为直，把圆转化为平行四边形或长方形，推导圆的面积计算公式。

长方体、圆柱的体积计算公式推导过程分别迁移了长方形、圆的面积计算公式推导方法，也是转化思想的具体应用。

三、思考性

1. 感知与想象

基于图形知识的直观性特点和小学生的年龄特征，小学阶段的图形知识学习过程中包含了丰富的观察、操作等形式的感知活动，也包括了大量的空间想象活动。

课堂教学中的观察和操作是与数学思考紧密联系在一起的，主要通过组织语言表述活动引发学生的数学思考。教师有目的、有意识地指导学生表述观察、操作的方法、过程和结果，可以让感知所得到的直接经验进一步准确化、清晰化、条理化、简洁化，为直接经验上升为理性认识做好准备。

空间想象贯穿于图形与几何知识学习的各项内容、各个阶段，特别是对一些经验直观和图形直观不能准确表现的数学概念，空间想象的作用表现得尤为重要。例如，现实生活中不存在数学意义的"直线"，静态的图片或动态的课件也无法准确表达"直线"的意义，教师需要把握"直的""无限"等本质属性来指导学生进行空间想象，才能帮助学生建立关于"直线"的正确表象。

2. 比较与分析

比较是指学生能阐述当前认识对象与相关对象之间的区别与联系。在"图形与几何"领域的教学中，既要重视比较各种图形的表面特征，也要引导学生从概念本质属性层面分析各种对象的区别与联系。

【案例4-2】教学三角形分类的知识时，有些学生容易混淆按角的特征、按边的关系两种不同的分类方式。教师不仅要学生强化理解各种三角形的外部特征，还要指导学生区分两种分类方式的含义与方法的差别。

按角的特征可以把三角形分为锐角三角形、直角三角形和钝角三角形。每个三角形应属于且只属于其中一类。每种三角形与全部三角形是部分与整体的关系。把三种三角形进行比较后，可以引导学生抓住"三角形中最大的角"这个关键要素进行判断。即最大角是锐角、直角或钝角，这个三角形分别是锐角三角形、直角三角形或钝角三角形。在锐角三角形中可能会出现"两个最大的角"，甚至出现"三个最大的角"。

可以用维恩图直观地表示这三种三角形之间的关系（图4-1）。

按边的关系可以把三角形分为不等边三角形、等腰三角形、等边三角形。这里包含了两个层次的分类，一是三角形里是否存在相等的边，据此分为不等边三角形和等腰三角形，这是部分与整体的关系；二是在等腰三角形中还包含了更为特殊的情况，就是等边三角形，是特殊与一般的关系。

与此相似，平面内两条直线的位置关系，也应该先分为不相交（平行）和相交两类，而垂直是相交这一类中的特殊情形。

也可以用维恩图直观地表示这种分类方式（图4-2或图4-3）。

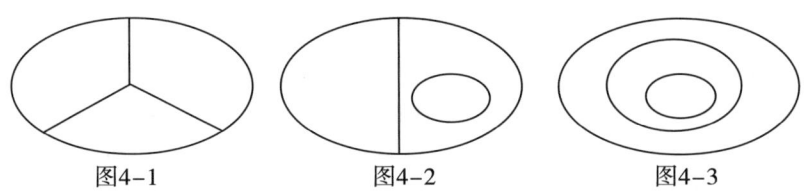

图4-1　　　　　　图4-2　　　　　　图4-3

作为一种激发学生兴趣、引发课后探究的问题，教师可出示如图4-4所示，鼓励学生说出图中每个部分所代表的三角形分别是怎样的，并画出样例。

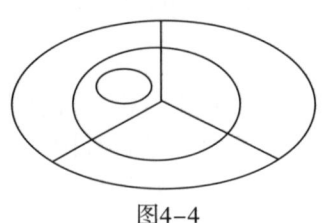

图4-4

3. 抽象与概括

抽象与概括都是人们认识事物的逻辑方法。抽象是在思想中抽取事物的某个或某些属性而撇开其余属性，概括是在思想中把从某类个别对象中抽取出来的属性推广到该类一切对象，从而形成关于这类对象的普遍性认识。数学抽象是最基本的数学思想之一，而概括与抽象互相联系，没有抽象就不可能进行概括，概括也有助于抽象。

"图形与几何"学习活动中大量发生以抽象和概括为特征的思维活动，如从现实情境中抽象出图形，从图形中抽象出点、线、面的数量及相互关系，从图形运动中抽象出方向、距离、大小等变换要素等等。在抽象的基础上，对具有相同本质属性的对象进行归纳和概括，才能逐步形成对概念的正确理解。

4. 归纳与推理

合情推理和演绎推理都是学习数学时常用的推理方法。合情推理包括归纳和类比两种主要形式。在小学"图形与几何"教学中，适时而恰当地指导学生开展归纳、类比、演绎推理活动，不仅是学习知识、理解知识的必要手段，也是发展学生推理能力的必要手段。

【案例4-3】在教学三角形特性"任意两边之和大于第三边"时，教师可以指导学生综合运用归纳和演绎两种推理方法。

归纳的推理方法：让学生分别研究锐角三角形、直角三角形、钝角三角形三条边的长度关系，发现它们都符合"任意两边之和大于第三边"，从而肯定这是所有三角形都具有的特性。

演绎的推理方法：三角形任意一条边的长度都是两个顶点之间的线段的长度，而另两边之和则是这两个顶点之间一条折线的长度。两点之间线段最短，所以三角形任意一边小于其他两边之和，反过来，就是三角形任意两边之和大于第三边。

5. 测量与计算

小学"图形与几何"中的测量和计算，并非单指测量操作或利用公式计算，还包括理解测量的意义和原理、理解测量单位的意义、理解公式的意义及其推导过程等，蕴含了丰富的数学思考活动机会。

【案例4-4】在建立面积和面积单位的概念时，教材设计了三个认识阶段：

知道物体表面或图形有大有小，面积就是描述物体表面或图形大小的数学概念。

除了通过观察、重叠等方法直观比较图形面积大小之外，还可以通过"用同一种图形作单位来测量"的方法判断两个图形面积的大小。而用作测量单位的图形最理想的是正方形。

介绍平方厘米、平方分米和平方米等常用面积单位的规定。

对于为什么要选用正方形作为测量面积的单位图形，则包含了更丰富的数学思考。

6. 数形结合与几何直观

在许多小学数学知识内容中都渗透了数形结合的思想，"图形与几何"领域尤为丰富。例如，在数轴上认识整数、分数和小数，是"以形辅数"的典型内容；用数对确定位置，是"以数解形"的代表案例；正比例关系的图象对学生理解知识极具启发意义。

几何直观主要是指利用图形描述和分析问题。借助几何直观可以把复杂的数学问题变得简明、形象，有助于探索解决问题的思路，预测结果。几何直观可以帮助学生直观地理解数学，在整个数学学习过程中都发挥着重要作用。

小学数学教学中常常使用几何直观的教学方法和手段，如解决实际问题时画出的线段图、理解分数意义时画出的示意图等等。条形统计图、折线统计图和扇形统计图等也是极具现实意义的几何直观。

无论是数形结合还是几何直观，都体现了图形与几何知识内容的价值，体现了数学知识之间的密切联系。它们既是数学知识的不同表征形式，也是促进学生用不同方式理解数学知识的有效措施。

第二节　小学图形与几何的主要内容

小学图形与几何主要学习图形的认识、图形的测量、图形的运动、图形与位置等方面的知识，以发展学生的空间观念、几何直观、推理能力为核心，在

发展学生的推理能力和模型思想等方面也发挥着特殊的功能。

一、图形的认识

认识图形是小学图形与几何知识领域中最基础的部分，是进一步学习图形的度量、图形的运动等知识的前提。认识图形主要是指建立图形的概念，包括理解并掌握图形的特征、特性。

可以根据空间维度对认识图形的知识进行分类：

1. 一维图形

一维图形主要是指线段、直线和射线。第一阶段在认识厘米和米两个长度单位的基础上初步认识线段，了解线段的主要特征。第二阶段学习线段、直线和射线的概念，理解特征，掌握表示方法。

2. 二维图形

非封闭的二维图形包括角、平行线、垂线等。分两个阶段认识角，要求学生逐步理解角的概念，掌握表示方法，理解角的分类。认识平行线和垂线，要求理解平面内两条直线间的位置关系、理解平行和垂直的概念、理解和掌握"点到直线的距离"。

封闭二维图形包括长方形、正方形、平行四边形、三角形、梯形、圆、扇形等基本图形。分布在三年级至六年级各册，主要教学目标是理解和掌握这些平面图形的特征，研究部分图形的性质。

3. 三维图形

在一年级初步认识长方体、正方体、圆柱、球等四种基本立体图形。在五、六年级分别认识长方体和正方体、圆柱和圆锥。主要教学目标是理解并掌握这些立体图形的特征。

二、图形的度量

图形的度量是对图形或物体在长度、面积、体积等方面的数量属性进行量化描述的过程和方法。度量的知识包括理解度量意义、认识度量单位、使用度量工具，以及利用度量数据和公式进行计算等。

可以从度量长度、面积和体积对图形度量知识进行以下分类：

1. 度量长度的主要内容

掌握度量线段长度的方法，分阶段认识厘米和米、分米、毫米和千米等长度单位。

理解周长的意义，推导长方形和正方形周长计算公式，掌握计算方法。探索圆的周长计算方法。解决相应的实际问题。

理解长方体和正方体棱长总和的含义，自主探索棱长总和的计算方法，并解决相应的实际问题。

2. 度量面积的主要内容

理解面积的意义。理解平方厘米、平方分米、平方米、平方千米、公顷等面积单位。

理解并掌握长方形、正方形、平行四边形、三角形、梯形、圆等基本平面图形面积计算公式，掌握面积计算方法，解决相应的实际问题。

理解并掌握长方体、正方体和圆柱表面积计算公式，掌握表面积计算方法，解决相应的实际问题。

3. 度量体积的主要内容

理解体积和容积的意义。理解立方厘米、立方分米、立方米、升和毫升等体积、容积单位。

探索长方体、正方体、圆柱和圆锥等立体图形体积计算公式，掌握计算方法，解决相应的实际问题。

三、图形的运动

小学阶段关于图形运动的主要知识内容包括轴对称、平移、旋转、放大与缩小等几种基本运动形式，主要目标是掌握各种图形运动形式的主要特点，了解其主要性质。

在二年级初步学习图形运动相关知识，以生活现象为基础，初步认识轴对称、平移和旋转等图形运动形式。

在四年级学习轴对称图形的概念，了解轴对称图形的有关性质，掌握轴对称图形的判别方法，画出简单轴对称图形的另一半。

在五年级学习平移与旋转有关知识，了解这两种图形运动方式的主要特征，能做出正确判断，并能画出简单图形经过平移或旋转后的图形。

在六年级学习图形放大与缩小的知识，理解图形缩放的基本原理，掌握图形缩放变换的主要特征，能画出简单图形经过缩放变换后的图形。

四、图形与位置

小学阶段关于观察物体、位置与方向的知识，经历了从简单实物到组合形体、从相对位置到绝对位置、从定性刻画到定量刻画、从固定原点到移动原点的发展过程。

分四个阶段学习图形与位置的知识：

在一年级主要学习上、下；前、后；左、右等方位概念。

在三年级主要学习东、南、西、北以及东南、东北、西南、西北等八个方位概念，并利用这些概念解决简单的实际问题。

在五年级学习用数对确定位置的原理和方法。

在六年级学习用方向（角度）和距离两个参数确定两个地点或物体相对位置的方法，并能运用相关知识描述简单的路线图。

分两个阶段学习观察物体的知识和方法：

二年级的学习要求是能辨认从不同位置观察简单实物或几何体所看到的图形。四年级的学习要求是能辨认从不同位置观察几何组合体的形状，或者从同一位置观察多个几何组合体，辨认其不同方向的形状，并要求学生能根据同一组合体不同位置的观察结果，拼搭还原组合体。

第三节 促进小学生理解图形与几何的教学方法

一、"图形的认识"的教学

具体图形是直观的，但图形的概念是抽象的。认识一种图形就是要建立图形的概念，因此，认识图形实质上是一种数学概念学习活动，抽象和概括是主要的思维活动形式。

1. 完整经历图形概念的抽象过程

小学生认识一种新的图形概念，一般经过实物感知、实物表象、图形表象、特征分析、特征概括、概念形成等若干阶段，每个阶段都需要进行不同内容和不同形式的抽象与概括。

①实物感知是指从情境中抽象出具有某种图形特征的对象，并对其进行整体的观察和感知。这里的情境可以是实物、模型、图画等多种形式的。学生根据生活经验，把研究对象从其他实物、模型或图画背景中抽离出来。例如，我们可以要求学生从各种各样的模型中找出长方体，并且用看、摸、数等方式摆弄模型；我们也可以要求学生从一幅校园场景图中找出哪些地方、哪些物品的

形状是长方形。

②实物表象是指把图形概念与具体事物联系起来，利用现实生活中熟悉的、典型的事物，形成关于这种图形的直观具体表象。在认识特征、抽象概念的过程中，这个具体事物的表象将逐步被改造、被分解、被替代。

③图形表象是抽象图形概念的重要环节，是从生活向数学的抽象。图形表象在舍弃具体事物的非本质属性而保留其图形本质属性后得到一种由点、线、面、体构成的几何图形。图形表象既有抽象和概括的特点，也有具体和直观的特点。

④特征分析是指以图形的整体表象为基础，分别从点、线、面等角度对其做具体的观察，抽象出点、线、面的数量、形状、大小属性，抽象出它们之间的位置关系属性、长短大小关系属性等。这是一个交替进行分析与综合思维活动的过程，既要把新图形分解为具体的图形要素，也要把对各要素的认识集中于新图形的整体之中。

【案例 4-5】小学生分两个阶段来认识角。

二年级上册初步认识角，学生先从生活现象中找到角，然后观察抽象出的角的图形，形成关于角的图形表象。接下来就进行图形要素分解，分别指导学生观察角的顶点、角的两条边。感知两边的开与合，体验角的大小变化；感知两个角重叠的现象，体验用这种方法能比较出角的大小。两次操作感知活动帮助学生初步建立起关于角的大小的概念：角是有大小的，角的大小与两边张开的程度有关，角的两边张开越大角越大。

四年级上册再次认识角，是在学习了线段、直线和射线的知识之后。以第一阶段的学习为基础，教材首先明确出角的定义：从一点引出两条射线所组成的图形叫作角。

问题在于，第一阶段的教学中要不要让学生理解"角的大小跟两边的长短无关"呢？从第二阶段对角的定义来分析，只要学生理解了"角的边是射线"，就能准确理解角的大小跟两边的长短无关。因此，在第一阶段的教学中没有必要涉及这个问题。

⑤特征概括是指在分析和综合了具体图形的特征后，把这些特征推广到所有这种图形的范围。如，我们对一个平行四边形进行分析，发现它具有"四边形""两组对边分别平行"的特征后，把这些特征推广到全体平行四边形。我们看到的这个平行四边形图形是特殊的（比如它有特定的邻边夹角、有特定的四边长度），但它的基本特征是全体平行四边形所共有的（无关于夹角度数、

无关于四边长度），所以，概括特征实际上是一个从特殊到一般的抽象思考过程。

⑥概念形成是指用适当的方式给新图形做出定义。比如，人教版小学数学用示例方法，举出一些常见的圆形物体，说明它们的形状就是圆。也有教材用语言描述：圆是由一条曲线围成的封闭图形，这条曲线上的每一个点到中心点的距离相等。中学数学教材则用属加种差的方法定义为：圆是到定点的距离等于定长的点的集合。定义，是建立图形概念过程中的又一次抽象。

很多时候，小学生建立图形概念不是一次完成的，有时还需要在研究图形性质、图形概念应用中进一步完善认识和深化理解。

【案例4-6】本章附有"长方体和正方体的认识"课堂教学实录，比较具体地呈现了小学图形概念教学的基本过程。

2. 积累认识几何图形的活动经验

小学生认识几何图形是一种多感官协作、多活动互促的数学学习过程，通过这个过程，学生不仅获得对新图形的认识、理解新概念，而且还获得各种数学活动的真切体验，逐步积累数学活动的经验。

观察、拼摆、画图、测量等都是小学图形与几何教学中常用的操作活动形式。这些活动既有独立进行的，也有合作开展的。

小学低年级学生摆弄立体模型，通过堆、滚模型实物，触摸立体图形的面，能感知平面和曲面的区别，感知边与点的区别。通过肢体动作能感悟线段的直、射线向一端无限延伸，直线向两端无限延伸。

中年级学生借助教室里的墙角线，能理解、感知"不在同一平面的两条直线"。利用直尺画平行线，能感知平行线等宽的属性。

高年级学生对平行四边形、三角形、圆等图形进行剪、移、拼的操作，实现了新图形向旧图形的转化，为后续的比较与推理创造了条件。

小学图形概念的教学又有一定的规律性，当学生在认识不同图形的过程中，经历了相似的学习过程，运用了意义相近的学习方法，学生就会逐渐领会、逐渐建立适合自己的认识图形的学习方法。

从教材编写来看，对一种新图形的认识，教材一般都以现实生活情境引入，提供典型观察对象；然后抽象出图形，突出其主要特征；再指导学生动手画出这种图形，体验主要特征的内涵；最后归纳概括图形概念。这种学习过程的设计本身就暗含了学习方法的指导。

从认识图形的一般规律来看，无论一维、二维还是三维图形，人们都是从这个图形所包含的点、线、面等基本元素入手。抽象一个新图形的特征，需要抽象它所包含的点、线、面的数量，抽象这些点、线、面的位置及位置关系，抽象线的长度关系、面的大小关系。综合上述这些属性，就形成了对图形概念的正确认识。上述属性抽象不完整或不正确，对图形概念的理解就会出现偏差和错误。学生多次重复体验这样的学习过程，就能够形成某些感悟，在今后认识其他图形的时候，能主动依据这种方法和过程，系统地展开探索与发现。

【案例 4-7】 虽然圆是小学阶段认识的一个较特殊的图形，但学生仍然可以通过迁移认识其他平面图形的学习方法来认识圆。

找到圆里的点：包括位于中心的点——圆心，也包括位于圆上的点、圆内的点、圆外的点。

找到圆里的线：圆的边是一条封闭的曲线。圆内有两种特殊的线——直径和半径。

找出圆里线的数量：圆只有一条边，圆有无数条直径，也有无数条半径。

找出圆里线的位置关系：直径经过圆心，两个端点都在圆上；半径的一个端点在圆心，另一个端点在圆上。

找出圆里线与线的长短关系：所有的直径都相等，所有的半径都相等，并且直径是半径的两倍。

综合上述所有特征，我们就能形成对圆的正确而完整的认识，从而真正建立了圆的概念。

3. 完善关于图形认识的认知结构

小学阶段关于图形认识的知识虽然内容有限，但我们还是很有必要关注学生是否建立并完善了关于图形认识的认知结构。只有当知识被恰当地融入认知结构中时，才能真正意义地被理解，才能实现对知识的长久保持和有效提取。

一方面，图形与几何知识存在自身的客观的知识结构。我们通常所说的"面在体上，线在面中，点动成线"，就表现了点、线、面、体的层级关系结构。线段、直线和射线是一维图形，平行线、角、三角形等是二维图形，长方体、圆柱、球是三维图形。四边形是多边形中的特殊类别，平行四边形是四边形中的特殊类别，长方形是平行四边形中的特殊类别。数学知识结构揭示了知识之间的复杂联系，也展现了人类所构筑的数学知识大厦有着严谨的内在逻辑性。

另一方面，关于图形认识的认知结构是需要学生自主建立和完善的。我们不可能强行把知识结构教给学生，而且结构中的各项知识也不可能同时教授给学生，而是分类、分项、分段进行教学的。

所以，在有关图形认识的新知识教学时，我们需要帮助学生建立它与旧知识的联系，让新知识能顺利地被纳入已有的认知结构；在新知识学习告一段落时，我们需要组织复习，把一个阶段以来所获得的知识做结构化的整理；在未来学习更新的知识时，我们要再次激活与之相关的认知结构，提取有密切联系的旧知识，参与到新知识的学习活动中去。

从小学阶段的图形认识的知识来看，可以通过组织学生横向比较，发现知识之间的区别与联系。例如组织学生比较三角形的两种分类方式，不仅进一步加深了对各种特殊三角形的认识，还能进一步感悟到，整体与部分、一般与特殊都是事物间的联系方式，也是人们对事物进行分类的依据，但它们又是两种既有区别又有联系的不同分类方法。这样的课堂延伸，与其说是教学"三角形的分类"，不如说是把它作为学习材料、教学"分类"的逻辑方法；这样的课堂延伸，不仅仅着眼于当前知识，更致力于发展学生抽象思维的能力，启发学生从知识结构化的高度来审视自己的学习成果。

还可以通过组织学生纵向比较，理清知识发展的脉络和线索。例如，平面内两条直线的位置关系—垂直—点到直线的距离—平行四边形、三角形、梯形的高—长方体、圆柱、圆锥的高，就是一条不断延伸和发展的知识线索。只有准确理解"点到直线的距离"这个图形概念，才能正确把握底和高的依存及对应关系，准确理解平面图形和立体图形的高的概念。

二、"图形的度量"的教学

几何度量是对图形或物体在长度、面积、体积等方面的数量属性进行量化描述的过程和方法。

1. 理解几何度量及度量单位的本质

度量是人们在生产和生活中产生的实际需求，也是人们对客观事物进行量化把握的重要手段和方法。度量图形或物体的长度、面积和体积，实质是看度量对象包含多少个度量单位。经过度量之后，图形或物体具有了更丰富和更精确的数量属性，对它们的研究就能够更加深入和细致。

图形度量单位并非自然世界的客观存在，它们的长度、面积及体积是人为规定的。为了方便，早期人类往往选择用身体的一部分作为度量单位。如果对同一个对象使用不同的度量单位，得出的度量结果就不同，导致无法比较。例如度量课桌的宽度，用小孩子的"拃"作为度量单位，和用大人的"拃"作为度量单位，或者是"脚"，度量的结果就不一样。因此而产生了统一度量单位的实际需求，并在统一度量单位的基础上发明了度量长度的工具，如直尺、米尺等。科技进步和生产发展对度量单位的规范性和度量工具的精确度提出了越来越高的要求,1983年10月在巴黎召开的第十七届国际计量大会上通过了米的新定义:"米是1/299792458秒的时间间隔内光在真空中行程的长度"。

不同物体的长度可能存在巨大的差异,人们对度量结果的精确程度要求也不相同,于是人们根据实际需求,发明了不同的长度度量单位,如毫米、厘米、分米、米、千米等,甚至有更小或更大的长度度量单位,如纳米、光年等。人们明确了它们之间的换算规则,使这些长度单位成为一个系统。虽然在实际度量活动中要灵活选择单位,但并没有改变度量单位的一致性。

人们研究长度与面积、体积的空间关系,发现了一些特殊图形可以利用长度数据按特定规则计算出面积或体积,于是建立了科学的面积单位系统、体积单位系统。面积单位、体积单位与长度单位具有密切的联系,如1平方厘米就是边长为1厘米的正方形的面积;1立方厘米就是棱长为1厘米的正方体的体积。也因此,人们在实际生产和生活中,一般情况下都能够摆脱对面积度量工具和体积度量工具的依赖。虽然是通过计算得到的度量结果,但并不改变度量的本质意义,仍然是考察对象所包含的长度、面积、体积度量单位的数量。

【案例4-8】容积是一个与体积有密切联系的图形概念,小学生对它们之间的关系有时会出现一些模糊认识。直观地理解这两个概念,一个容器的容积是它能提供多大的空间用于盛放其他物体;容器的体积是它自身占有多大的空间。一般来说,容器的体积是指它整体外部形体占有的空间大小,意味着包含了它的容积。只是特殊情况才单纯考察构成这个容器的材料所占的空间,这时就不包含它的容积。举个例子,用玻璃制作一个长方体的盒子,体积是指整个盒子所占空间的大小,容积是指盒子内部形成的空间大小。如果需要知道做这个盒子用了多少立方厘米的玻璃,可以用盒子的体积减去容积来计算。

【案例4-9】升和毫升是容积单位。在实际生活中,人们描述一间房子、一节车厢、一个盒子的容积时,仍然会使用立方米、立方分米、立方厘米等体积单位。升和毫升反而更多地用于描述液体的体积,如一瓶饮料有330mL、一桶水有12L。这是人们约定俗成的一种使用习惯,考究其原因,可能是因为液体物质通常没有固定的几何形态,盛放在容器里时才便于考察其体积。量筒、量杯就是常用的测量液体体积的工具。

2. 经历图形求积公式的探索过程

小学图形与几何教学内容中的求积公式主要包括以下三类:

①求长度总和的有长方形、正方形和圆的周长公式。学生可以通过知识迁移，直观理解求平行四边形、三角形、扇形等其他平面图形的周长方法，也可以自主探索求长方体、正方体棱长总和的方法。

②求面积或表面积的有长方形、正方形、三角形、平行四边形、梯形、圆的面积公式，长方体、正方体、圆柱的表面积公式。

③求体积的有长方体、正方体、圆柱和圆锥的体积公式。

首先要让学生认识到，每一种求积公式都是一个数学模型（或者说是一种数量关系式），研究的是图形各要素之间的关系。图形特征是建立模型的依据，只有明确构成图形各要素及其相互关系，才能正确理解公式的意义。

【案例4-10】利用表象促进理解，强化记忆。

长方形的周长公式 $C=(a+b)\times 2$，梯形的面积公式 $S=(a+b)\times h\div 2$，三角形的面积公式 $S=a\times h\div 2$，长方体的表面积公式 $S=(a\times b+a\times h+b\times h)\times 2$，有时要 $\times 2$，有时要 $\div 2$，学生常常容易不记得或记错。

给学生提供反映公式推导关键思路和步骤的直观图形，让学生留下深刻印象，形成关于公式推导过程的典型表象。鼓励学生利用表象促进理解，强化记忆。如图4-5所示。

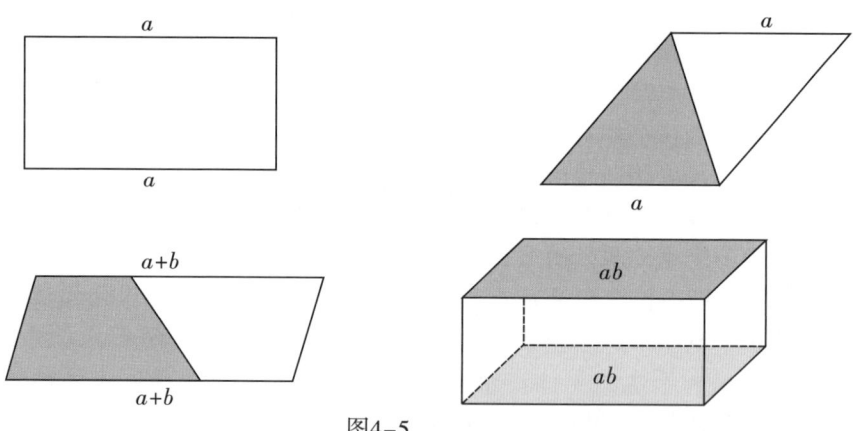

图4-5

其次，要鼓励学生自主探索，充分体验求积公式的探索过程。数学建模过程主要包括：在实际情境中从数学的视角发现问题、提出问题；分析问题、建立模型；确定参数、计算求解；检验结果、改进模型，最终解决实际问题。小学生探索图形计算公式的过程与数学建模的过程相似，基本的学习步骤是：

①发现问题、提出问题：教材对图形公式教学一般都以实际问题引入，让

学生意识到此类问题在现实生活中较普遍存在，新知识有较广泛的应用价值。

②理解情境、明确问题：理解问题情境，弄明白新知识的具体归属，即要求的是图形的周长、面积还是体积。

③形成猜想、建立模型：通过对图形作适当的操作或转化，分析概括出要求的问题与图中各要素之间的关系后，提出解决问题的猜想。

④归纳推理、验证模型：通过归纳或推理验证猜想的合理性，形成计算公式，并对公式做进一步的形式化处理（如用字母表示公式）。

⑤应用模型、计算求解：利用公式解决实际问题，掌握相应的解题步骤和书写格式要求。

⑥变式练习、灵活应用：在变式问题中体验公式的广泛应用，并结合问题情境，灵活应用公式。

第三，要引导学生积累学习方法。通过回顾和反思各种公式的推导过程，领会推导数学公式的一般方法，逐步积累学习数学知识的方法。

小学阶段各种图形公式有一个共同特点，主要利用图形中线段的长度，计算周长、面积、表面积、体积。因此，推导公式也好、应用公式也好，最重要的是要发现图形中各种线段，以及它们的长度和长度关系。

小学阶段各种计算公式的推导过程也有一个共同特点，基本都经历了"操作—比较—推理"三个环节。

【案例4-11】圆的面积公式推导过程。

操作：把一个圆沿半径平均分成若干份，重新拼成一个近似长方形。

比较：近似长方形的面积与圆的面积相等。近似长方形的长等于圆周长的一半，宽等于圆的半径。

推理：因为长方形的面积=长×宽，所以圆的面积=周长的一半×半径，经过优化和简化，得出公式：$S = \pi r^2$。

3. 在解决实际问题中加深对图形度量的理解

在小学图形与几何内容领域，与图形度量有关的实际问题非常丰富，按难易程度来分，大体上有计算公式的直接应用、稍复杂的实际问题、复杂的实际问题三种。

计算公式直接应用解决实际问题，主要目的是把抽象的计算公式还原到现实情境中，一方面培养学生的应用能力，另一方面让学生感受相关知识在现实生活中的应用价值。

稍复杂的实际问题形式、结构多样，以下略举几类并做简要说明。

①有的是把几何图形的求积问题与其他数量关系进行组合。如，一辆洒水车每分钟行驶 200 米，洒水的宽度是 8 米。洒水车行驶 6 分钟，能给多大的地面洒水？

②有的是对求积公式进行"反向设计"。如根据体积、长、宽数据求高（深度）。

③有的是对求积公式进行"变式应用"。

例如，为迎接"五一"国际劳动节，工人叔叔要在工人俱乐部四周装上彩灯（地面的四边不装）。已知工人俱乐部长 90 米、宽 55 米、高 22 米，工人叔叔至少需要多长的彩灯线？

类似问题还有：求无盖鱼缸需要的玻璃的面积、求游泳池贴瓷砖的面积等等。

又如，靠墙边围成一个花坛，围花坛的篱笆长 46 米，求这个花坛的面积。（图略，见人教版教材五年级上册第 98 页）解答时，先求出上底与下底的和，而不必确定上、下底各自长度。

④有的问题具有一定的开放性，需要对多种情况进行讨论。如，一块长方形菜地，长 6 米，宽 3 米。四周围上篱笆，篱笆长多少米？如果一面靠墙，篱笆至少要多少米？（图略，见人教版教材三年级上册第 88 页）

本题的第二个问题是一个开放性问题，要从两种情况的对比中确定篱笆的最短长度。此题可进一步做"反向设计"：用 12 米长的篱笆围出一块长方形菜地，菜地的一面靠墙。怎样围，得到的菜地面积最大？

与图形度量有关的复杂的实际问题也有多种情形：

①有的问题指导学生探索规律、发现联系。如，有 18 幅绘画作品，每幅作品都是边长 2 分米的正方形。把这些绘画作品贴在一起，做一个"绘画园地"。要在"绘画园地"的四周贴上花边，怎样设计"绘画园地"，才能使贴的花边最少？此题意在引导学生探索面积一定的长方形，改变其形状引起周长改变的规律。

类似的问题还有："在方格纸上画面积是 16 平方厘米的长方形，你能画几个？算出它们的周长，你能发现什么规律？""用 4 个面积都是 36 平方分米的长方形卷成圆柱，哪个圆柱的体积最大？哪个最小？你有什么发现？"（图略，见人教版教材六年级下册第 30 页）

②还有综合性、实践性更强的实际问题。如六年级上册"确定起跑线"的综合与实践活动内容。

三、"图形的运动"的教学

运动是物质的存在形式及其固有属性。现实生活中有大量的运动现象，用数学的眼光观察物体的运动现象，用数学的方法分析图形的运动现象，把握轴对称、平移、旋转和放大与缩小等几种基本运动形式的主要特点，了解其主要性质，是小学阶段学习关于图形的运动数学知识的主要内容。

1. 促进学生数学能力的发展

学习这部分知识能促进学生多方面数学能力的发展：

能发展学生的观察和分析能力。既要整体观察、比较运动前后的图形，又要从形状、大小、方向、位置等多角度进行分析，还要运用数学概念进行准确描述，学生的观察能力和分析能力得到了更多的锻炼机会。

能发展学生的空间想象能力。平移、旋转、缩放等图形运动形式都包括初始状态、结束状态和运动变换过程。静态的学习材料往往能准确反映图形的初始状态和结束状态，但运动过程却只能通过学生进行空间想象。所以，学习图形运动的知识，是学生展开空间想象的重要实践和体验机会。

能发展学生的抽象能力。物体或图形的运动是可视的现象，具体而直观。各种运动形式的特征隐藏于可视现象背后，是抽象的。图形运动的特征主要通过形状、大小、方向、位置等空间形式来反映，把观察所得从这些角度逐一进行抽象，才能为整体概括这种运动形式的特征做好准备。

能发展学生的概括能力。物体或图形的运动是整体的，从不同角度抽象得到的特征也需要重新综合为整体。在研究具体对象的运动中所得到的认识，需要推广到其他对象的同种运动方式中，或者经由其他对象的同种运动方式验证，这些认识才能进一步概括为准确而简洁的数学结论。

能发展学生的推理能力。学生在研究图形运动的性质时，将经历相关的推理思维活动。摩天轮的轮舱在运动过程中是平移还是旋转？为什么图形放大或缩小之后，形状能保持不变？为什么在对称轴两侧相对应的点到对称轴的距离相等？在探索这些问题答案的过程中，包含着丰富的类比推理、归纳推理和演绎推理思维活动机会。

2. 把握图形运动的知识本质

在现实生活中，一个物体沿直线运动，并且不改变自身的方向，我们可以近似地把它理解为平移的运动现象。一个物体绕一个点或一个轴做圆周运动，可以近似地把它理解为旋转的运动现象。某些物体的形状具有以中线为轴，左右相似的特点，可以把它看作是生活中的对称现象。生活中也存在把物体形状放大或缩小的现象,如科技馆里的微生物模型、售楼部里的楼宇模型等。

在数学知识体系中,平移、旋转和反射(轴对称)都属于合同变换。图形经过合同变换后,位置发生变化,但自身形状和大小保持不变。图形的放大和缩小属于相似变换。经过相似变换后,图形改变了自身的大小,但形状保持不变。

在数学教学活动中,把握知识本质是基本前提。在图形运动与变换的教学中,我们要注意以下两个关于知识本质的教学要点:

首先,我们要让学生意识到,生活中各种物体的运动与数学中图形的运动是相似而又有区别的。物体的形状是立体的,它们的运动发生在三维空间里;小学阶段所研究的图形运动,图形是平面的,运动也发生在同一个平面中。我们把前者称为生活中的运动现象,后者叫作图形的运动或变换。生活中的运动现象可以帮助我们理解图形的运动或变换,而图形运动或变换的数学知识可以帮助我们更准确地解释生活现象。生活中的对称现象表现形式更为丰富,如语言文字中的对称"上海自来水来自海上"、音乐中的对称"哆咪嗦哆嗦咪哆"、体育中的对称"两手侧平举"等,可以作为激发学生学习兴趣的教学资源。

其次,尽管在小学阶段对图形运动知识的学习要求不高,但我们还是要注意学生建立的概念是否准确、严谨,学生是否逐步养成依据数学概念和规则进行推理和判断的思考习惯。

【案例4-12】学生往往会认为平行四边形是轴对称图形,究其根源,是因学生对轴对称概念做出了错误的抽象,认为"一条线把图形分成完全相同的两半,这个图形就是轴对称图形"。

判断一个图形是不是轴对称图形,从现象来看,是"对折后两部分完全重合",这个对折过程要在学生的空间想象中完成,部分学生在想象过程中出现失误也很正常。从教学角度看,我们还是应该让学生理解、判断轴对称图形的根本依据,就是要确定图中是否存在对称轴。轴对称图形中所有的点都能找到一个与之相对应的点,两点连线与对称轴垂直且被对称轴平分。对称轴无关方向,竖的、横的、斜的都没问题。

【案例4-13】学习图形放大与缩小的知识时,学生对这个问题也有一定的困惑:把长方形按1:3放大,为什么周长也扩大3倍,但面积会扩大到原来的9倍吗?

为了消除学生的这个困惑,我们在教学中就有必要让学生认识到,图形的放大或缩小,是指图形中线段的长度被放大或缩小,并且所有的线段长度按同样的比例被放大或缩小。这是图形放大或缩小的知识本质。

把长方形按1∶3放大，意味着长被扩大到原来的3倍，宽也被扩大3倍。周长是加法运算的结果，两个加数都扩大3倍，和也扩大3倍。面积是乘法运算的结果，两个因数都扩大3倍，乘积扩大了3×3＝9倍。

【案例4－14】为什么把图形按一定比例放大或缩小后，它的形状能保持不变呢？

平面图形的形状由构成这个图形的要素及要素关系决定。这里说的要素是指平面图形中的点、线及它们的数量，要素关系指点、线之间的方向、角度、距离等位置关系，还包括线段与线段之间的长度比例关系。

逐一分析这些要素在放大缩小变换过程中的状态，可以发现：

所有线段按同样比例放大或缩小长度，根据比的基本性质，图形中线段与线段的比例关系保持不变；图形经过放大或缩小的变换，图形里各个点、线的数量及相对位置保持不变；前面的这"两个不变"，导致图形里各个角的大小不变。

综合以上，影响这个图形形状的各要素及要素关系都没有发生变化，所以图形的形状保持不变。

3. 指导学生掌握观察和画图的方法要点

小学生学习图形运动与变换的知识，主要的学习活动包括两种形式：一种是通过观察、比较等活动，判断图形经历了何种运动变换；另一种是根据题目要求，画出经过运动变换后的图形。这两种学习活动中都有一些具体的操作方法，教师要注意指导学生掌握观察和画图的方法要点。

在观察过程中，要注意整体观察和局部观察相结合。整体观察图形的形状、大小、方向、位置，可以依据图形运动的概念做出初步的判断。选择细节进行局部观察，可以依据概念本质、图形运动变换的主要特征等，验证初步判断。局部观察的关键是选择重要细节。

一般来说，判断轴对称运动时，选择图形中的"点"进行研究更合适。确定一个点，找出对称轴另一侧与之相对应的点，判断它们之间的连线是否垂直于对称轴，判断它们到对称轴的距离是否相等。需要注意的是，如果图中有一个点不符合运动性质，就应做出否定的判断。

判断平移运动时，选择图中的"点"也更方便。点的运动方向和距离，就是图形的运动方向和距离。同样，如果图中某一点与其他各点的运动形式不一致，也要做出否定判断。

判断旋转运动，确定运动的"中心点"是关键。找出"中心点"才能顺利地想象整个图形的旋转方向、旋转角度。选择图中的"线"或"角"作为观察细节，更有利于判断旋转的方向和角度。

毫无疑问，判断缩放变换的观察细节应该是"线"，因为在图形缩放过程中，线段长度的改变是最关键和最显著的特征。

画图过程的操作原理与观察过程是一致的，但在操作次序上有所不同。

画出缩放后的图形，先画出一条关键线段，再依次画出与之相连接的其他线段，确保每条线段缩放比例一致，每个角的大小保持不变。

画出旋转后的图形，先确定中心点的位置，再画出与中心点连接的各条线段，确保各线段绕中心点旋转的方向与角度一致且符合题目要求；依次画出其他线段，确保每条线段长度不变。

画出平移后的图形，先确定一个或几个关键点移动后的位置，再连接成图，确保每个点移动的距离一致。

画出轴对称图形的另一半，操作方法与平移基本相同，也是先确定一个或几个关键点的对称位置，再连接成图，要确保每组对应点的连线与对称轴垂直，并且到对称轴的距离相等。

4．理解运动形式的联系与区别

小学阶段学习的四种图形运动形式，既有显著区别，也有内在联系。指导学生理解各种运动形式在特征上的联系与区别，对建立正确的概念、做出正确的判断、画出正确的图形等都有非常重要的教学意义。

如前文所述，考察图形的运动，主要从形状、大小、方向、位置等角度进行分析与综合，所以我们也可以从这些角度对四种运动形式的主要特征进行比较，如下表：

运动形式	形状	大小	方向	位置
平移	不变	不变	不变	改变
旋转	不变	不变	改变	改变
轴对称	不变	不变	对称轴两侧的对应部分方向相反	对称轴两侧的部分到对称轴的距离相等
放大缩小	不变	改变	不变	不变

无论是在某个具体知识内容的教学过程中，还是在对相关知识进行整理和

总结的阶段，我们都有必要引导学生进行上述比较。

这些比较活动一方面能帮助学生加深理解各种运动形式的主要特征，准确理解概念；另一方面能促进学生逐步形成关于图形运动这类知识的学习方法；同时还能有效完善学生的认知结构，使相关知识之间的联系变得更为紧密、清晰、稳定。

四、"图形与位置"的教学

人教版数学教材从小学一年级到六年级，每学年都安排了一个关于"观察物体"或"位置与方向"的知识单元。学生关于"观察物体""位置与方向"的知识，经历了从简单实物到组合形体、从相对位置到绝对位置、从定性刻画到定量刻画、从固定原点到移动原点的发展过程。

1. 把握"图形与位置"的教学价值

用正确的方法确定物体位置，是儿童适应社会生活必备的技能。尽管人在0～3岁阶段就已经形成基本的方位感，但社会生活不仅要求人们自己能够判断具体对象的方位，还要具备正确表述方位的能力，这种能力需要通过后天的学习、掌握一些概念和规则之后才能逐步形成。随着年龄增长，社会交往活动中对事物位置的表达精确度要求越来越高，学生需要掌握的确定位置的技能也将越来越复杂。

位置与方向的知识也是小学生学习其他数学知识必备的基础。认识图形的时候需要分析构成图形各要素之间的位置关系；观察图形的运动变换时，要运用位置与方向的知识确定运动的基本特征；解决行程问题等数学实际问题时，方向与位置信息是重要的解题条件。

学习位置与方向的知识过程，也是学生空间观念不断发展的过程。从描述物体间的相对位置，到推测"三视图"的观察角度，再到精准绘制路线图，每次学习位置与方向的知识，学生都要积极开展空间想象，在教材或问题提供的直观材料之外，还要对思维中的图形表象进行加工、改造、重组、创造。

学习位置与方向的知识，对增强学生几何直观、模型思想等方面的能力也极为有利。用数对表示物体在平面中的具体位置，是建立直角坐标系概念的雏形；通过观察"三视图"还原立体图形的形状，是建立立体图形数学模型的一种重要方法；精确描述或精准绘制线路图，是数形结合方法的典型应用。

2. 从简单实物到组合形体

"观察物体"是人教版小学数学在图形与几何领域设置的一个非常有特点的知识模块。"观察物体"分两个阶段进行教学，第一学段（二年级上册）要求学生能辨认从不同位置观察简单实物或几何体所看到的图形，是从立体图形到平面图形的空间想象；第二学段（四年级下册）要求学生能从不同位置辨认几何组合体的形状，或者从同一位置观察多个几何组合体，辨认其不同方向的形状，观察对象更加复杂，开始触及从平面图形到立体图形的空间想象。

观察、操作、想象、判断等是学习这部分内容的基本数学活动，通过数学活动发展学生空间想象和推理能力是主要的能力发展目标。

这部分知识内容的教学应注意以下两点：

①要为学生提供充分的操作实践活动机会。

第一学段的操作实践以变换观察位置为主。学生具备很丰富的从不同位置观察同一物体的生活经验，但要把观察到的现象以表象形式保存起来，并且与平面图形建立联系，离开具体的观察活动是很难达成目标的。有些问题还进一步提高了难度，学生要观察"他人的观察活动"，通过空间想象和推理，做出相应的判断，如果没有相应的操作活动支持，部分学生可能难以完成学习任务。

要创设实践性的教学情境，以具体实物或简单几何体为观察对象，以小组活动的形式，组织学生从不同位置观察对象，并用语言描述自己看到的形象或图形。多次变换观察位置，充分体验从不同位置观察同一物体的过程，感悟整体与部分、立体与平面之间的联系。

第二学段的操作活动包括把小正方体拼摆成不同形状的几何组合体、画出观察到的图形、根据给出的从不同方向观察同一物体所看到的图形拼搭出相应的几何组合体。其中，第三种形式的操作活动需要经历由平面图形想象立体图形的"空间构造"，学生要反复比对三幅平面图形和拼搭成的组合体，检查、调整、验证拼搭结果。

②要着力培养学生建立图形表象的能力。

无论是观察简单实物、简单几何体，还是观察几何组合体，由于要变换观察位置、变换观察对象，学生头脑里需要建立、存储较多的图形表象，才能完成后续的判断，对学生建立图形表象的能力提出了较高的要求。因此，这部分内容的教学，要把培养学生建立表象的能力作为一个教学重点。

表象的优劣，取决于表象是否完整、准确、清晰，只有完整、准确、清晰的表象才能更真实地反映研究对象的主要特征。要获得好的表象，除了保障充分的观察时间之外，还要掌握一些观察方法。

对实物的观察，一般来说先把握其整体轮廓，再自上而下、从左到右把握细节。这种观察方法不仅仅用于数学学习，也广泛应用于日常生活和其他学科学习之中，需要长期培养、多渠道培养。

对几何形体的观察，主要是运用数学概念，把观察对象与认知结构中已有的几何体概念联系起来，把观察到的形体特征与已有的表象进行对照和比较，并通过细节观察，发现观察对象与此类形体一般表象之间的差别，如看到一个长方体，就能够用"长方体"这个概念识别它，并且通过进一步细致观察，发现这个长方体有两个面是正方形，它与一般长方体是有区别的。

对几何组合体的观察要求则更高，除了要把握整体轮廓之外，还要注意组合方式。如果是观察用同样大小的正方体拼搭而成的几何组合体，可以指导学生从"搭了几层""每层各有几个""摆在什么位置"等方面进行一些表述，通过语言表征，帮助学生建立完整、准确而清晰的表象。

3. 从相对位置到绝对位置

上、下、前、后、左、右，是生活中最常用的表示方位的词语，也是数学中最基本的方位概念。一年级学生学习这些基本方位概念，既要为系统学习数学知识做准备，也要通过学习活动发展空间观念。

教学重点是让学生体验上与下、前与后、左与右的相对性。所谓相对性，是指人们在描述两个物体的位置关系时，才会使用这些方位概念。现实生活中没有绝对的上、下、前、后、左、右，只有当两个物体形成空间位置差别时，才会产生相对的上下、前后、左右关系。

用相对位置关系描述事物的位置是人们最常用的方法。现实生活中，一个人要向另一个人说明某个物体的位置，一般都采用"另一个物体加方位词"的方式，这里所说的"另一个物体"，应该是确定对方知道其位置的物体。

【案例 4-15】奶奶问："小明，书包在哪儿？"小明如果回答"在下面"，显然奶奶是找不到书包的。如果回答"在书桌的下面"，奶奶就知道在哪儿了。

这个例子虽然很简单，但却能让学生感受到方位概念的相对性含义，也能体会相对位置表达方式的基本规则。教学实践中，教师习惯于面对一幅情景图，要求学生把"A 在 B 的前面""B 在 A 的后面"连在一起说，这个表达练习固然可以巩固前和后的关系意义，但并不能让学生充分体会"已知物体＋方位词"这个基本规则的含义及用处。

创设"找物品"的游戏活动情境，是值得提倡的一种教学方法。只有当学生正确感知情景中两个物品的位置关系时，才能正确表达为"A 在 B 的×面"。反过来，只有当学生用正确的方式表达时，游戏伙伴才能找到他所指的物品，或物品的位置。如：

甲：我喜欢遥控车，它在哪里？
乙：遥控车在床的下面。
甲：你说对了，真棒！

或者如：

甲：我喜欢的东西在桌子的左面，我喜欢什么？
乙：桌子的左面是布娃娃，你喜欢布娃娃。
甲：你说对了，真棒！

三组相对位置关系概念里，"左右"是较难的一组。为了降低教学难度，人教版教材建议不涉及相对性，即仅以观察者为"参照点"，或是以参与活动的"活动者"为"参照点"。

【案例 4-16】下面以两个图为例做简要说明：

飞机　　　　小鼓　　　　　　弟弟　姐姐　哥哥

图 4-6　　　　　　　　　图 4-7

在图 4-6 中，"飞机在小鼓的左边""飞机的右边是小鼓""小鼓在飞机的右边""小鼓的左边是飞机"都是正确的表述。

问题发生在图 4-7 中。如果学生说"弟弟在姐姐的左边"，可以判定是正确的，因为以观察者为"参照点"，弟弟的确在姐姐的左边。如果学生说"弟弟在姐姐的右边"，也可以判定是正确的，因为姐姐是这个情景中的一名"活动者"，以她为"参照点"，弟弟当然就在她的右边了。

这个问题给我们的启示是，一年级教学左、右时，要谨慎使用人物活动场景，即使要用，要么让"他们"与观察者同向，背对观察者；要么明确提问如："在姐姐看来，哥哥是在她的哪边？"

再简单谈谈绝对位置的教学。

【案例 4-17】用"东、南、西、北"等方位概念描述的是物体的绝对位置。

①绝对位置把自然界理解为一个平面，人为规定的四个方向，替

代了相对位置关系中的前、后、左、右。

②绝对位置不受观察角度的影响。如图 4-7，从正面观察，哥哥在姐姐的东面，绕到他们背后观察，哥哥还是在姐姐的东面。

③反映到图上，东、南、西、北一般遵从上北下南、左西右东的规则，但生活中也常常可以见到自行规定图的方向的情形，通常图中会明示方向标。但不会改变东、南、西、北顺时针转向的规则。

④指导学生描述简单的线路时，要注意有序表达，也要鼓励学生用多种方法解决问题。

4. 从定性刻画到定量刻画

无论"上、下、前、后、左、右"或者"东、南、西、北"，都是对物体位置及位置关系作定性刻画的方位概念。第二学段的位置与方向知识内容，发展到定量刻画的新高度。用数对表示物体的位置，或者用方向（角度）和距离确定物体的位置，可以使描述方法和结果更加精确。更为重要的是，这些方法渗透了直角坐标系的基本思想方法，是数形结合"以数解形"的典型教学内容。

日常生活中学生已经有用数对确定位置的经验，如确定教室里、电影院中的座位等。教学的重点是引导学生注意数对的顺序。"先列后行"的数对顺序是数学规则，未来将与直角坐标系中的"先横后纵"规则接轨。

教师可以把数对顺序的教学与"一一对应"思想的渗透相结合。从发展学生数学能力的角度看，这是本节内容教学中应该充分关注的另一个重点。

【案例 4-18】以在方格纸上确定位置为例，要逐步引导学生形成以下的认识，使"一一对应"的思想方法真正得到有效渗透：

①一个数对只能表示唯一一个格点；
②一个格点，只能用唯一一个数对表示；
③所有的格点，都可以用一个数对表示；
④所有的数对（自然数对）都可以表示一个格点。

看起来这个教学过程似乎设计得有些繁琐，但却体现了数学严谨的逻辑性，只有上述四个前提都成立，才能推理出"自然数对与格点一一对应"的结论。

某些喜欢"打破砂锅问到底"的学生，可能会提出"格子中的点可以用数对表示吗"之类的问题，教师可预设教学情境：将现有方格等分为更小的方格，重新编写列号和行号，不仅为"格子中的点"找到了相应的数对，原有格点的数对也随之发生了变化。

这种教学活动不仅强化了一一对应的思想渗透，还体现了极限的思想方法。

3. 从固定原点到移动原点

人教版小学六年级上册安排了"位置与方向（二）"教学单元，在教材编排上独具匠心。

首先，巧妙地利用东、南、西、北四个方向，进一步拓展了平面直角坐标系的渗透渠道。"用数对确定位置"只适用于平面直角坐标系的第一象限，本节内容则进一步将其拓展到四个象限，虽然只是基于经验和直观的渗透，却能给学生留下很深刻的印象。

其次，在掌握东、南、西、北以及东南、东北、西南、西北八个方位概念，掌握比例尺应用的基础上，用方向（角度）和距离的方法，更精确地刻画平面上两个物体的相对位置，进一步体现了数形结合思想方法的价值。

第三，用数学语言描述物体运动的路线图，把知识应用从静态场景拓展到动态场景，方法应用从固定原点升格到移动原点，生动体现了数学知识不断发展的客观规律。实际问题的素材背景也延伸到更广阔的自然世界和社会领域，充分展示了数学知识的广泛应用。学习本节内容，能进一步激发学生学好数学、用好数学的积极性和主动性。

关于这部分知识的教学，应该注意以下两点：

一是要鼓励学生自主探索新知。八个方向的方位概念、角的度量与画法、比例尺的意义与应用都是学生已有的知识，具备了由学生自主探索新知的基础和条件。教师应以创设问题情境、指导突破难点为主要教学手段，启发学生自主探究、合作交流、动手操作、主动表达。

二是要为学习困难的学生提供必要的帮助。本节知识内容综合性强，解决问题的过程步骤多，实际问题的情景对学生生活经验要求高，这些因素都容易导致部分学生遭遇学习困难，教师既要充分发挥合作学习中伙伴互助的机制，也应在难点环节给予适当的指导。

【案例4－19】有一道练习题要求根据地图描述两个地点的相对位置。应指导学生把两个地点互为参照点，从正反两个方向描述。即"A在B的什么方向、多少度、多远距离"，"B在A的什么方向、多少度、多远距离"。

【案例4－20】同一个方向可以有不同的描述方式，如东偏南60度，也可描述为南偏东30度。部分学生不容易适应这种情况。教师一方面要指导学生切实理解每种描述方式的真正含义，在理解的基础上自主适应多种方式，另一方面也可以适当降低难度，告诉学生，可以选择一组方向为"主方向"，从而主动回避同一方向两种表述的情况。例如，以南北方向为"主方向"，除四个主方向外，其他可以表述为"南偏东、南偏西、北偏东、北偏西"。

随感

"图形"再怎么千变万化，始终都是素面朝天，少了几分姿色。

就算她不施粉黛，却也引得人们无限遐想，总爱把她跟那万紫千红的世界想在一块儿。

在数学的国度里，"图形"和"数"是两大家族，几乎一样古老。两家虽从未中断往来，却也都自成一统。

后来有个叫笛卡尔的人多管闲事儿，当了一回月下老人，为两家说合了一门亲事。从此以后，数形结合，开枝散叶，整个数学国度变得更加生机勃勃。

在同样古老的东方有位姓华的先生，还专门为这桩美事写了一首小诗：

"数与形，本是相倚依，焉能分作两边飞，数无形时少直觉，形少数时难入微，数形结合百般好，隔离分家万事休。切莫忘，几何代数统一体，永远联系，切莫分离。"

写得真好啊！

【附】《长方体和正方体的认识》课堂教学实录与评析

一、导入新课

师：（出示橡皮擦等各种实物和教具）同学们手里都有一块同样的橡皮擦。老师这里还有纸巾盒、药盒，大家也都见过做房子用的砖、医生用的保健箱等。这些物体的形状都是长方体。老师还有魔方和这样一个纸盒（出示魔方和教具），它们的形状都是正方体。这节课我们就来认识长方体和正方体，明确它们的特征。

【评析：用学生熟悉的橡皮擦、纸巾盒、魔方等实物引入长方体和正方体，充分说明长方体和正方体是现实世界中客观存在的，它们反映了客观世界的空间形式。为了帮助学生更好地认识现实世界，解决日常生活中所遇到的问题，教师提出了本节课的教学目标。这种设计符合儿童认识事物的规律，引起儿童的学习兴趣、激发学生的求知欲，有利于教与学双方共同完成这节课的教学任务】

二、认识长方体

1. 认识面、棱、顶点

师：首先我们来认识长方体。

（出示观察提纲：①指出长方体的面。②什么叫长方体的棱？③什么叫长方体的顶点？）

请同学们根据观察提纲，边观察自己手中的长方体，边看课本第18页的内容。

老师手中有一个长方体模型，哪位同学能指出长方体的面？（出示直观图）图上画的是一个长方体，你能在图上指出长方体的面吗？（指定学生回答，并在图上指出"面"）

（接着出示长方体模型）我们根据长方体的面的位置分别把它们称作"前面""后面""上面""下面""左面""右面"，而前后两个面在位置上正好是相对着的，我们就称它们是一组相对的面。长方体中还有其他的相对的面吗？

生：有。上面和下面、左面和右面分别都是一组相对的面。

师：什么叫作长方体的棱？

生：面和面相交的线段叫作棱。

师：你能在图上指出棱吗？请同学们注意观察老师所指的四条棱，它们在位置上有什么关系？（师用手势引导学生观察）

生：每两条棱都是相对的。

师：我们把这样的四条棱称为一组相对的棱。长方体中还有没有其他的相对的棱？

生：有。（演示并说明）

师：什么叫长方体的顶点？

生：棱和棱的交点叫顶点。（指定学生在图上指出一个顶点。）

2. 认识长方体的特征

师：（出示自学提纲：①长方体有几个面，这些面是什么形状？相对的面的面积有什么关系？②长方体有几条棱？每组相对的四条棱的长度有什么关系？③长方体有几个顶点？）请同学们根据提纲自学课本内容。（出示表1）请你们把自学的结论填写在表内。

（几分钟后）师：长方体有几个面？每个面是什么形状？

生：长方体有6个面，每个面都是长方形，也可能有两个相对的面是正方形。

师：你有这样的长方体吗？

生：有。（出示该长方体）

师：长方体中相对的两个面的面积有什么关系？

生：相对的两个面的面积相等。

师：相对的两个面的面积是不是相等，哪位同学愿意解释或演示一下？

生：（用一张纸片比较长方体的上面，发现它们的面积是相等的。再用这张纸片比较长方体的下面，发现它们的面积也是相等的。）上下这两个面的面积都与这张纸片的面积相等，说明这一组相对的面的面积相等。用同样的方法我们也可以证实其他两组相对的面的面积相等。（对照挂图）我们研究了长方体的面的特征后，有的同学就觉得奇怪了。长方体有6个面，每个面都是长方体，而老师画的这个长方体只有3个面，并且有两个面是平行四边形。这是怎么回事呢？（指定三名学生从不同角度观察老师手中的长方体。）你们能看到这个长方体的几个面？

生：我只看到一个面。

生：我看到两个面。

生：我可以看到它的三个面。

师：三个面看上去都是长方形吗？

生：有两个面看上去是平行四边形。

师：由于我们观察长方体的角度不同，能看到的面的个数也就不同。但最多只能看见三个面，而且有些看上去是平行四边形。为了让同学们看得更清楚，我用虚线把看不见的面也画出来。

（教师画出如下透视图）

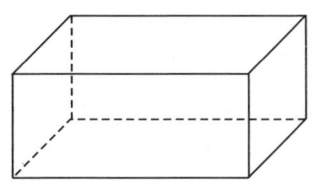

这种图叫作长方体的直观图。

师：长方体有多少条棱？

生：长方体有 12 条棱。

师：（出示长方体模型，演示）为了让大家更仔细地观察长方体的棱，我们把这个长方体的"皮"揭下来，露出它的"骨架子"，这些都是它的棱。（出示棱的演示器）老师把这些棱分别涂上了红、黄、绿三种颜色，每种颜色的棱有几条？它们是一组相对的棱，看看每组相对的棱的长度有什么关系？

生：每组相对的棱有四条，它们的长度相等。

师：你怎么知道它们相等呢？

生：我用尺量，发现它们都一样长。

师：能不能不用尺量也得出同样的结论？请看长方体的前面，它是一个长方形，你能用长方形的有关知识说明这两条红色的棱的长度相等吗？

生：这两条红色的棱在这个长方形中是一组对边，长方形的对边相等，所以这两条棱的长度也相等。

师：同样的道理，另外两条红色棱的长度也相等，而且这一组相对的四条棱的长度都相等。同样的道理，其他两组相对的两条棱的长度也都相等。

师：哪位同学能说说长方体有几个顶点？

生：长方体有 8 个顶点。

师：表 1 总结了长方体的特征。（出示表 1）

3. 认识长方体的长、宽、高

师：刚才我们把棱与棱的交点叫作顶点，看看过长方体的一个顶点有几条棱，这几条棱的长度分别叫什么？（请学生看书后回答）

生：相交于一个顶点的三条棱的长度分别叫作长、宽、高。

师：（出示直观图）请你在图上指出长方体的长、宽、高。

【评析：观察是认识事物的窗口，是一种有目的、有计划的知觉活动。教师出示观察提纲，是一种学法指导，要求学生有目的、有计划，从局部到整体去观察长方体的顶点、长、宽、高等，在感性认识的基础上，分析、比较点、线、面的形状、大小、长短以及它们的空间位置关系，然后用表格来揭示长方体的特征。这种从感性到理性、从个别到一般的认识方法，符合儿童的心理特点，有利于帮助学生建立从点、线、面到一个完整几何形体的良好的认识结构，形成一个关于长方体的小范围的知识网络】

师：请同学们动手量一量手中的橡皮擦的长、宽、高各是多少。

生：我量得这个橡皮擦的长是 3.2 厘米、宽是 2.4 厘米、高是 0.5 厘米。

师：大家说说他量得对不对？

生：对。

师：可是我量得它的长是 2.4 厘米、宽是 0.5 厘米、高是 3.2 厘米。你们说老师量的对不对？（学生思考，教师演示）

生：老师把橡皮擦竖放着量的，那么它的长是 2.4 厘米、宽是 0.5 厘米、高是 3.2 厘米。而我是把橡皮擦平放着量的。

师：这就说明由于长方体放置的方向不同，其长、宽、高也就不一样，如果把橡皮擦侧放着，不量，能说出它的长、宽、高各是多少吗？

生：长是 3.2 厘米、宽是 0.5 厘米、高是 2.4 厘米。

【评析：学生亲自动手测量橡皮擦放置于不同方位时的长、宽、高，发现它们的长度是不同的。橡皮擦不变而长、宽、高却发生了变化。这种变与不变，渗透了辩证的思想，启发学生不要机械呆板地记忆】

三、认识正方体

师：（出示教具）这个长方体是由两个小长方体连接而成的。现在把它们分开，测量其中一个的长、宽、高。你发现了什么？

生：这个长方体的长、宽、高相等，都是 3 厘米。

师：我们把这种长、宽、高都相等的长方体称为正方体。现在我们来认识正方体。（出示正方体直观图）由于正方体是长、宽、高都相等的长方体，因此，我们把相交于正方体一个顶点的三条棱的长度都叫作棱长。

师：（出示观察提纲：①正方体有几个面？比较每个面的形状和大小。②正方体有几条棱？这些棱的长短有什么关系？③正方体有几个顶点？）请同学们根据观察提纲，一边观察正方体，一边自学课本里的内容。请把观察所得的结论填写在表 2 中。（几分钟后）请同学们回答表 2 中的问题。

生：正方体有 6 个面，每个面都是正方形，6 个面的面积都相等。

生：正方体有 12 条棱，12 条棱的长度都相等。

生：正方体有 8 个顶点。

师：回答都很正确。表 2 揭示了正方体的特征。

【评析：学生借助认识长方体的经验，采用了同样的方法去认识正方体。学生在观察、演示、操作的过程中，对照实物、模型、图形，发现正方体是特殊的长方体，因此很轻松、愉快地完成了表 2 的填写任务，总结出了正方体的特征，这种从已知到未知，又从未知到已知的教学过程，优化了从长方体到正方体的认知过程，延伸了长方体的知识网络，有利于发展学生的空间观念】

四、比较分析长方体和正方体的关系

师：（出示表1和表2）同学们比较表1和表2，能否找出长方体和正方体的相同点和不同点？请把比较所得的结论填写在表3内。

【评析：多次运用表格的形式反馈教学目标，及时调控教学过程，对学生进行个别矫正】

师：首先看看它们的相同点。

生：长方体和正方体在面、棱、顶点的数量上是相同的，都有6个面、12条棱、8个顶点。

师：再看看它们的不同点。

生：长方体每个面都是长方形，也可能有两个相对的面是正方形。正方体每个面都是正方形。

师：是否可以说"正方体每个面都是长方形？"

生：可以。因为正方形是特殊的长方形。

师：这就说明，长方体的面的形状的特征，正方体也同样具有；再比较它们面积大小关系。

生：长方体是相对的两个面的面积相等。正方体6个面的面积都相等。

师：是否可以说"正方体相对的面的面积相等"？

生：可以。因为正方体6个面的面积都相等，相对的面的面积也一定相等。

生：长方体每组相对的四条棱的长度相等，而正方体12条棱的长度都相等。

师：是不是也可以说"正方体每组相对的四条棱的长度相等"？

生：可以。

师：通过以上比较，我们发现长方体的所有特征正方体都具有，而正方体的特征长方体不一定全有。因此，我们可以得出结论：正方体是一种特殊的长方体。

（出示维恩图）我们以前曾用这样的图来说明正方形是一种特殊的长方形，今天，我们又发现正方体是一种特殊的长方体，那么可不可以用这样的图来表示它们之间的关系？

生：可以。（填写维恩图）

【评析：教师用表3和维恩图小结了长方体和正方体的特征及其关系，使学生又经历了一次抽象概括的数学思考过程，同时也在学习方法的指导上做到前后一致】

五、课堂小结

师：这节课我们认识了长方体和正方体的实物及其图形，归纳了长方体和正方体的特征，还分析了长方体和正方体的关系。下面我们要做几个练习，检验自己是否对长方体和正方体有明确的认识。

六、课堂练习

师：（出示挂图）下列立体图形中有几个长方体？

生：有四个长方体。其中有一个是正方体，它是特殊的长方体。

师：第四个（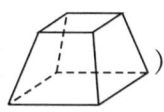）和第六个（ ）既不是长方体，又不是正方体，为什么？

生：第四个不是长方体，因为它只有五个面。

生：第六个不是长方体，因为它上下两个相对的面的面积不相等。

师：判断一个图形是不是长方体或正方体，我们可以根据长方体或正方体的特征一一检查，只要有一条特征不相符，我们就可以断定它不是长方体或正方体。

判断这两个图形不是长方体，还有很多方法，同学们下课以后可以试一试。

师：（出示选择练习题）选择正确答案填在括号里。（单位：厘米）

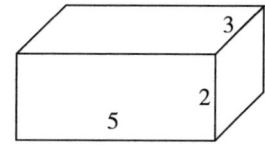

（1）图中长方体后面的面积是（　）平方厘米。【15，10，6】

(2) 这个长方体棱长的总和是（ ）厘米。【20，40，60】

生：因为前面的面积是 10 平方厘米，后面的面积和前面的面积相等，也是 10 平方厘米。

生：棱长总和应是 40 厘米。

师：同学们刚才都练得很好，现在我们再动手做两个练习。

每个同学都有两个同样的小正方体，每四个同学一组，用八个同样的小正方体拼成一个大长方体。看有哪几种拼法。（学生出示三种拼法）

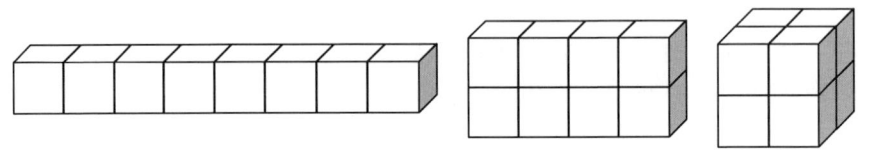

师：已知每个小正方体的棱长是 3 厘米，你可以算出这些长方体的长、宽、高吗？

生：第一个长方体长 24 厘米，宽和高各 3 厘米。它有两个相对的面是正方体。

生：第二个长方体的长是 12 厘米、宽 3 厘米、高 6 厘米。

师：如果把它竖立起来呢？

生：它的长是 6 厘米，宽是 3 厘米，高 12 厘米。

师：第三个是一个正方体，它的什么长度是 6 厘米，

生：它的棱长是 6 厘米。

师：（出示用剪好的硬纸片）请同学们用这些硬纸片做一个长方体或正方体纸盒，看谁做得最快最好。（略）

【评析：为了评价这节课的教学目标，检查学生的学习水平，教师紧接着用判断题、选择题、操作题等多种练习形式反馈教与学的效果，题目灵活，有很强的针对性，层次明晰，有利于进一步巩固和加深学生对长方体、正方体的认识。这种运用教学评价的理论指导课堂教学尝试，改变了常规的课堂教学结构，遵循了理论联系实际的原则，既符合儿童认识事物的实践—认识—再实践—再认识的一般规律，也进一步发展了学生的空间观念，取得了很好的效果】

表1

图形	面	棱	顶点
长方体	有（　）个面。每个面都是（　）形，也可能有两个相对的面是（　）形。相对的面的面积（　　）。	有（　）条棱。每组相对的四条棱的长度（　　）。	有（　）个顶点。

表2

图形	面	棱	顶点
正方体	有（　）个面。每个面都是（　）形。所有面的面积都（　　）。	有（　）条棱。所有棱的长度都（　　）。	有（　）个顶点。

表3

图形	相同点	不同点		
		面的形状	面积大小关系	棱的长短关系
长方体	都有（　）个面，（　）条棱，（　）个顶点。	每个面都是（　）形，也可能有两个相对的面是（　）形。	相对的面的面积（　　）。	每组相对的四条棱的长度（　　）。
正方体		每个面都是（　）形。	所有面的面积都（　　）。	所有棱的长度都（　　）。

第五章　在解决实际问题教学中促进学生理解

第一节　关于解决实际问题

一、问题与数学问题

鲍尔和皮格弗德认为,"所谓问题,是指个人或团体接受某项具有挑战性的任务时的一种情境,而这项任务没有明显的解决方法"。这里所说的问题,是指具有已知状态、未知状态和障碍构成的不稳定的问题系统,它是主体对客观世界矛盾的、积极的、能动的反映,是主体对客观世界的一种未知状态。

数学问题一方面具有一般问题的特征,它是一种学生不能用现成经验和方法解决的情境状态。当一个系统中的全部元素、元素性质、元素关系都是已知时,就形成了一个稳定系统,对学生来说就不能构成问题。当系统中至少有一个元素对学生来说是未知的,不能用现成的知识和方法直接解决时,就构成了一个问题系统。另一方面,数学问题具有一定的特殊性,数学问题从数学的角度去观察客观世界,以问题的形式研究客观世界中数量与数量之间的关系、图形与图形之间的关系、图形与数量之间的关系。当学生面对问题情境,需要从数学的角度思考,运用数学概念、原理和方法才能解决,这类问题称为数学问题。

【案例 5-1】有一袋没拆封的糖果,如果我们只是希望知道它是什么口味、什么颜色的,虽然构成了一个问题,但它不是数学问题。如果我们希望知道它有多重,或有多少颗,就是一个与数量有关的数学问题。如果创设一种情境:已知这袋糖果有 40 颗,要平均分给 5 个小朋友,每人分得多少颗?对于还没学过除法的孩子来说,"每人分得的颗数"是一个未知的数量元素,"40 颗"和"5 个人"的关系是一个未知的关系元素,"平均分"是一个未知的性质元素,他不能直接用已有的经验、知识和方法来解决,就构成了一个不稳定的问题系统，形成了主体和客体之间的矛盾。如果他希望解决矛盾，让这个问题系统恢复稳定，就产生获取上述未知元素答案的心理动机，进而对解决这个问题产生了兴趣。这时，这个数学问题就可以成为引入"平均分"概念教学的情境，开始发挥它的教学价值。但是，对于熟练掌握除法计算知识的孩子来说，这虽然是一个数学问题，但经过快速口算，得出每人分得 8 颗糖的结论后，整个系统恢复为稳定状态，对他来说，这就不再是一个数学问题了，不会产生继续探索这个问题的需求。

由上面的例子我们能够发现，数学问题作为一个有待加工的信息系统，主要由条件信息、目标信息、运算信息三种成分构成。条件信息是问题中已知的数据、关系等，如"40 颗""5 个人""平均分"等。目标信息是问题解决后得到的结果，如"每人分得多少颗"。运算信息是指根据条件信息和目标信息之间的关系，需要从问题的已知状态达到目标状态允许采取的求解行动，即可以采取哪些操作方式将问题求解出来。如可以通过动手分一分，在明确"平均分"的特殊属性之后确定问题的答案，也可以根据乘法的意义和乘法口诀，推理出问题的答案。还可以用连减的方法看 40 里面有多少个 5。

二、问题解决与解决实际问题

李光树认为，"数学问题解决是以思考为内涵，以问题目标为定向的心理活动过程，其实质是运用已有的知识去探索新情境中的问题结果，是由问题的初始状态达到目标状态的心理活动过程。"

课程标准研制者认为，"问题解决不但是一种教学方式，是展开课程内容的一种有效形式，也是学生应该掌握的学习形式和应该具备的能力，也是课程目标。它包括从数学角度发现、提出、分析和解决问题四个方面。"

在小学数学教学实践中，我们还经常使用另一个概念：解决实际问题。它是教材编写者呈现数学知识内容的一种形式。解决实际问题一般从现实生活中选择具有典型意义的情境，人为设置情境中的数量及数量关系、图形及图形关系等数学信息，以简约表述的形式组合条件信息和目标信息，构成一个模拟现实的问题情境。在解决实际问题的过程中，学生经历理解信息（包括理解条件信息和目标信息）、分析思考（包括分析、综合、推理、判断等思维活动）、操作求解（包括操作、画图、列表、列式、计算等操作活动）等解决问题的过程，在求得问题结果的同时，获得新的知识和经验。

解决实际问题的心理活动机制与数学问题解决基本一致，但问题的范畴、形式和活动过程有一定的区别。

数学问题解决所指"问题"包括但不限于解决实际问题中所指的"问题",即数学问题解决中的"问题",既有人们刻意编制的模拟现实的问题,也包括了更为客观、复杂的现实生活中的数学问题,所以,数学问题解决的问题范畴更加宽广。

数学问题解决的条件信息、目标信息在形式上更加多元化、复杂化。现实情境中包含了与问题直接关联的数学信息,也包含了关联性不强甚至无关的信息,需要学生经历甄别和选择的过程。现实情境中与问题有关联的数学信息不一定是现成的,需要学生自己去收集和整理。现实情境中的问题不一定直接以数量或图形形式来反映,需要学生将其"数据化"或"数学化",从而转化为可以用数据或图形来进行思考并作出解答的数学问题。解决实际问题表述简约,一般会明确地用数学信息的形式构成问题系统。

数学问题解决过程包括了发现和提出问题的过程,而解决实际问题一般都会明确地表述问题。数学问题解决还包括了运用结果和结论,说明、解释生活现实的过程,但解决实际问题一般以求得问题结果为直接目的。数学问题解决和解决实际问题都强调"回顾与反思",但回顾与反思的内容和要求有明显差异。

综上所述,无论从问题形式还是从解决问题的过程来看,数学问题解决都比解决实际问题范畴更广、内容更多、现实性更强、过程更复杂。

小学数学中的数学问题解决,多集中于"综合与实践"内容领域,如人教版教材中的"小小设计师""数字编码""制作活动日历""自行车里的数学"等课题都具有非常典型的数学问题解决特征。

小学数学中的解决实际问题,广泛分布于各年级、各领域,内容丰富,形式多样,成为小学生数学学习的主要内容。

第二节　小学数学解决实际问题的特点

一、障碍性

1. 理解问题情境的障碍

障碍性是指学生不能直接得出问题的答案,包括不能直接确定求得答案的方法。

实际问题的条件信息和目标信息往往被设定在模拟的现实情境中，具有一定的隐蔽性。学生理解情境，需要激活与情境相关的已有生活经验。从情境中发现信息，并将其与已知的数学概念进行对照和判断，从而明确它在情境中的具体含义，需要具备相应的数学知识基础。因此，数学实际问题情境所包含的生活意义和知识意义都会对学生的理解形成一定程度的障碍。

2. 理解信息联系的障碍

数学实际问题中的各种信息除有自身意义之外，相互之间还具有内在的逻辑联系。有的联系是直接的，有的联系是间接的。有些信息明确了数量，有些信息规定了属性，有些信息揭示了关系，有些信息划定了范围。有些信息对解决问题是必要的，有些信息是不必要的。因此，学生在理解实际问题中复杂多样的信息及其联系时，也会遇到不同形式的阻碍。

3. 理解数学模型的障碍

数学实际问题的核心要素是数量与数量关系、图形与图形关系，这些要素通过特定的运算形式组合成数学模型。数学模型构成数学实际问题的结构框架，却隐蔽在模拟的现实情境之中。抽象、提炼出具体情境中的数学模型，应用模型确定运算方向和方法，是解决数学实际问题的关键所在，也是难点所在。学生只有经过自己的研究和思考，做出判断和选择之后，才能确定解决问题的具体方法。

【案例 5-2】如果我们直接给出一道计算题：4×6，学生利用乘法口诀可以很快说出结果。如果把 4×6 这个乘法模型设计为实际问题，可以通过以下方式逐步令其复杂化，让学生面临不同程度的障碍：

①以规则的图文形式呈现实际问题：6 张乒乓球台上正在进行双打比赛，每张球台上有 4 名运动员。提出问题"共有多少名运动员？"

②以文字形式呈现实际问题：一组乒乓球双打比赛有 4 名运动员，6 组双打比赛共有多少名运动员？

③以复杂的图文形式呈现实际问题：学校运动会的赛场上正在开展各项比赛，其中有个区域是乒乓球项目，有 3 张球台正在进行单打比赛，还有 3 张球台进行双打比赛。提出问题"参加乒乓球比赛的运动员有多少人？"

在题③中，学生要从众多项目中识别乒乓球，并区分单打和双打，这是题目设定的性质类信息理解障碍；学生既要理解单打、双打比赛中每组人数与总人数之间的关系，又要意识到两种比赛人数与总人数之间的关系，这是题目设定的关系类信息理解障碍；学生要通过观察情境图，准确数出两种比赛的组数，这是题目设定的数量类信息理解障碍。

学生经过分析思考，运用已掌握的知识，产生多种解决问题的运算思路：一个人一个人地数；或者分步计算单打人数和双打人数再求和；或者列出两个乘积相加的综合算式 $2\times3+4\times3$；或者根据乘法分配律的知识列出更简洁的算式 $(2+4)\times3$。不同学生在处理运算信息时也会面临不同的障碍。

二、情境性

1. 情境内容多样化

小学数学中的实际问题具有情境性的显著特征，首先表现为情境内容的多样化。一方面，小学数学实际问题反映了丰富多样的现实生活，是学生在学习数学的同时了解生活、认识社会的有效途径。小学数学教材中融入了人类自然科学的各门类知识，天文、地理、物理、化学、生物、生理、工程、信息等等，浅显易懂又极富启迪，点滴渗透又见微知著，为学生打开了一扇扇探究自然奥秘的窗户，吸引学生主动通过其他学科课程和课外自主阅读了解更广泛的自然科学知识。还融入了大量社会知识，历史、未来、文化、艺术、行业、职业等等，丰富多彩又贴近儿童生活，选材典型又注重价值引导，培养学生对社会的关注之心、对生活的热爱之情、对数学的亲近之感。小学数学实际问题如万花筒一般，生动鲜活地反映着现实世界的丰富性和多样性。

另一方面，在丰富学生自然科学和社会科学知识的同时，多样化的问题情境也对学生的生活经验、阅读理解能力提出了挑战。在解决实际问题的过程中，情境理解不充分往往是制约学生解题活动的瓶颈，这是值得教师关注并通过有效教学予以解决的教学问题。

【案例5-3】人教版六年级上册练习二中的一道实际问题"蜂蜜最主要的成分是果糖和葡萄糖，果糖和葡萄糖的质量占蜂蜜总质量的 $\frac{3}{5}$ 以上。有一种蜂蜜，果糖和葡萄糖的质量占蜂蜜总质量的 $\frac{4}{5}$。如果有2.5千克的这种蜂蜜，其中的果糖和葡萄糖共有多少千克？"生活经验不足或阅读能力偏弱的学生，可能对蜂蜜、果糖、葡萄糖之间的关系理解错误，受干扰条件"$\frac{3}{5}$"和"共"影响，可能出现错误解法$2.5 \times \frac{3}{5} + 2.5 \times \frac{4}{5}$。

2. 情境呈现多样化

小学数学实际问题的情境性还表现为呈现方式的多样化。小学中、高年级的数学实际问题多以文字形式呈现，表述简洁精确。为了丰富学生知识面、沟通数学与生活间的联系，许多实际问题配有与问题情境相关的图片，图片直观生动，有利于激发学生兴趣，或者降低解决问题的难度。

小学低年级的数学实际问题更多采用图片、文字、符号相结合的方式呈现，既有单幅图片，也有不少"连环画"。图片里常常包含了数量信息、关系信息，场景生动富有故事性，形象活泼富有儿童性，设计巧妙富有启发性。文字更为简洁，既突出了知识重点，也符合儿童的阅读习惯。使用一些简单易懂的符号如括线、框图、箭头等，用直观的方法表达抽象的数学关系概念。

多样化呈现问题信息有利于适应学生的年龄特点和思维发展水平，从直观到抽象，从感性到理性，循序渐进地培养学生发现、理解数学信息的能力。特别在低年段，教师更应重视在解决实际问题教学过程中指导学生的观察和表达活动，帮助学生逐步形成有序观察图画、准确理解信息、合理表达图意的方法和习惯。

三、抽象性

1. 数学实际问题是对既有数学模型的"反向设计"

数学毕竟是一门高度抽象化、形式化的学科，数学的抽象性特征在小学解决实际问题的教学中有非常充分的体现。

数学教育者基于某种既有的数学模型，通过创设模拟现实的情境，明确了条件信息与目标信息，却隐藏了关系信息和运算信息，构造出千姿百态的数学实际问题。我们可以把这个过程理解为对数学模型的"反向设计"，把抽象的、形式化的数学模型设计为直观的、具体的问题情境，目的是让学生经历解决问题的过程，促使其数学抽象能力、推理能力等得到适当的发展。

2. 解决实际问题是学生对数学模型的"重新发现"

学生解决实际问题的活动是对既有数学模型的再发现、再创造、再抽象和再应用的过程。

促进理解的小学数学教与学

一些数学实际问题应用于学生构建新模型阶段，是进行数学抽象活动的重要契机。学生在理解已知条件和数量关系的基础上，运用已有的数学概念、公式、定理等，探索解决问题的方向、程序、方法，通过各种形式的活动求得问题的答案。但这并非学生思维活动的终止，更有价值的是从解决问题的过程中，抽象出新的数量关系及其表达方式，从而实现数学建模的关键跨越。

一定数量的解决实际问题练习，能进一步促进学生进行归纳和概括。学生获得了丰富的学习体验，在更多案例的支持下，可以分析比较新模型与已有知识的联系与区别，探讨模型在不同问题情境中的应用方法，进而归纳提炼一般规律，并概括为形式化的数学结论。

巩固练习阶段的数学实际问题，还能够让学生充分体验并逐步感悟数学模型的价值。同一数学模型在现实生活中有广泛的应用场景，能解决多样性的问题；同一数学模型也往往有着丰富的变化形式，适用于已知条件与问题的多种组合模式。模型的价值不仅在于其应用性，还在于它能以极为简洁的形式刻画丰富多彩的现实世界，这也是我们希望学生能达到的对数学学科价值的认识水平。

四、思考性

数学实际问题的教学价值在于它能有效地促进学生的数学思考。解决数学实际问题的过程，是学生开展观察、操作、表达、计算等外显活动的过程，更是进行分析、综合、抽象、概括、判断、推理等内在思维活动的过程。数学思考贯穿于解决问题的全过程之中。

1. 数学抽象

解决数学实际问题时，学生要把题目中的数量与数量关系、图形与图形关系等信息抽象成数学概念、模型，推动现实问题情境转换为数学问题情境，要把依靠生活经验所获得的对具体事物的认知，转换为运用规则和命题对数学现象的理解，这些思维活动都具有非常突出的数学抽象活动特征。

2. 逻辑推理

数学实际问题创设的情境是具体的、特殊的，但它反映的数学概念和模型是抽象的、一般的。通过解决实际问题理解新的概念和模型是从特殊到一般，运用数学知识解决实际问题是从一般到特殊，因此在解决实际问题的过程中，学生要不断进行具体到抽象、抽象到具体、特殊到一般、一般到特殊的转换，实现这些转换主要通过归纳、类比等合情推理，或者严谨的演绎逻辑进行推理。

3. 数学建模

数学模型搭建了数学与外部世界联系的桥梁,是数学应用的重要形式。数学建模过程主要包括:在实际情境中从数学的视角发现问题、提出问题,分析问题、建立模型、确定参数、计算求解、检验结果、改进模型,最终解决实际问题。解决实际问题是学生建立数学模型的主要途径,数学模型是学生应用数学解决实际问题的基本手段。

4. 直观想象

无论是图形与几何领域,还是数与代数、统计与概率领域,小学数学实际问题在问题情境的呈现方式、解决问题的过程和方法、解题结果的表达形式等方面,大量使用了几何直观方法。依靠几何直观帮助学生建立形与数的联系,利用几何图形描述问题,借助几何直观理解问题,运用空间想象认识事物。

5. 数学运算

数学模型是数学概念及其运算关系的形式化表达,无论是建立模型还是应用模型,学生在解决实际问题过程中都会经历相应的数学运算活动,活动的形式包括理解运算对象、掌握运算法则、探究运算思路、求得运算结果。

6. 数据分析

数学实际问题的情境性,决定了解决实际问题所获得的结果不仅具有数学的意义,同样具有现实的意义。我们常常需要把实际问题的结果还原到数学问题的现实背景中,讨论其现实意义。特别是在统计与概率领域的实际问题,求得的结果能作为分析数据特征、预测变化趋势、指导生活实际的重要依据。

第三节 小学数学解决实际问题的主要内容

我们讨论小学数学实际问题的分类,并非单纯地进行数学知识的分类,除了梳理教学内容之外,我们还希望进一步探讨各类实际问题的教学价值,为下一节讨论解决实际问题的教学方法铺垫认识基础。

小学数学解决实际问题的教学内容广泛分布于各年级、各内容领域,其中数与代数领域的内容最多。数与代数领域的实际问题从现实生活中选择素材,创设情境,引导学生在解决实际问题的过程中发现或应用数学知识,促进学生理解数的意义、运算的意义,掌握常见的数量关系,学会分析和解决问题的基本方法。

图形与几何领域的解决实际问题主要内容是求积问题。结合具体的问题情境，计算各种平面图形的周长、面积，立体图形的棱长总和、表面积、体积和容积等。

统计与概率领域的解决实际问题主要内容集中于数据分析方面，如利用平均数说明一组数据的总体水平、通过观察统计图表做出适当的趋势判断等。

综合与实践领域包含了很多非常规的实际问题。这些实际问题突出"问题性"，关注取自生活实践的真实问题，不仅引导学生解决现成的问题，还要鼓励学生自主发现问题，把生活现象转化为数学问题进行研究。突出"过程性"，关注学生经历相对完整的数学活动，引导学生把独立思考与合作学习结合起来，积累数学活动的经验。突出"综合性"，关注数学知识和数学方法的综合运用，促进多领域甚至多学科的知识和方法融会贯通。

一、按知识内容分类

1. 难易水平

按问题的难易水平，可以将数学问题分为容易的问题、中等难度的问题和难题。一般来说，题目中的已知条件和问题明确，数量关系清晰、简单，学生能直接根据已有知识确定解决思路和方法的，可以划分为容易的问题。如果题目中的已知条件或问题较隐蔽，或存在一些干扰条件，或数量关系复杂，或需要经过非常规的解题过程等，可划分为难题。例如，一般应用四则运算意义解决的一步计算问题，通常都比较容易，类似于鸡兔同笼问题、"烙饼"问题等，则对大多数学生都有一定的难度。当然，针对不同层次的学生，难易划分的标准是无法统一的。

2. 复杂程度

按问题的复杂程度，可以将数学问题分为简单的问题和复杂的问题。这种分类主要体现同一类别数学实际问题的发展，数学模型由简单发展为复杂。

【案例 5-4】无脊椎动物中游泳最快的是乌贼，它每分钟可游 $\frac{9}{10}$ 千米。李叔叔每分钟游的距离是乌贼的 $\frac{4}{45}$。李叔叔每分钟游多少千米？

本题是对分数乘法意义的简单应用，根据分数乘法的意义可以直接列出相应的算式。但在后续学习中，它将发展为"求比一个数多几分之几的数是多少"等较为复杂的题型。

再如，根据路程＝速度×时间，学生可以解决简单的行程问题，但相遇问题的数量关系更加复杂，是行程问题基本数学模型的变化与发展。

3. 封闭与开放

按问题答案是否唯一，可以分为开放性问题和封闭性问题。小学阶段大多为封闭性问题，偶有开放性问题出现，对学生来说是一种新的学习体验。

【案例5-5】有载质量2吨和载质量3吨的运煤车各一辆。如果每次运煤的车都装满，怎样安排恰好运完8吨煤？

答案是可以有两种方案：载质量2吨的车运1次，载质量3吨的车运2次；或者载质量2吨的车运4次，不使用另一辆车。

4. 一般与典型

按数学问题数量关系的特点，可分为一般性数学问题和典型性数学问题。典型性数学问题又可以分为若干类型，如行程问题、商品价格问题等。人教版小学数学教材从二年级开始，特别设置了数学广角单元，逐步介绍一些典型性数学问题，如植树问题、鸡兔同笼问题、鸽巢问题等，结合实际问题渗透一些数学思想和方法，如推理、集合、化归、数形结合、极限、乘法原理应用等，拓展了小学生的数学视野，让学生获得了更加丰富的学习体验。

二、按教学目的分类

解决实际问题的教学可能出现在教学的多个不同环节，也应根据各环节的具体教学目标做不同的设计，以充分发挥其教学价值。

1. 引入新知识

在知识引入阶段出现的实际问题，主要目的是创设问题情境、激发学习兴趣、明确学习目标。

【案例5-6】六年级上册分数乘法的教学就是以一道实际问题来引入的：小新、爸爸、妈妈一起吃一个蛋糕，每人吃$\frac{2}{9}$个，3人一共吃了多少个？

以实际问题引入新知识，能让学生感受数学知识在现实生活中的广泛应用，从而产生学习兴趣。已知条件和问题、数量关系浅显易懂,与已有知识联系紧密,有利于学生很快形成解题思路,可以用加法计算,也可以用乘法计算。突出了"每份数是分数"这个新旧知识的联结点,有利于学生明确本节课的学习目标,学习并掌握分数乘法的计算方法。

2. 促进知识理解

在知识理解阶段出现的实际问题,目的是引导学生经历知识的发生、发展过程,帮助学生理解新知识,完成知识建构。

【案例 5-7】分数乘法单元的例 2,教学目的是理解一个数乘分数的意义。例题提出一个已知条件:1 桶水是 12 升,分三个问题引导学生逐步理解新知识。

第一个问题是"3 桶共多少升?"引导学生思考:"求 3 个 12 升,就是求 12 升的( )倍是多少。"旨在唤起学生对整数乘法意义的回忆,强化了"求一个数的几倍是多少可以用乘法"的已有知识,为学生提供了恰当的知识生长点,有利于知识的迁移。

第二个问题是"$\frac{1}{2}$ 桶是多少升?"引导学生思考:"求 12 升的一半,就是求 12 升的 $\frac{(\quad)}{(\quad)}$ 是多少。"利用分数意义作为新旧知识的联结点,降低了知识迁移的难度。

第三个问题是"$\frac{1}{4}$ 桶是多少升?"引导学生思考:"求 12 升的 $\frac{(\quad)}{(\quad)}$ 是多少。"在第二个问题的基础上再次迁移,为接下来的归纳概括提供充分的具体事实。

三个问题整体贯通,以乘法意义为根本,用分数意义作联结,推动学生对分数乘法意义的认识经历以下几个阶段,最终完成对分数乘法意义的主动建构:

① 12×3 可以表示 3 个 12,也可以表示 12 的 3 倍;

② 求 12 的一半,就是求 12 的 $\frac{1}{2}$ 是多少,可以用 $12 \times \frac{1}{2}$ 计算;

③ 既然求 12 的 $\frac{1}{2}$ 是多少可以用 $12 \times \frac{1}{2}$ 计算,那么求 12 的 $\frac{1}{4}$ 是多少可以用 $12 \times \frac{1}{4}$ 计算;

④归纳和概括：一个数乘几分之几，表示求这个数的几分之几是多少。

3. 突出知识应用

在知识应用阶段出现的实际问题，目的是深化知识理解、拓宽应用范围、体会问题变式。

【案例5-8】分数乘法单元的例3：李伯伯家有一块$\frac{1}{2}$公顷的地。种土豆的面积占这块地的$\frac{1}{5}$，种玉米的面积占$\frac{3}{5}$。①种土豆的面积是多少公顷？②种玉米的面积是多少公顷？

本例题主要教学目的是理解并掌握分数乘分数的算理和算法，同时能对学习例2所取得的成果产生深化理解的作用，把分数乘法意义的适用范围从整数乘分数拓展到分数乘分数。例3采用了几何直观的教学方法帮助学生进行演绎推理，更深刻地理解分数乘法算理，与例2的经验直观、合情推理相比，是思维方式的变式。

4. 加强知识巩固

在知识巩固阶段出现的实际问题，目的是强化知识理解、完善认知结构、指导灵活应用。

【案例5-9】分数乘法单元例4，以及后附的"练习一"中的相关实际问题，总体上以环境保护为主题，用丰富的自然科学知识作背景，创设了生动、灵活的问题情境，一方面拓宽了学生的知识面，增进了数学与其他学科之间的联系，另一方面也通过适量的练习，强化了学生对本节知识内容的理解和掌握。充分体会分数乘法与整数乘法在意义、算理、算法等方面的联系与区别，主动将新知识纳入已有的知识系统，完善认知结构。

三、按过程要求分类

人教版小学数学教材设计编排解决实际问题的教学内容时，根据各种实际问题的问题特征和教学意义的差别，对教师指导学生经历解决实际问题的过程提出了不同层次的要求，大体上可以分为三类：

1. 把解决实际问题作为学习新知识的载体

这是分布最广、数量最多的一类。问题背景选材广泛，为新知识的引入创设良好的教学情境，能激发学生的学习兴趣。情境设计具有典型意义，充分利用学生的生活经验，能降低理解新知识的难度。问题的呈现和解答过程简约而清晰，突出关键信息，能有效促进学生的数学思考。人教版小学数学教材中有很多概念、法则、公式、定律都通过实际问题引入、利用实际问题促进学生理解。

【案例5－10】四年级上册学习加法运算定律时，教材创设了"李叔叔骑车旅行"的情景，以图文结合的形式呈现了四个问题：

①上午骑了40千米，下午骑了56千米。今天一共骑了多少千米？

②第一天骑了88千米，第二天骑了104千米，第三天骑了96千米。三天一共骑了多少千米？

③后四天的行程计划分别是115千米、132千米、118千米、85千米。按照计划，李叔叔后四天还要骑多少千米？

④一本书有234页，李叔叔昨天看到第66页，今天又看了34页。这本书还剩多少页没看？

四个问题的理解难度都不大，学生运用已有的知识能很快明确求解思路。各题的设计侧重点都放在引入、理解、运用加法运算定律上。

题①中上午、下午的骑行距离是两个并列关系的数量信息，交换两个加数的位置，计算出的都是全天的骑行距离，这个关系信息也比较浅显易懂。因此，解决实际问题过程中能很自然地写出等式，为推导加法交换律的数学模型提供了有典型意义的具体对象。

题②的教学重点是引导学生自主探索加法结合律，数量关系仍然简单明了，但设计的数据具有"凑整"的特点，比较容易让学生想到"把它俩先相加"。

题③学习加法交换律和结合律的综合运用，并引入简便计算的新知识。既巩固了前两例的学习成果，也突出了两种数学模型的应用价值。

题④的数学模型是减法的性质，也可以看作是加法交换律、结合律对减法的推广和应用。创设开放的问题情境，鼓励学生提出多种求解方法，并运用新知识进行解释和说明，进一步强化理解，增强应用能力。

2. 把解决实际问题作为有特殊教学意义的数学活动

人教版小学数学教材把解决实际问题作为一种特定的数学活动，从一年级

第五章 在解决实际问题教学中促进学生理解

开始,有计划地在每学期进行适当安排,指导学生逐步了解解决实际问题的一般步骤,适应各个步骤的基本要求,掌握一些解决实际问题的方法,养成解决实际问题的良好习惯。教材对解决实际问题的过程和步骤提出了明确的要求。总体上分为三个步骤,一、二年级教材一般表述为"知道了什么""怎样解答""解答正确吗",三年级以上一般表述为"阅读与理解""分析与解答""回顾与反思"。

这类解决实际问题的教学内容在小学全学段安排了八十余次,说明教材编写者十分重视培养学生解决实际问题的能力和习惯,强调解决实际问题这种数学活动的教学意义与教学目的,突出了解决实际问题教学的一般规律,要求教师坚持开展系统的、有针对性的教学指导。

3. 把解决实际问题作为开展探究性学习的平台

为了体现转变学生学习方式的新课程理念,小学数学教材融入了不少探究性学习活动内容。人教版小学数学在"综合与实践"内容领域中有集中的体现,在各年级的"数学广角"单元中也有这方面的安排。

【案例5-11】三年级上册"数学广角"的主题是集合。教材精选情境素材,精心设计活动过程,引导学生经历探究性学习的全过程,初步建立集合的概念,运用集合的数学思想方法解决一些简单的实际问题。

①首先呈现参加跳绳和踢毽比赛的学生名单,提出一个貌似简单的数学问题:参加这两项比赛的共有多少人?教材的配图模拟了一组学生的交流对话,引出矛盾冲突:用加法计算的结果与实际参加的人数不相等。这是探究性学习的第一个阶段:发现问题。

②随着学生交流讨论的深入,探究性学习转入第二个阶段:明确问题。通过对具体情境的观察和分析,学生发现"有的人两项比赛都参加了"这个隐藏的关系信息,认为它是导致矛盾冲突的原因。从而把问题明确为"怎样表示能清楚地看出来(重复的人有多少)"。这是学生利用现有知识和经验不能直接解决的问题,同时,它是涉及数量及数量关系的数学问题,而且,解决这个问题的方法很可能适用于更普遍的生活实际,因此,是一个值得研究的探究性学习课题。

③第三个阶段是设计解决问题的思路和程序。学生提出用连线的方法,可以把重复参加两个项目的人找出来,有3个重复的。

④第四个阶段是提炼和表达探究活动结果。教材提示可以用框图来表示,并提供了图形范例,把具体的填写和计算程序留给学生自己

133

完成。在这个阶段,教师可以适时介绍集合的概念,让学生体会集合元素的特性:互异性和无序性,体会集合的交集、并集,初步理解用维恩图表示集合及其交、并的方法。

⑤作为探究性学习活动的一种延续,教材为学有余力的同学留下空间:"想一想,可以怎样列式计算"。鼓励学生在观察维恩图的基础上,用更抽象的数学思考、更简洁的数学方法解决问题。这种设计方式体现了探究性学习的发展性特征。

四、按活动方式分类

1. 列算式或方程解答

小学数学中的解决实际问题,大部分情况下要求学生列出算式或方程,通过计算求得结果。也有一部分实际问题可以用更多灵活的方式来解决。多种解决问题的方式,既尊重了儿童学习数学的身心规律,也能让学生感受解决问题方法的多样性、数学学习方式的多样性。

2. 列表解答

当问题有多种可能答案、需要对多种情况进行讨论时,或者当问题涉及两个数量的变化、需要探索它们的变化规律时,列表可以清晰呈现各种情况,便于分类讨论,也便于发现规律。例如,三年级下册的田忌赛马问题、四年级下册的鸡兔同笼问题,教材编写者都建议教师指导学生运用列表的方法整理解决问题的过程,讨论问题的答案。学习比例的概念以及用比例解决实际问题时,我们也常常运用列表的方法。在运用列表的方法时,教师应注意指导学生有序列举,培养学生有序思考的习惯。

3. 画图解答

用维恩图表示集合及集合关系,是非常典型的画图解决实际问题的教学内容,除了集合的交、并关系之外,也可根据学生的兴趣和能力,利用维恩图的直观性,适当介绍子集、空集的含义。关于搭配、推理的实际问题,既可以画图,也可以列表,都能帮助学生直观地表达思考过程和结果。

4. 操作解答

一些实际问题创设了活动情境,引导学生开展操作活动。

【案例5-12】三年级上册有一道关于拼摆图形、探索规律的实际问题:

用 16 张边长是 1 分米的正方形纸片拼长方形或正方形。怎样拼，才能使拼成的图形周长最短？（附加问题中把条件改为 36 张。）

用学具开展实际操作，用表格记录操作过程和结果，能帮助学生获得正确答案并发现其中的规律。这个问题还可以反向设计：用 24 厘米长的铁丝围成长方形或正方形，怎样围面积最大？

5. 游戏解答

游戏是小学生尤其是低年级小学生非常喜欢的数学活动形式。有些实际问题也可以用游戏的方式来组织教学活动，一方面增加了活动的趣味性，另一方面也有利于培养学生的合作学习能力。例如，四年级下册就有一个用扑克牌算 24 的实际问题，教师可借用这种形式开展更丰富的游戏活动。

第四节　在解决实际问题中促进学生理解的教学方法

波利亚在《怎样解题》一书中指出：数学问题解决的过程必须经过下列四个步骤，即理解问题、明确任务；拟定求解计划；实现求解计划；检验和回顾。

一般来说，解决问题的思维活动开始于问题情境，在分析问题的已知与未知条件，明确问题的意义和目标状态后，就进入到转换和寻求解决途径的阶段。所谓转换，即变换问题，是把问题变换为自己的语言和易于解决的形式。寻求问题解决的途径是在合理加工和改造各种信息的基础上，对解决问题的思路、步骤进行思考，形成求解计划。

根据已有的数学知识，把求解计划用相应的数学运算形式表达出来，列出算式或者方程。然后根据运算法则和规则正确计算，获得问题的解答。最后，还需要对解决问题的途径和问题的解答进行检验或评价。

人教版小学数学把解决实际问题的过程分为三个阶段："阅读与理解（知道了什么）""分析与解答（怎样解答）""回顾与反思（解答正确吗）"。这种阶段划分和表述方式更符合小学生的年龄特点以及小学数学实际问题的特点。小学数学实际问题的数量关系相对来说较为简单，解题步骤也不会很复杂，学生的分析过程与解答过程往往是同步进行的，因此可以把拟定解决计划和完成求解计划合并为一个阶段。

一、阅读与理解

小学一、二年级的实际问题呈现方式灵活多样，有的是直观的情境图，有的是图画、文字和符号结合。三年级以后，数学实际问题逐渐过渡到以文字表述为主。阅读与理解是指通过看图、看文字、看符号，获取条件信息和目标信息，并理解信息之间的关系。

教师要充分认识阅读与理解的重要性，持续、系统地培养学生阅读与理解数学实际问题的能力。实践经验告诉我们，小学生阅读数学实际问题，可以从"读通、读细、读懂"三个环节提出具体的要求，并做相应的指导。

1. 读通

所谓读通，就是初读问题，做到整体把握问题情境，激活知识经验，并组织和调整注意力。

首先要通读全题，不能用快速浏览、知其大概的态度和方式读题。在学生刚接触纯文字表述实际问题的阶段，应要求学生养成"出声通读全题"的习惯，随着学生默读能力逐步发展，可以让学生"不出声通读全题"，但始终要坚持"通读"的要求。

其次是要激活知识和经验，判断当前的实际问题与自己已有的知识和经验是否有联系。这个环节只需要让学生说说对问题所描述的情境是否有一定的了解，对问题所涉及的自然、社会科学知识是否曾经接触过，以往是否解决过与当前问题相似或有联系的数学实际问题，不要求学生把已有的相关知识和经验具体化。

第三要鼓励学生自我调动注意力，监控并调整当前情绪。一般来说，学生面对自己熟悉的问题情境、了解的现实场景、见过的问题类型时，有更大的自信、更强的动机。反过来，当问题情境比较陌生，问题包含的现实场景不在经验之内，或者问题类型是以前没见过的，学生对自己能否顺利完成解题任务会产生怀疑态度。适度的怀疑和谨慎能引起学生自我警觉心理，从而以更严谨的态度去阅读问题。

2. 读细

所谓读细，就是再读问题，做到转换表述方式，准确识别信息，加工处理信息。

首先是转换表达形式，能用自己的语言复述题意。特别是在低年级，要把观察图文实际问题和语言表述题意相结合，指导学生掌握一些看图的方法，按一定的顺序说出自己看到的、知道的、题中要求的分别是什么。如果配图描述了动态变化过程，还要指导学生正确使用关联词语，如"原来""后来""又""再""现在""结果"等等。

其次要理解实际问题中的各种信息，这是理解数学实际问题的关键环节之一。学生可能会有一种错误认识，认为"有数量的就是已知条件""带问号的就是题目的问题"。事实上，实际问题所包含的信息是很丰富的。条件信息可分为数量类信息、性质类信息、关系类信息等，目标信息中也可能包含了限制条件。教师要注意指导学生全面地理解题意，找出各类有用的数学信息，还要注意排除实际问题中可能出现的干扰信息。

第三要对情境及信息进行抽象化加工，用数学概念、数学模型等解释题中的各种信息。这是在解决实际问题的教学中发展学生数学思考能力的重要措施，能促进学生的思维活动逐步摆脱对具体情境、直观表象和生活经验的依赖，逐步学会用数学概念等知识和原理分析问题，促进直觉思维、理性思维协同发展。

我们可以形象地把这个环节的读题要求描述为"把题目读胖"。即一方面把简洁的文字转换为自己的语言，给予必要的解释，使其意义更加清晰，另一方面要读懂题目没说出的意思，正确把握各种信息的含义。教师应有意识地指导学生充分表达自己的看法、想法，通过交流、分享、讨论，帮助更多学生加深对各种信息的理解。

【案例5-13】教学五年级上册"简易方程"单元"实际问题与方程"小节的例5"相遇问题"时，可以从以下几个方面指导学生把题目读细：

小林家和小云家相距4.5千米，周日早上9:00两人分别从家骑自行车相向而行，小林每分钟骑250米，小云每分钟骑200米。两人何时相遇？

①"4.5千米""9:00"是两个已知条件，是数量类信息，但它们的属性不同，前者是基数，表示两人共行的距离，后者是序数，表示两人出发的时刻。

②"250米""200米"是两个已知条件，是数量类信息，表示两个人骑行的速度。与"4.5千米"比较，计量单位不相同，这是在解题中需要注意的问题。对于这类情况，最好能在列算式或方程之前统一数量单位。

③"9:00"不仅是数量类信息，同时还是关系类信息，意味着两个人是同时出发的，进一步意味着两个人从出发到相遇，骑行的时间

是相等的。

④"相向而行""相遇"是性质类信息，规定了两个人骑行的方向是相反或相对的，进一步理解为两个人各骑行了一段，总共行的路程就是两家之间的距离。

⑤"何时"是题目的问题，是数量类信息，但表示的并不是经过的时间，而是相遇的时刻，这也是在解题时需要注意的一个细节。

⑥整体来看，这是一道行程问题，与路程、速度、时间等数量相关。但它不再是一个物体或一个人的运动，而是两个人的共同运动。我们曾经解决过很多与单一对象运动相关的实际问题，说明我们有解决这类问题的基础，但两个人共同运动的实际问题是初次学习，对我们来说是一次挑战。

3. 读懂

所谓读懂，就是明确实际问题的基本数量关系，判断多组数量关系的组合形式。由于这个环节的数学思考以抽象活动为主，我们可以形象地把这个环节的读题要求描述为"把题目读瘦"。

首先要指导学生抽象出实际问题的基本数量关系。数学实际问题实质上是利用模拟现实的情境对数学模型进行的反向设计，而解决数学实际问题实质上是对问题情境中的数学模型进行再抽象、再创造。数量关系是数学模型的主要表达形式，是理解实际问题所隐藏运算信息的依据，也是确定解决问题思路和方法的基础。学生能够清晰、准确地表达实际问题的数量关系，意味着学生对该问题达到了较理想的理解水平，也意味着学生为下阶段的分析与解答已做好了必要的准备。因此，指导学生抽象实际问题的数量关系，在整个解决问题的教学过程中有着至关重要的作用。

其次要指导学生依据条件和问题的组合，依据多组数量关系的组合，抽象出整个实际问题中数量关系的结构形式。出于数学知识的高度抽象化和简洁性，我们对一组数量关系一般只提出一种表达形式，如路程＝速度×时间。但在具体实际问题中，却可能出现根据路程和速度求时间、根据路程和时间求速度的信息结构，要求学生灵活运用数量关系。所以，当学生表达出实际问题的基本数量关系之后，教师还应指导学生进一步分析条件和问题的组合形式，继续思考基本数量关系在本题中将如何应用。

较复杂的数学实际问题往往包含了多组数量关系，例如，"地球的表面积为5.1亿平方千米，其中，海洋面积约为陆地面积的2.4倍。地球上的海洋面积和陆地面积分别是多少亿平方千米？"题中既包含了两数之和的数量关系，也包含了两数之倍的数量关系。先描述倍关系，后描述和关系，但和关系是主，倍关系为次。指导学生理解数量关系的组合，就是要学生明确这两组数量关系的主次、先后，从而揭示实际问题所隐含的运算信息，为下阶段的分析与解答活动做更充分的准备。

【案例5-14】我们同样以"相遇问题"的教学为例，分析这个读题环节要达到的教学目的：

①既然本题属于行程问题一类，其基本数量关系就是路程=速度×时间。

②由于已知条件是路程和速度，问题与时间有关，所以需要灵活运用基本数量关系，可以考虑时间=路程÷速度，也可以考虑用方程来解决。

③"两个人相向而行"虽然是我们以往没有经历过的实际问题情境，但根据经验，根据老师的提示，我们可以理解：每分钟两人一共行多少千米，可以称之为速度和；也可以理解：两个人各自走的路程相加，就是总路程。

④整体来看，这是一道加法数量关系与乘法数量关系组合而成的实际问题。以加法关系为主，或者以乘法关系为主，可以产生不同的解题思路。

二、分析与解答

无论从学生的心理活动、思维活动还是从表达、列式、计算等操作活动来看，我们都很难从时间进程上把阅读与理解、分析与解答严格地区分开来，事实上这种区分是不可能也不必要的，因为理解是分析的基础，分析是解答的准备，反过来，解答是分析的外显，分析加深了理解，它们是交替融合、相互促进的。学生在阅读与理解的过程中可能同时进行了数量关系分析，也可能构思了局部的运算计划，甚至已经通过口算完成了某些步骤的解答。

但在具体教学中，我们仍然要对分析与解答阶段的教学目的做更精准的定位，这样才能使教学指导更有针对性，使学生解决问题的思维活动更有逻辑性、条理性。

分析与解答阶段可以进一步划分为分析数量关系、选择解题方法、正确计算求解三个环节。

1. 分析数量关系

分析数量关系是根据实际问题中多组数量关系的主次关系、数量关系中各种信息的已知和未知状态，确定先算什么、后算什么，分别应该怎样计算的思维活动过程。分析数量关系的基础是阅读和理解阶段对情境、数量、关系、条件、问题等要素形成了全面、准确和清晰的理解，分析数量关系将直接推动学生解题活动进入到具体的列出算式或方程的环节。

分析与综合是思维的基本过程和方法。分析是把事物分解为各个部分加以考察的方法，综合是把事物的各个部分联结成整体而加以考察的方法。二者是辩证的统一、互相依存、互相渗透和转化。在解决数学实际问题的过程中，分析和综合是常用的分析数量关系的方法。

解决问题中的分析，直观理解就是"把问题和条件组合，可以产生新的问题"，而综合，直观理解就是"把条件和条件组合，可以产生新的条件"。分析的目标是找到解决一个个新问题所需要的全部条件，综合的目标是为解决题目提出的问题找出全部所需条件。

【案例5-15】我们仍以"相遇问题"为例，分析这两种思维方法的具体应用。首先看如何用分析的方法分析数量关系，确定解题思路：

①知道了两人的出发时刻，要求两人的相遇时刻，需要先算出"相遇时间"（指从出发到相遇所需时间长度）；

②知道两人出发时相距的路程，要求相遇时间，需要先算出两人每分钟一共行多少千米，也就是"速度和"；

③知道小林和小云每分钟骑车的路程，可以直接计算出"速度和"。至此，解决每一个问题所需要的条件都已具备，可以反方向逐步计算求得问题的结果。

再用综合的方法分析数量关系，确定解题思路：

①"4.5千米""9:00""250米""200米"这四个已知的数量条件中，哪两个关系最紧密？它们通过怎样的计算求可产生什么新条件？显然，"9:00"只是表示出发的时刻，它与其他三个条件都无法直接计算；"4.5千米"表示的是路程，用它来除以"250米""200米"，可以分别算出小林或小云独自骑完全程所需要的时间，但并不能确定他们相遇的时间；"250米""200米"表示了小林和小云的速度，如果把它们相加，可以得到"速度和"，也就是小林和小云每分钟共骑行多少米；

②"4.5千米"除以"速度和"可以得到两人从出发到相遇需要的时间，即"相遇时间"；

③用出发时刻"9:00"与"相遇时间"组合，可以推算出"相遇时刻"，而这正是问题所求。

事实上，学生一般是不会单独运用以上描述的某一种思维过程和方法的，而是自然地让二者相互结合、相互配合。在分析的时候同时进行着综合，在综合的时候也开展了分析。如果用分析的方法找不到需要的条件，可以调头试试综合，如果综合得到的新条件与其他条件无法构成有价值的数量关系，可以转向试试分析。

如果把实际问题的条件信息和目标信息比喻为小河的两岸，那么通过综合思考产生的一个个新条件、分析思考提出的一个个新问题，就是在两岸间铺设的一块块"跳石"，最终联结成为一条解决实际问题的思维通道。

2. 选择解题方法

这里所说的解题方法，是指陈述解题过程的形式。小学阶段解决实际问题的方法多样化，其中列式解答是最常见、最主要的方法。小学高年级进一步学习列方程（含比例式）解决实际问题。此外，还可以采用列表、画图、推理、枚举等方法进行解答。

简单的数学实际问题，往往根据四则运算的意义，列出一步计算的算式。较复杂或复杂的数学实际问题，学生可以列出分步算式或综合算式，分步骤进行解答。

【案例 5-16】人心脏跳动的次数随着年龄而变化。青少年心跳每分钟约75次，婴儿每分钟心跳的次数比青少年多$\frac{4}{5}$。婴儿每分钟心跳多少次？

可以分步计算，先算出婴儿每分钟比青少年多跳的次数 $75 \times \frac{4}{5}$，再求和 $75 + 60 = 135$；也可以先求婴儿每分钟心跳次数是青少年的几分之几，从而列出综合算式 $75 \times \left(1 + \frac{4}{5}\right)$。

等量关系较明显，而且需要逆向思考的实际问题，用列方程求解的方法更有利。

【案例 5-17】截至 2011 年年末，上海市户籍人口总数为 1419.36 万人，比上一年年末增长 -0.068%。2010 年年末上海市户籍人口总数是多少万人？

在理解了"增长 -0.068%"的含义之后,列出方程解答更容易。
$x - x \times 0.068\% = 1419.36$,或 $x \times (1 - 0.068\%) = 1419.36$

鸡兔同笼问题是小学阶段一种比较特殊的数学实际问题,用假设调整的方法列算式解答,过程步骤很复杂,学生比较难理解难掌握。如果用方程方法解答,反而能让学生更容易理解此类问题的数量关系。

【案例 5-18】笼子里有若干只鸡和兔。从上面数,有 35 个头,从下面数,有 94 只脚。鸡和兔各有几只?

"鸡兔同笼"问题是四年级教学内容,此时学生尚未学习方程的知识,当然不适合用列方程的方法解答。五年级学习了列方程解决实际问题的知识之后,引导学生重温"鸡兔同笼"问题,探讨此类问题的方程解法,把方程解决方法与算术解决方法进行对比,能让学生感受方程的整体、简洁、普适等优越性。

如果设鸡有 x 只,则兔有 $(35-x)$ 只,可列出方程:
$2x + 4(35-x) = 94$

如果设兔有 x 只,则鸡有 $(35-x)$ 只,可列出方程:
$4x + 2(35-x) = 94$

第二种方程的求解难度明显低于第一种。所以,"把脚较多的动物只数设为 x",是列方程解决"鸡兔同笼"问题的一种解题技巧。

有正、反比例关系的实际问题,可列出含有未知项的比例式,用解比例的方法求得答案。

【案例 5-19】小东家的客厅是正方形的,用边长 0.6 米的方砖铺地,正好需要 100 块。如果改用边长 0.5 米的方砖铺地,需要多少块?

解答此题时,要让学生正确理解题中的反比例关系。当客厅的面积一定时,每块砖的面积与块数成反比例,而不是砖的边长与块数成反比例。正确的比例式是 $0.5^2 x = 0.6^2 \times 100$。

问题答案较多,或者需要对多种情况进行讨论的,用列表的方法解答,更有利于找出全部答案,或者有利于分类讨论。

【案例 5-20】有载质量 2 吨和载质量 3 吨的运煤车各一辆。如果每次运煤的车都装满,怎样安排恰好运完 8 吨煤?

可以列出如下表格,先有序找出所有满足"装满""运完"这两个条件的可能答案,再经过讨论,确定同时满足"恰好运完"条件的答案。

派车方案	载质量2吨	载质量3吨	运煤吨数
①	4次	0次	8吨
②	3次	1次	9吨
③	2次	2次	10吨
④	1次	2次	8吨
⑤	0次	3次	9吨

一些实际问题含有特殊的数量关系，或需要特殊的思考方法，用画图的方法能更直观地呈现思考过程和答案。

【案例5-21】四年级上册数学广角中的"烙饼"问题，计算烙3张饼所需要最短时间是接下来递推数学规律的基础。由于涉及饼的"序号"、饼的"正反面"、烙饼的多个"步骤"等多种信息要素，表述起来很困难，学生也很难根据语言信息建立表象。如果采用画图的方法表达思考过程和操作步骤，就能达到一目了然的直观教学效果。

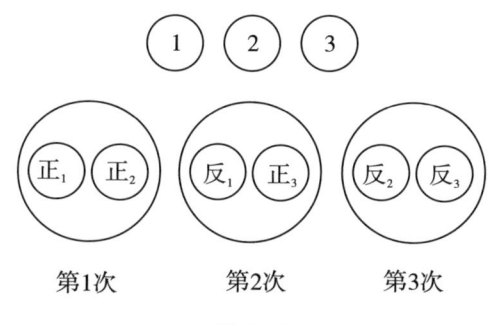

图5-1

还有一些实际问题更加特殊，解答过程主要是较复杂的推理、递推、枚举等，不便于列出算式，或算式不能清晰说明思考过程，往往要灵活选择用列表、示意图、填空、简答等方式表达过程和呈现结果。

【案例5-22】有语文、数学和品德与生活三本书，小红、小丽和小刚三人各拿一本。小红说："我拿的是语文书。"小丽说："我拿的不是数学书。"那么，小刚拿的是什么书？

①可以用连线的方法表示推理过程和结果：

图 5-2

② 可以列表如下：

	小红	小丽	小刚
语文	√	×	
数学	×	×	
品德与生活	×		

③ 可以文字表述或填空：

小红拿了语文书，别人就不能再拿语文书了；

小丽拿的不是数学书，也不是语文书，只能是（　）；

剩下的是（　）书，是（　）拿的。

小学数学实际问题的解题方法之所以多样化，一方面是因为小学数学实际问题本身具有多样化的特点。不同类型的数学问题，适宜于用某种方法解答、不便于用其他方法解答，或者虽有多种解答方法，但其中某种更容易、更简洁，都可以作为学生选择合适解答方法的依据。另一方面是为了更好地适应小学生学习数学知识、解决数学问题的思维特点。多样化的解答方法可以在直观与抽象、过程与结果之间预留更充足的选择空间。同时，多样化地解答实际问题，给学生带来更丰富的数学活动体验，有利于培养他们灵活运用数学知识和方法、创新性解决现实生活问题的意识。

3. 正确计算求解

根据列出的算式或方程计算求得结果，完成对实际问题的回答，并不意味着解决实际问题全过程的结束。数学实际问题的现实性、情境性，决定了解决实际问题所获得的结果不仅具有数学的意义，同时也具有现实的意义。我们常常需要把实际问题的结果还原到数学问题的现实背景中，讨论其现实意义。

把问题情境与生活经验相结合，将解决问题所得的结果返回到问题情境中，并做进一步的分析和讨论，有时会引发新的思考，并可能需要修改计算结果。

【案例 5-23】

①小强的妈妈要将 2.5 千克香油分装在一些玻璃瓶里，每个瓶子最多可盛 0.4 千克。需要准备几个瓶子？

②王阿姨用一根 25 米长的红丝带包装礼盒。每个礼盒要用 1.5 米长的丝带，这些红丝带可以包装多少个礼盒？

列出除法算式，并算出得数：

2.5÷0.4＝6.25（个）；25÷1.5＝16.66……（个）

单看算式和得数，上述做法并无不妥。但把计算结果还原到实际问题当中，我们会发现：

①瓶子的个数和礼盒的个数都应该是整数；

②如果用"四舍五入"方法保留整数，取上述计算结果的近似数，答案分别约等于 6、17；

③事实上 6 个瓶子装不下全部的香油，至少需要准备 7 个瓶子；整条丝带也不够包装 17 个礼盒，最多只够包装 16 个盒子；

④因此，在实际生活中，人们需要根据具体的情况，灵活选择取近似数的方法。题①的方法可称为"进一法"，而题②的方法可称为"去尾法"。

在统计与概率内容领域，解决实际问题所得的结果有时可以说明一组数据的总体特征，有时可以作为预测事物发展变化趋势的依据，有时还可以作为处理现实问题的参考。

【案例 5-24】下面是第 4 小组男生队和女生队踢毽比赛的成绩。哪个队的成绩好？

男生队		女生队	
姓　名	踢毽个数	姓　名	踢毽个数
王小飞	19	杨　羽	18
刘　东	15	曾诗涵	20
李　雷	16	李　玲	19
谢明明	20	张　倩	19
孙　奇	15		

例题巧妙创设了"两队人数不相等"这种富有冲突性的情境，启发学生在发现"两队人数不相等，比较两队总个数不能公平判断哪队成绩好"的现象之后，转向利用两队平均成绩进行比较。

【案例5-25】教材呈现了"快乐蛋糕店"近5天草莓蛋糕的销售情况,"明天做多少个草莓蛋糕合适呢?"要求学生结合数据分析,给蛋糕师傅提提建议。

这是一道开放性的数学实际问题,学生可以结合具体数据,多角度、多方法表达自己的建议。教师在指导和评议学生想法时,应注意引导学生,既要结合生活经验,让自己的建议符合实际,也要合理运用相关数学知识,让自己的建议更有说服力。

还有一些实际问题的求解结果,理性刻画了自然世界或人类社会的客观现象,通过对结果数据的分析和讨论,可以增进学生对自然和社会的认识,培养科学精神和客观态度,是在数学教学中渗透思想品德教育的良好契机。

【案例5-26】教材以2001—2010年上海的出生人口数和死亡人口数统计数据为案例数据,介绍了"老龄化社会"的相关社会知识。

为了使案例数据更贴近学生生活实际,教师可以收集本地人口变化的相关数据,并设计有意义的讨论问题,引导学生展开更丰富的讨论:

①该地区近10年来出生人口数、死亡人口数变化的总体趋势是怎样的?(都在不断增长,或其他。)说明什么?(城市规模在不断扩大,或其他。)

②该地区从哪一年开始出现人口负增长,你是怎么看出来的?

③人口负增长和老龄化社会之间是否有联系?说说你的看法。

④老龄化社会、人口负增长可能给社会带来哪些影响,谈谈你的看法。

⑤你听家人或朋友讨论过最新实施的"三孩政策"吗?他们有哪些观点?你自己怎么想?

……

无论采用何种解答方法,呈现出的算式、方程,或表格、图画,以及求得的问题解答、对问题答案的讨论和分析,都具有抽象性、思考性的特点,是学生复杂解题心理活动、深刻数学思考的成果。

三、回顾与反思

让学生完整体验解决实际问题的过程,充分经历解决实际问题中的数学思考,是解决实际问题的教学价值所在。我们不能满足于列出算式、方程,完成表格、图画，或得出具体的解题答案，还需要采用适当的方式，组织学生对解决实际问题的学习成果进行再回顾、再分析、再思考。

可以从检验答案是否正确、提炼数学知识方法、总结数学活动经验三个方面组织这个阶段的教学活动。

1. 检验答案是否正确

回顾与反思阶段的直接目的是检验问题的答案正确与否。包括检验运算过程中是否存在错误，更包括检查解题方法和思考过程是否存在错误。数学教师要坚持培养学生及时检查和验算的学习习惯，让学生逐步形成做事认真、严谨负责的态度和作风。

检查解题方法对不对，可以采用审查算式的方法。对列出的分步算式或综合算式，仔细审查每个步骤，推敲该步骤选用的已知条件是什么，运算的依据是什么，算得的结果是什么。

【案例5-27】笼子里有若干只鸡和兔。从上面数，有35个头，从下面数，有94只脚。鸡和兔各有几只？

教材先把题中数据变小，化繁为简，为学生通过多种方式探索答案提供便利。重点指导学生用列表的方法，通过有序思考找到问题的答案。也鼓励学生边列举、边计算、边分析，探索数据变化规律。还提供了一名学生思考和解答过程的样例，引导学生通过逻辑推理，发现更具一般意义的列算式的解题方法。很明显，当此类题目数据较大时，列算式解答的方法更有优势。

如果列出综合算式解答此题，我们可以这样来检验解题的思路、过程和方法：

$(35 \times 4 - 94) \div (4 - 2)$
$= (140 - 94) \div (4 - 2)$
$= 46 \div 2$
$= 23$（只）

$35 - 23 = 12$（只）

①假设笼子里都是兔，那么根据每只兔有4只脚，笼子里有35个头，用乘法可以算出应该有的脚数。第一步计算 $35 \times 4 = 140$。

②实际只有94只脚，说明前面的假设是不对的。可以用减法算出假设的脚数与实际脚数相差多少只。第二步计算 $140 - 94 = 46$。

③兔有4只脚，鸡有2只脚，一只兔替换成一只鸡，脚数就减少了 $4 - 2 = 2$ 只。46里包含了多少个2，就要把多少只兔替换成鸡。第

三步计算 $46 \div 2 = 23$。

④由假设笼子里有 35 只兔，到替换了 23 只鸡，说明笼子里有 23 只鸡，剩下没有被替换的就是兔。第四步计算 $35 - 23 = 12$。

检查解题方法对不对，可以采用变换解题思路，列出不同算式求解的方法。一题多解，相互印证。

例如，上题还可以变换思路，先假设笼子里全部都是鸡，从而列出不同的算式：$(94 - 35 \times 2) \div (4 - 2)$，两种算法求得的答案一致，可以互相发挥检验作用。

有些实际问题既可以列算式解答，也可以列方程解答。两种解题方法所得结果，同样可以相互检验。

例如，设笼子里有 x 只兔，$(35 - x)$ 只鸡，列出方程：
$4x + 2(35 - x) = 94$

检查解题方法对不对，还可以采用转换问题和条件的方法。把求得的答案设定为题目的已知条件，把原题中某个条件设定为问题，对新的问题进行求解，如果求得的结果与原条件一致，则可判断对原题的解答是正确的。

把原题中哪个条件设定为新的问题都可以起到检验作用，但为了让置换后的新问题更容易理解、更容易计算，我们通常通过置换，把逆向思考的问题改编成正向思考的问题。这种检验方法更符合逻辑，也更有利于培养学生灵活解决实际问题的能力，教师应鼓励学生多在这方面积累检验活动的经验。

例如，算出笼子里有 23 只鸡，12 只兔这组答案后，可以把原题改编为：笼子里鸡和兔共 35 只，其中鸡 23 只，鸡和兔一共有多少只脚？解答新问题的方法相对比较容易：$23 \times 2 + (35 - 23) \times 4 = 94$，结果与原题中的条件一致，说明本组答案是正确的。

上面介绍的几种检验方法都有广泛的应用，在具体的教学实践中，并不需要学生完整、规范地写出检验过程，可让学生根据自己在解题过程中积累的对问题中数量及数量关系的理解灵活选择，或者综合运用多种方法检验。

检验，直接目的是确保解题答案正确，证实解题思路、方法合理，其教学意义则仍然是促进学生主动积极地开展数学思考。

2. 提炼数学知识方法

数学实际问题终归是人们应用数学模型、模拟客观现实编制出来的，具有抽象性、思考性特征的一种问题形式，实际问题的解答结果对客观现实的意义是有限的，但以实际问题为平台，以解决实际问题的过程为渠道，引导学生发现、理解、应用数学知识和数学方法，在促进学生数学能力发展方面有着特殊的价值。因此，指导学生提炼数学知识和方法是解决实际问题教学的一个重要环节。

一方面，我们说数学实际问题是一个不稳定的情境状态，学生面对问题情境，注意力和思维活动高度集中于"求得答案"这个任务目标，没有时间和空间主动抽象隐藏于问题中的知识和方法。另一方面，往往只有在获得问题的答案，将未知条件转化为已知条件，各种信息重新构成一个稳定系统时，才具备充分的抽象、归纳和概括的条件，隐藏其中的知识和方法才能浮出水面，显露真相。

【案例5-28】 "找次品"是五年级下册数学广角单元的学习主题。

这类问题的背景知识是：物品总个数为 A（A≥2），其中有一个次品。在确定次品与正品质量关系（比如次品较正品轻）的前提下，用无砝码的天平称量，可确定找出次品的最少称量次数 a：若 $3^{n+1} \geq A > 3^n$，则 $a = n + 1$（n 是自然数）。如此抽象的数学规律，其发现、理解、应用过程是对学生数学能力的挑战。

教材设计的探索学习活动线索是：

①例1：从简单情形引入，理解"至少""保证"等概念的含义，理解一次称量可以把次品范围缩小到待测物品数量的三分之一（约）。掌握直观表述称量过程的方法如画图、列表等。

②例2：把问题复杂化，研究待测物品数量稍多的同类问题，应用并巩固此前的结论和方法并适当提炼规律。

③"做一做"：把问题进一步复杂化，鼓励学生应用此前提炼的规律，通过数学思考求得答案。在验证规律、理解规律的基础上，能主动地在不同情境中应用规律。

很明显，"一次称量可以把次品范围缩小到待测物品数量的三分之一（约）"的方法，只能在完成例1求解之后，才有条件组织学生抽象结论。因此，在例1的教学中，教师应把重点放在回顾与反思阶段，通过回顾实验过程、观察直观示意图，结合交流和讨论，让学生理解上述结论。

同样很明显，例2的教学目标不能停留于求得具体数量情形下称量次数的结果，还要综合分析多组数据，结合例1所得结论，探索更为一般化的规律：当物品数为 2 或 3 时，称 1 次；当物品数在 4 - 9 之间时，至少称 2 次；当物品数在 10 - 27 之间时，至少称 3 次……换一个角度思考，还可以把这类问题的一般化规律表述为：称 1 次最多只能解决 3 个物品的问题，称 2 次最多只能解决 9 个物品的问题，称 3 次最多只能解决 27 个物品的问题，……

  因此，例 2 的教学同样要把重点放在回顾与反思阶段，把多组学生研究得到的数据作为归纳对象，采取有效措施指导学生抽象、概括一般化规律。

  在回顾与反思阶段的教学中，教师还可以提出适当的问题，指导学生比较新旧知识以促进理解程度，帮助学生把新知识纳入自己的知识系统以促进知识结构化，讨论解决实际问题后收获的数学方法以及它将来可以如何应用，等等，努力让这个环节的教学达到"临门一脚""水落石出"的效果，让学生在这个环节或者茅塞顿开、恍然大悟，或者柳暗花明、余音绕梁。

3. 总结数学活动经验

  数学活动的形式是多种多样的，观察、试验、猜测、验证、推理与交流、抽象概括、符号表示、运算求解、数据处理、反思与建构等都是数学活动。数学活动的目的是让学生充分经历数学知识的发现和发展过程，在体验中逐步达到对数学知识的领会、感悟，同时积累分析和解决问题的基本经验，将这些经验迁移运用到后续的数学学习中去。

  这些经验是教师没有办法"教"给学生的，必须由学生通过经历大量的数学活动逐步获得，在各种各样的"做"中逐步积累起来。这些经验是数学学习成果的一部分，如果不经提炼，它们是感性的、内在的、自发的。经过适当的总结和提炼，它们才能变成理性的，从而以后可以更放心地用；变成外显的，可以与人交流和分享它们有什么用、怎么用；变成自觉的，以后需要的时候能够主动地用。

  因此，帮助学生总结提炼数学活动的经验就显得很有意义、非常重要。在解决实际问题的"回顾与反思"阶段，总结数学活动经验应成为一个值得充分关注的教学环节。

  【案例 5 - 29】六年级上册数学广角单元的主题是"数与形"，教学目标是利用图形解决一些实际问题，让学生体验数形结合、极限等数学思想方法。

  教材设计了两个层次的教学内容。例 1，让学生通过数与形的对照，探究等差数列 1，3，5，…之和与正方形数的关系；例 2，借助图形直观，理解等比数列 $\frac{1}{2}+\frac{1}{4}+\frac{1}{8}+\frac{1}{16}+\cdots$ 的和与"1"的关系。

在例 1 的回顾与反思中，教师要组织学生讨论，没有图形的帮助，要发现"等差数列 1，3，5，…之和"的计算方法，我们要先进行多次计算，然后对结果进行归纳，才能提出猜想，但我们很难说清楚这种猜想到底对不对，这个数列是可以一直写下去，是无限的，会不会写到某个数的时候，我们的猜想就不对了呢？

有了图形的帮助，我们不仅能更快地发现计算规律，还能清楚地理解：这个数列中每增加一个加数，表示总和的正方形的边长都加 1，但不会改变正方形的形状，所以这个数列的总和总是具有固定的特征，我们把它们称为"正方形数"（实际上是"项数的平方"）。

在例 2 的回顾与反思中，教师要组织学生讨论，没有图形的帮助，要计算等比数列 $\frac{1}{2}+\frac{1}{4}+\frac{1}{8}+\frac{1}{16}+\cdots$ 的和，连通分都无法进行，因为不知道写到了哪个数，这个数列是无限的。试着计算了几次之后，可以发现结果越来越接近 1，但我们无法肯定，这么一直写下去，结果是 1？还是比 1 小那么一点点？或者可能超过 1？

有了图形的帮助，我们在正方形、圆、线段上观察这列分数、观察它们的和与 1 的关系，就会发现并理解：这么一直写下去，结果不会比 1 小那么一点点，因为总会有下一个数把剩下的那么一点点给补上；结果也不可能超过 1，因为接下来的那个数只能把剩下的部分补上一半。既然结果不会小于 1，也不会大于 1，那么结果就只能是 1。

对两个例题的回顾与反思还不应停留于此，教师还应该组织学生回顾更多的关于数形结合的活动经验，如推导分数乘分数算理时用过示意图、解决相遇问题时用过线段图，甚至在一年级认识加减法时用过点子图……，让学生对数形结合的广泛应用、数形结合的意义有更整体、更系统的体会。

教师也应该从更多的角度组织学生回顾活动过程、总结活动经验，包括我们是通过独立思考还是通过合作学习来解决问题的，在合作过程中如何分工、如何互相帮助和启发，我是否喜欢这样的学习方式，是否对新知识、对数学乃至对生活产生了一些新的看法，等等。

随感

"自寻烦恼"这个词儿，肯定是专门用来形容人的。

想来也怪，人为什么总爱琢磨事儿呢？脑袋被苹果砸了一下，就去想它为什么总往下掉。想了很久，想得很痛苦，最后想明白了。想明白了又能咋地呢？苹果还不是只往下掉，难道还能往天上飞呀？真是自寻烦恼啊！

不过，把一些事儿琢磨透了还真是有好处。因为弄明白了苹果为啥总往下掉，现在的人就能"飞"了，竟然还能"飞"到月亮上去。去月亮上看看，那可是老祖宗们做了成千上万年的一个梦啊，这下总算在我们这儿给圆了。

大人们可能觉得"自寻烦恼"是个优点，不光自己乐意琢磨事儿，还老想着给孩子们也寻点儿烦恼。不让他们脑袋闲着，编出各式各样刁钻古怪的问题，哄着、诱着、逼着孩子们去琢磨。大人们特别喜欢看到孩子把事儿琢磨明白了之后那种恍然大悟的样子，还给他们打个100分呢，搞笑吧？

就好比我这个人吧，每天上课上得好好儿的，干嘛总爱琢磨"怎么才能把解决实际问题教得更好点儿呢"，唉！头都想大了。

这也算是"自寻烦恼"啊！

【附1】　让学生完整经历解决问题的过程

数学思考是数学教学中最有价值的行为。有思考才会有问题，才会有反思，才会有思想，才能真正感悟到数学的本质和价值，也才能在创新意识上得到发展。下面以一道解决实际问题例题的教学为例，探讨如何引导、指导学生完整经历解决问题的过程，经历充分而有质量的数学思考：

人教版小学数学三年级上册第三单元例9，是一道以"解决问题"形式呈现的例题。

9 下面两辆车可以用来运煤。如果每次运煤的车都装满，怎样安排能恰好运完8吨煤？

载质量2吨

载质量3吨

一、对"解决问题"相关教学内容编排特点的分析

人教版教材从一年级上册就开始有计划地安排解决实际问题的教学内容，

这些内容总体上分为三种类型。

第一类是创设实际问题情境，通过解决问题的数学活动引导学生理解和掌握新的数学知识。不少此类问题的情境素材富有启发性，学生可以利用直觉思维，根据生活经验从情境中发现解决问题的思路。如五年级上册学习小数乘法时，实际问题选用商品价格作为情境素材，学生可以自然想到把3.5元换算成35角，再把用整数乘法算出的结果换算成元。问题情境中暗含了小数乘法的基本算理思路。

第二类主要以"综合与实践""数学广角"的形式呈现。有的突出数学与生活的联系，发展学生的应用意识，如六年级下册的综合与实践活动"自行车里的数学"。有的突出数学学习的思考性特点，培养学生的推理能力，如五年级下册的"找次品"问题。还有的介绍一些特殊的数学知识和方法，开拓学生的数学视野，如六年级下册的"鸽巢问题"。

第三类是特定的"解决问题"教学内容，着重指导学生经历解决问题的全过程，增强解决问题的能力。本例题就属于这一类型。

教材在编写这类教学内容时，通常把解决问题的过程分为三个步骤。在一、二年级的教材中基本表述为"知道了什么""怎样解答""解答正确吗"。从三年级上册开始，表述为"阅读与理解""分析与解答""回顾与反思"。在两种表述形式中，各对应步骤的活动目的和任务基本一致，要求有所提高。

把解决问题的过程划分为上述三个步骤，教学原理与波利亚提出的解决问题的四个步骤"弄清问题—拟订计划—实现计划—回顾"基本保持一致。小学数学实际问题一般难度不大，过程步骤也不太复杂，"拟订计划"与"实现计划"这两个步骤区分不明显，所以，为了突出各步骤的关键任务，使学生的思维活动更加流畅，教材把四个步骤缩减为三个步骤，是符合小学数学教学的实际情况的。

人教版教材编排此类教学内容的意图非常明确，就是要突出解决问题在数学教学中的重要地位，指导学生充分体验解决问题的全过程，不断积累和丰富解决问题的活动经验，逐步形成有效的解决问题的策略和方法。

什么是"阅读与理解""分析与解答""回顾与反思"？每个步骤的任务是什么、有哪些方法、要达到什么要求？明确这些问题的答案，有利于教师明确教学目标，合理设计教学过程，选择有效的教学方法，也有利于学生更好地理解学习任务，让解决问题各步骤的活动更务实而有效。

二、对例题所涉及数学知识及其发展线索的思考

本例的数学模型，可以理解为求二元一次不定方程 $2x + 3y = 8$ 的所有自然

数解。其中 2、3、8 是作为已知条件的常量，分别表示两种车的载重量和运煤的总量。x、y 是问题中的两个变量，分别表示两种车运煤的次数。（$x=4$，$y=0$）和（$x=1$，$y=2$）是本不定方程所有的两组自然数解，即载重量为 2 吨的车运 4 次，载重量为 3 吨的车运 0 次；或载重量为 2 吨的车运 1 次，载重量为 3 吨的车运 2 次，是符合本题要求的两种派车方案。

本例附设的"做一做"，数学模型与例题实质上是相同的，可以理解为求不定方程 $2x+5y=30$ 的所有自然数解，但增加了一个限制条件：x、y 都小于或等于 6。练习七第 7 题的第（1）个问题，可以理解为求不定方程 $4x+6y=28$ 的所有自然数解。

做一做：小明有 5 元和 2 元面值的人民币各 6 张。如果要买一个 30 元的书包，有几种恰好付给 30 元的方式？

练习七第 7 题：28 名学生准备租船。每条小船限坐 4 人，每条大船限坐 6 人。①如果每条船都坐满，可以怎样租船？②*如果租一条大船要 10 元，租一条小船要 8 元，哪个租船方案最省钱？

上述三题的数量关系可统一用 $ax+by=c$ 表达。对于这一数学模型，如果问题设计为求两个乘积之和，只需要进行正向思考，而且答案是唯一确定的，相对来说比较容易。在二年级上册曾经出现过类似的问题："买 3 份 A 套餐，每份 8 元；4 份 B 套餐，每份 5 元；6 份 C 套餐，每份 7 元。每种套餐各花多少钱？一共花了多少钱？"但是，如果把问题设计为已知两个乘积之和，求其中两个指定的因数，需要反向思考，并且答案可能不唯一，数学思考和解决问题的难度陡然增大，对刚刚进入三年级的学生来说的确是一次挑战。

这种数学模型到四年级下册还将进一步发展，增加了一组已知条件 $x+y=d$，就成为"鸡兔同笼"问题，数学模型变为求二元一次方程组的自然数解。这种知识的发展线索启发我们，学生在面对"鸡兔同笼"问题时，是可以通过迁移本课所掌握的列举法进行解决的。

四年级下册第 106 页第 2 题：每条大船坐 6 人，每条小船坐 4 人。全班一共有 38 人，共租了 8 条船，每条船都坐满了。大、小船各租了几条？

三、对本节内容所涉及数学方法的思考

本册《教师教学用书》阐述了本例题的编写意图：呈现完整的运用列表法解决问题的过程，突出用列表法——列举时，需要不重复、不遗漏地进行思

考。使学生感受列表法的有序性和解决问题过程的完整性。要体现这种编写意图，我们认为需要更具体地对学生进行一些数学方法的指导。

求二元一次不定方程的自然数解，基本方法可概括为：从一个未知数的最大（小）值入手，分类讨论，有序枚举。既然本例题的数学模型为二元一次不定方程，我们就可以把解决这一类问题的基本方法概括为：选定一个对象，列出所有可能，分析另一个对象，确定符合要求的方案。

例9的解决思路是：选定载质量2吨的车作为一个对象，列出它运煤的所有可能次数，最多4次，还可能为3、2、1或0次，只有5种；分析在每种次数下，载质量3吨的车怎样配合运煤；以"能否恰好运完8吨"为标准，逐一排除不符合要求的方案，确定符合要求的所有方案。为引导学生把注意力集中在"一一列举"上，我们适当调整了教学要求，鼓励学生通过口算，快速判断"能否恰好运完8吨"，而不需要计算出每种方案运煤的具体吨数。

这种方法对学生自主解决"做一做"和练习七第7题有较强的指导性，可以帮助学生在自主解决新的问题时，更充分地体验合理选择、有序思考、一一列举、分析判断的完整过程。

通过教学实践，我们发现，列表是一个循序渐进、逐步构建的过程，当我们按照上述方法完成一一列举的活动后，可以自然形成一个表格，因此，我们把本例中的表格界定为一一列举过程和结果的一种呈现方式。鉴于三年级学生的实际能力，我们不建议要求学生在解决问题之前先自主构建表格。

四、关于本例题及相关练习的几点教学建议

第一，在教学目标方面，要坚持以落实解决问题教学的基本要求为重点。

1. 在"阅读与理解"步骤，引导学生逐步养成"一遍只读通，二遍能读细，三遍才读懂"的阅读与理解习惯。

读通题目，强调文本、图片中各种数学信息的有效输入。要整体了解题意，知道基本的已知条件和问题。

读细题目，强调对数学信息的加工。要具体理解每句话的含义，弄清关键句子和关键词语的要求。细读本题第一句，要理解为可以单独安排其中一种车来运，也可以让两种车合作来运；细读第二句，要理解为每次运煤吨数与载重量相符合，不存在运半车、超载等可能；细读第三句，抓住"恰好运完"这个关键要求，理解正好运完8吨是题目的一个重要限制条件。

读懂题目，鼓励学生正确输出经过加工的信息，在读通、读细的基础上，引导学生用自己的语言表达题意，并且进一步明确两个要求：一是要找出所有

符合要求的派车方案；二是明确派车方案的实质是指每种车运煤的次数，不再考虑同一种方案中两种车运煤的顺序。

师：解决问题的第一个步骤是"阅读与理解"，那怎么阅读，怎么理解呢？（出示"阅读与理解"的要求：读通、读细、读懂）

师：读通——就是把题目读一遍，确保自己每个字都认识，能做到吗？（学生自由读题）

师：人人都能读通，那你能不能做到读细呢？那可就不一定呢！比方说，"下面两辆车可以用来运煤"，这句话是什么意思，谁来说说看？

生：可以用 2 吨的车运，也可以用 3 吨的车运，还可以一起来运。

师：这位同学说可以用 2 吨的车单独运，也可以用 3 吨车单独运，还可以两辆车合起来运——这就是我们读细了之后发现的这句话的含义。

师：第二句话有什么含义？谁来说说？

生：每次运车子都要装满，不能空着，也不能多装。

师：就是说既要满载，又不能超载。2 吨的车每次装 2 吨，3 吨的车每次装 3 吨。这句话里的关键词是什么？

生：装满。

师：会在句子中发现关键词，真棒！那么第三句话的关键词是什么？

生：恰好。

师：谁来说说，这句话里的"恰好"是什么意思？

生：恰好就是刚刚好运完 8 吨，不能多运也不能少运。

师：问题里的"怎样安排"，又是什么意思？

生：怎样用这两辆车或者用其中一辆，刚刚好运完 8 吨煤。

师：真好。你们看看，当我们每一句话都读细，就会发现文字里面很多意思都被我们找出来了。

看来，阅读，不仅仅是把题目读通，还要读细、读懂，这样我们才能理解题目里每句话的意思，理解整道题的意思。真正的理解，是能够用自己的话把题目完整地说一遍，跟同桌试试吧。

2."分析与解答"步骤的主要任务是理解数量关系、确定解决思路、正确完成解答。本例题的数量关系不算复杂，但解决问题的思路却难以形成，是教学的难点。我们在教学中实施的方法：选定一个对象，列出所有可能，分析另一个对象，确定符合要求的方案，有利于学生体验解决思路的形成过程。

师：解决问题的第二个步骤是"分析与解答"。这个步骤应该做些什么，怎么做呢？（出示"分析与解答"步骤的要求：找出数量关系、弄清解题思路、正确完成解答）

师：说说看，题目中有哪些数量关系？

生：载质量2吨的车，跟运的次数有关系。

生：载质量3吨的车，跟运的次数有关系。

师：如果两辆车配合着运煤，还得把它们运的煤加起来，这也是题目当中的数量关系。

师：解题思路就是按怎样的顺序来解答，先算什么，再算什么，最后算什么。理清了数量关系，确定了解题思路，我们才能一步一步完成解答。

师：是一种车运比较方便，还是两种车运比较方便？

生：两种车一起运，这样比较快。

生：只用2吨的车，运4次正好运完。

师：一下子就找出了一种方案，还有没有其他的方案？

（不断有学生举起手来）

师：有人找到了，有人没找到。那就是说这道题的方案可能不止一种，到底有多少种？怎样才能把所有的方案都找出来，这才是我们解决这个问题的关键。

我们一起来思考，就按刚才那位同学的想法：先从2吨的车入手，好不好？

生：好！

师：2吨的车来运煤，最多运几次？

生：4次。

生：或者运3次、2次、1次、0次。

师：0次表示什么？

生：没用2吨的车，全用3吨的车。

师：好，我们先把2吨的车所有可能的次数列出来（板书，列出2吨车可能的运煤次数，构成表格第一列）

师：那是不是说有5种派车方案？

生：不是。还没有3吨的车呢。

师：是啊，2吨的车运了3次、2次、1次或者不运煤，还有剩下的呢，需要让3吨的车配合着运。我们得接着分析，看看该怎样安排3吨的车。先看第一种派车方案，2吨的车运4次。

生：运完了，3吨的车用不上了。

师：2吨的车运4次，3吨的车运0次，能恰好运完，这个方案可行，画个√。

师：第二种方案，2吨的车运3次。

生：不行，不能恰好运完8吨。

师：这个方案不符合"恰好运完"的要求，画个×。

（师生逐项讨论，共同完成板书表格）

师：我们看一看，真正符合题目所有条件的方案有几种？

生：两种。

师：分别是？

生：方案1和方案4。

师板书答案。

3. 在"回顾与反思"步骤，除了要指导学生检验答案是否正确，还要有意识地指导学生回顾解决问题的过程，适当地提炼一些方法，帮助学生积累解决问题的经验。

师（出示"回顾与反思"的要求）：做对了吗？用了什么方法？有什么启发？

师：我们检查一下做对了没有，第一个方案，2吨车运4次，3吨的车不用，是不是恰好可以运完8吨。

生：是。

师：第四个方案，2吨的车运1次，3吨的车运2次，是不是恰好可以运完8吨。

生：是。

师：除了着这两种方案，其他的方案还行不行？

生：不行。

师：是不是我们已经把所有的方法都找出来了。

生：对！

师：很好，这个过程就能证明我们做对了。那么我们是怎样把所有的方案都找出来的呢？

生：一个一个去找。

师：这种方法我们叫作"一一列举"（板书，并将前面的板书整合为一个表格）用"一一列举"的方法，能够帮助我们把所有合理的方案都找出来。

师：我们刚才在做这道题时是怎样一一列举呢？是一会儿想2吨，一会儿又想3吨？

生：不是！

生：我们是先考虑2吨的车。

师：对，我们先选定一个对象。把2吨的车运煤的所有可能都列出来。然后呢？

生：再考虑3吨的车怎么配合。

师：是的。再分析另一个对象，找出所有符合要求的方案。这种办法不仅可以从分析2吨的车入手，也可以——

生：从分析3吨的车入手。

第二，教学内容选择方面，集中于与例题同类型的实际问题。

建议本课时在完成例题教学的基础上，选择"做一做"和练习七第7题第（1）个小问题作为巩固练习，而与本例题相关的练习七第4、第8题可考虑安排在第二课时。

第三，教学方法方面，注意把握教学尺度，按导、扶、放的规律，逐步培养学生解决问题的能力。

1. 例题教学要指导到位。一方面，阅读与理解、分析与解答、回顾与反思这三个阶段要有明确的任务和要求，教学环节要细密、扎实，保障大多数学生获得充分的体验；另一方面，有效指导学生逐步掌握解决此类型问题的数学方法，感受从一个对象入手的思考便利，知道从这个对象的最大值开始进行一一列举的方法，体验逐一分析讨论的有序性，能体会到通过这种方法可以找出所有的合理方案，不重复、不遗漏。

2. "做一做"要适当帮扶，但仍然要加强读题阶段的训练和指导，使学生感受到阅读和理解是后两个阶段的基础，读通、读细、读懂的要求是一贯的，需要坚持的。本题可以鼓励学生选择不同的对象入手，自主解决。教师可对比分析学生作业，让更多学生发现，无论从2元面值的人民币入手，还是从5元面值的人民币入手，都要经过一一列举的过程，才能确定所有合理的支付方案。两种入手方式，筛选出来的合理方案也是一致的。

3. 练习七第7题要敢于放手，鼓励学生应用方法，自主解决。

【附2】　　　　　我们建个群吧

"数学广角——集合"教学设计

一、教学内容

人教版《数学》三年级上册第9单元"数学广角——集合"（教材P104）

二、教材分析

利用"数学广角"单元介绍一些重要的数学思想方法，是人教版数学教材的特色与创新。三年级上册第9单元"数学广角——集合"，是这一特色的具体体现。

集合是现代数学的基本语言，集合思想是数学中最基本的思想，集合理论是数学的理论基础。从集合论的角度研究数学，便于简洁、清晰地描述概念，便于直观地表达概念分类及概念间的逻辑关系，便于沟通数与代数、空间与图形等各领域间的知识。因此，有必要通过系统的学习，使学生逐步掌握有关集合的基础知识、基本技能，并形成正确的思想方法。

本单元主要结合生活实例，让学生初步体会集合这种数学思想方法。教学内容包括：了解集合的概念及交集、并集等集合关系；体会用维恩图表示集合及交集、并集的方法；运用集合的思想方法思考和解决简单的实际问题等。教材安排了一道例题，配套安排了"做一做"（2题）、"练习二十三"（6题），以及一道相关的"思考题"。上述教材内容的设计和编排，紧密围绕集合思想这一主题，遵循学生认知规律和学科教学规律，在素材方面贴近学生生活经验，易为学生理解，引发学生兴趣；在问题难度方面体现注重基础性，循序渐进，梯度合理。

本单元计划安排2课时。第一课时完成例题、做一做（2题）、练习二十三部分习题（第1、2题及第6题的简化改编），另补充了两道自编题。

三、学情分析

学生对集合的思想方法早有接触。例如，在一年级学习数数时，把1面国旗、2个单杠、3个石凳分别用封闭的曲线圈起来表示，直观、形象地表示出数的概念，初步体会了用维恩图表示一个整体的方法；在比较多少时，通过把两组数量相等的实物进行一对一的比较，理解"同样多"的概念，初步体会了集合与集合之间的一一对应。另外，学生多次经历了分类的学习活动，而分类的思想与方法是集合理论的基础。

学生今后还会进一步运用本单元所学习的知识和技能，进一步深化对集合思想的意义理解和价值认同。如，锐角三角形、直角三角形和钝角三角形这三个集合之间的关系，是同一个整体中各部分之间的关系；四边形、平行四边形、长方形、正方形这四个集合之间的关系，是一般与特殊的关系。这种抽象的概念关系，都可以用维恩图直观表达，而不同形式的维恩图能清晰地显现两种关系的差异性。

四、教学目标

1. 在生活经验和具体情境中，了解集合及交集、并集的概念，初步感受它们的意义。
2. 学会借助维恩图，运用集合的思想方法来观察、分析生活现象，解决较简单的实际问题，感受到数学与生活之间的相互联系。

五、教学重点

在具体情境中了解集合及交集、并集的概念。结合生活经验，初步体会不同的集合关系。

六、教学难点

列式解决并集数量计算问题时，理解两种代表性思路：分成三群，算出总数；两群相加，减去重复。

七、教学准备

教学场地中间预设一块空地，摆放两个可以移动的绳圈（各可容纳近10人）。

全班学生按男、女分成两组，面向场地中间相向分坐。

随机预选男、女生各七人，胸前贴上姓名签，扮演例题中的学生。

制作多媒体课件。

八、教学过程

（见附件）

九、教学反思

本教学设计先后在城区优质学校、镇区中心小学、普通乡村小学进行了三次教学实践。总体教学效果良好，主要表现在：

学生参与积极性高。由于引入了学生熟悉的"微信群"教学资源，并用它构成教学过程的主线索，"老师的微信群—我们建个群—为参赛的同学建群—帮动物们建群—用图表示群的关系"，使教学内容更贴近学生，有效激发了学生的学习兴趣。设计了角色扮演、团体活动等教学环节，增强了实践性，有效吸引学生主动参与，积极思考。

概念形成过程流畅。集合概念的教学过程包含为五个环节：①有共同属性的对象（人或事物）可以构成一个整体；②具有这种属性的对象应该纳入这个整体；③不具有这种属性的对象不能纳入这个整体；④这样的整体叫作"集合"；⑤集合可以用曲线圈来表示。集合关系的教学过程包含五个环节：①自主发现"把绳圈重叠一部分"的办法，形成交集直观表象；②设置"刘老师的烦心事儿"问题冲突情境，产生研究并集的需求；③组织团体活动，共同探索交、并集计算的有效方法；④用不同形式的维恩图解释不同的群关系（集合关系）；⑤集合关系的不确定导致问题答案（成语的总个数）的不确定。

有待改进的问题有：

学生处理集合数量问题的过往经验中，多以枚举为主要方法，要过渡到列式计算，抽象水平更高，需要在提升学生算理理解水平方面探索更好的教学方法。

学生在整理数据，比对两个集合中的公共元素时，容易出现遗漏现象。在今后的教学实践中，需要寻找适当的教学方法以促改进。

附件："数学广角——集合"教学过程设计

一、生活广角：我们建个群吧

课前师生谈话。

用"我的微信群"做素材，让学生说说从老师的微信群里可以发现老师的哪些身份信息（图1）。

板书课题"我们建个群吧"。课件出示班级学生合照，画一个圈，命名为"三（1）班班群"（图2）。

图1

图2

[设计意图：微信群是学生十分熟悉的生活现象。一个群可以理解为由具有共同属性的人组成的一个整体，群的意义与集合的意义是相近的。以此为资源，更为自然地引发学生的学习兴趣]

[信息技术结合点：微信包含了很多的个人信息，使用微信等现代信息产品时要注意保护自己的个人隐私，防止泄漏；也要主动遵守信息公共道德，不侵犯他人权利]

二、创设情境：刘老师的烦心事儿

课件出示教材 P104 例1（图3）。

图3

师：刘老师组织参加比赛的同学训练，跳绳的有8人，踢毽子的有9人，一共有17人，可是来训练的怎么不够17人呢？今天我们就来个现场点名，看看到底是怎么回事儿。

三、活动体验：他们应该站在哪儿

1. 教学现场中间摆有两个可以移动的绳圈。

先点名，请跳绳的同学站到一个圈里。他们可以建个群，叫作"跳绳群"。然后回座位。

再点名，请踢毽子的同学站到另一个圈里。他们也可以建个群，叫作"踢毽群"。也请回座位。

师：两组同学都到齐了，为什么总人数不够17人呢？

2. 请参加比赛的所有人都回到圈里，看看会发生什么？

（两项都参加的同学不知道应该站在哪个圈里）

师：他们应该站在哪儿？大家帮他们想想办法吧！

学生自主活动，把两个绳圈重叠一部分，让两项都参加的同学站在这一部分中。

[设计意图：从具体的生活现象中产生交集知识，学生在具体问题情境中自主发现"重叠"的解决办法，为抽象交集的维恩图提供直观表象]

3. 师生共同检查：

参加跳绳的同学到齐了没有？

参加踢毽的同学到齐了没有？

4. 口令游戏：

跳绳的同学请蹲下。师问：站着的是些什么人？（站着的是"只踢毽子的人"）

只跳绳的同学请起立。师问：现在蹲着的是些什么人？（是"两项都参加的人"，教师引导学生表述为"既参加跳绳又参加踢毽子的人"）

5. 师生共同发现：

现在看来，场地中间就有三个群了："只跳绳群""只踢毽群"，还有一个"既跳绳又踢毽群"。

[设计意图：在有趣的活动中指导学生观察，发现"三个群"，并更为精确地理解每个"群"的意义、两个"群"间的关系，为下阶

段探索并集元素数量计算方法提供思路启示]

四、抽象概念：它们叫作集合。

师：生活中的各种群，在数学家的眼里很有研究价值。我们把具有某种相同特点的人或事物聚集在一起，就形成了一个总体。数学家给这样的总体取个名字，就叫作集合。

补充课题："我们建个群吧——集合"。刚才我们组建的三个群，就是三个集合。

师：如果只是研究一个集合所包含的人或事物的数量，我们也可以这样写。（在集合图各部分中分别填写5、6、3）

五、探索方法：刘老师明白了

对照板书，引导学生理解集合图中各部分的含义，探索此类集合计算问题的方法，指导列出算式，并小结方法：

5＋6＋3＝14（人）　　分成三群，再算总数。
8＋9－3＝14（人）　　两群相加，减去重复。

六、科学广角：帮动物们建个群吧

课件出示教材P105做一做第1题。

分享在"百度百科"中搜索到的知识，了解动物分类方法。课件出示集合图（图4），指导学生直观描述不同的集合关系。

按动物的本领，帮它们建两个群。说说两个"圈"重叠的部分表示什么（图5）。

图4

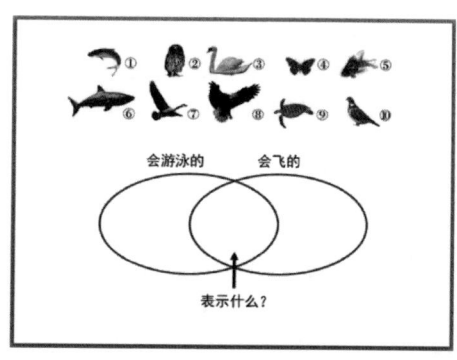

图5

［设计意图：本题既可以是学习集合知识的载体，也可以成为让学生体验科学分类思想方法的载体。用维恩图表示动物分类的知识，能让学生进一步感受集合知识的价值、集合关系的多样性］

［信息技术结点：把网络搜索的信息当作教学资源，一方面丰富了学生的科学知识，另一方面也强化了学生的网络搜索意识］

七、集合好玩：用哪种图比较合适

课件出示补充练习题1（图6）。

如果我们用一个"圈"表示一个群，那么下面每组两个群的关系用哪个图比较合适？请你选一选。

①"五年级教师群"和"全校班主任群"
②"三（1）班班群"和"退休教师群"
③"凤鸣小学教师群"和"凤鸣小学校长群"
④"五（2）男生群"和"五（2）班女生群"

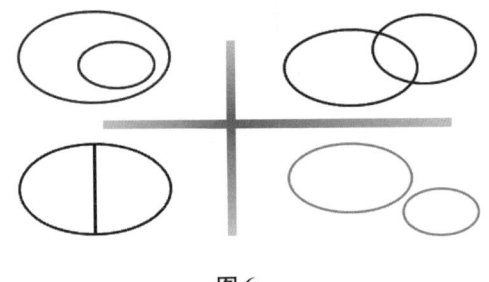

图6

指导学生根据自己的生活经验，分析每组两个"群"的关系，选择适当的集合图表示这种关系。

［设计意图：通过对本题的讨论，学生能进一步感受到生活的多样性。同时，不同形式的维恩图能准确、直观地解释这种多样性，体现数学的学科价值］

八、集合有用：他们一共写出了多少个

课件出示教材P107练习二十三第6题的改编题（图7）。

第五章 在解决实际问题教学中促进学生理解

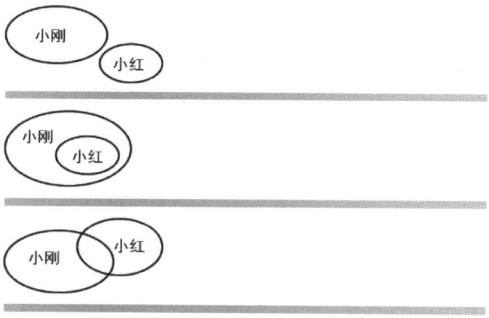

图7

指导学生分析三种集合图表达的含义,在此基础上计算"他们一共写出了多少个"。第三种情形下,答案不唯一,可适当引导学生说说"如果重复了＊＊个,那么总数是＊＊个。"

[设计意图:本题改编于练习二十三第6题。由于两个集合的关系不明确,使得问题的答案具有开放性。在分类讨论三种情形下"一共写多少个"的过程中,维恩图发挥了重要的启发、辅助思考的作用。第三种情形创设了更为开放的问题情境,引导学生灵活运用本节课学习的并集元素数量计算方法]

九、集合有情:聪明快乐的凤小娃

小结全课(图8)。

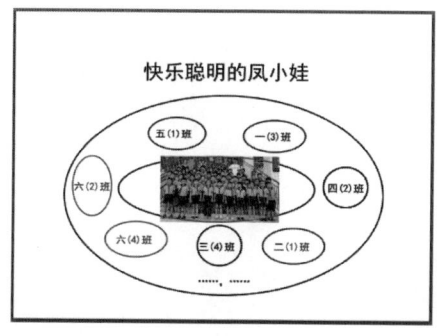

图8

167

十、布置作业

做一做（第 2 题）
练习二十三（第 1 题、第 2 题）

附：板书设计

板书设计（图 9）。

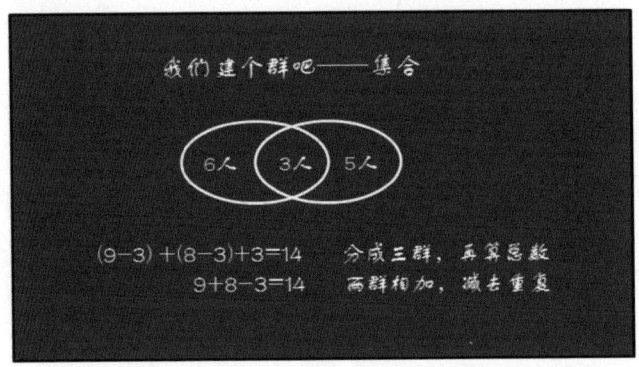

图 9

第六章　小学生理解数学课程

对于一名小学生来说，六年的数学课程意味着什么？几乎每天一节、累计上千节的数学课又意味着什么？学生有没有常常或者偶尔自问：

数学有什么用？为什么要学数学？

数学学什么？

从哪些方面学数学？

数学怎么学？我的数学学得怎么样？

……

当学生思考这些似乎脱离了具体知识内容的问题时，意味着他已经开始把数学课程作为一个整体性的理解对象，在逐步建立、完善着自己的数学课程观念。

《义务教育数学课程标准（2011年版）》指出，"数学课程能使学生掌握必备的基础知识和基本技能，培养学生的抽象思维和推理能力，培养学生的创新意识和实践能力，促进学生在情感、态度与价值观等方面的发展"。

学生作为课程学习的主体，如果对数学课程没有形成整体的、稳定的正确理解，没有掌握数学课程学习的一般规律和方法，没有养成积极、主动的数学学习态度和习惯，是难以实现数学课程的上述理念的。因此，引导、帮助小学生理解数学课程，逐步形成正确的数学课程观念，是值得每一位数学教师关注、研究、探索的教学问题。

第一节　观念与课程观念

一、观念及其特点

《辞海》解释"观念"：即思想。《辞海》解释"思想"：亦称观念，是思维活动的结果，属于理性认识。社会存在决定着人们的思想。人的思想具有独立性，对社会存在有反作用。正确的思想一旦为群众掌握，就会变成巨大的物质力量。

观念具有抽象性特点。人的观念来自对外界事物或内心活动的观察，但并非对事物及内心活动的直接反映，而是从感觉、知觉出发，经过抽象和归纳、分析和综合等思维活动之后形成的理性认识，是对事物的间接反映。因为观念的抽象性，所以它通常较为内隐，不仅其他人不容易了解自己的观念，就连自己，往往也会对已经形成的某种观念没有形成明显的知觉。

观念具有概括性特点。观念包含人对客观事物属性的认识和理解，也包含人对事物所持的态度和情感。因此，观念是综合了人对客观事物的各种属性、意义价值的认识，以及客观事物与人自身的关系的认识之后，形成对客观事物的一种总体的看法。因为观念的概括性，所以它通常比较复杂，其他人很难全面了解一个人对某个客观事物的全部观念。

观念具有主观性特点。观念并非天然自成、与生俱来，而是通过后天的社会实践，在生活、工作和学习中逐步形成的。个人成长经历及认识基础的差异，导致人对客观事物的认识水平出现差异，也导致人对客观事物的情感与态度出现差异，并最终表现为人对同一客观事物形成的观念差异。观念的主观性，使得它通常较为稳定，自己和其他人都很难通过简单的说教、短期的约束、单一的方法去改变一个人对某个客观事物的观念。

观念具有能动性特点。观念一旦形成，就会对人的行为产生反作用，并通过某些方式流露和表现。面对客观事物时，现有观念会推动人做出不同的判断和选择，进而采取不同的行动。正确的观念贴近事物的本质，错误的观念远离事物本质；积极的观念有利于激发主动性，消极的观念则可能让人产生厌恶、恐惧的情绪。观念的能动性，一方面意味着观念在人的认识活动中发挥着重要的作用，另一方面也意味着通过转变人的观念，可以促动其行为方式的转变。

二、课程观念及其特点

狭义的课程观念是指课程实践者对具体某门课程的总体认识和看法。这里所讨论的课程实践者主要指执教这门课程的教师和学习这门课程的学生，不包括课程设计者、课程管理者等角色。

课程观念是抽象而内隐的。课程实践很直观，是由一节一节的课、一项一项的活动组成的。无论是教或者是学，师生通过课程实践，获得了新的知识，掌握了新的方法，同时也经历了知识的发现和理解、方法的习得与应用等过程，伴随这一过程的还有一些关于这门课程的价值、目标、内容等方面的感受、感悟，也会有一些特定的情绪，如满足或失落、愉悦或沮丧。师生经历了知识与技能、过程与方法、情绪与情感三个维度的交融互进，会以某种方式塑造或改造对这门课程的观念，而实践者本身并不一定明显地意识到正在发生着这些改变。

课程观念是概括而复杂的。相对于知识观念，课程观念包含的内容更加丰富。人们对具体知识的价值判断，会影响对这门课程价值的判断；对学习具体知识中所用方法的评价，会影响对这门课程学习方式的评价。甚至具体到知识的呈现方式、教学的结构流程、课堂的情绪氛围、评价的宽严尺度等，都会如水滴石穿一般，无声地潜伏到人们的课程观念之中。

课程观念是主观而稳定的。即使是在同一个班级、同一位老师的同一个课堂上，每名学生的动机强度和注意聚合程度不同，经验提取与知识准备不同，活动参与度和思考深度、精度不同等等，都会形成不同的学习效果，包括对课程观念的影响效果。当教师感觉一名学生长期存在课堂参与积极性不高、畏惧学习困难等表现时，很难做出精准的归因，也很难通过一两次谈话，或者一两次作业辅导解决这些问题，更不可能通过简单粗暴的责骂、惩罚而达到转变其行为的目的。

课程观念是能动而可变的。教师的课程观念会表现在他的教学设计与实施当中，学生的课程观念同样也能表现于他的学习活动之中。只要教师掌握有效的观察学生、了解学生、理解学生的知识和方法，以及技能、技巧，就有可能逐步深入地了解其课程观念的整体状态。课程观念的可塑与可变，也激励教师坚定信心，充分利用各种教学机会，在关注学生知识与能力发展的同时，帮助学生逐步建立正确的、积极的课程观念。

三、小学生数学课程观念的构成

小学生数学课程观念总体上包括课程价值观念、课程内容观念、课程目标观念、课程学习观念。按照课程标准的线索，课程目标观念应该前置于课程内容观念。的确，数学教师的课程观念应该遵循"目标决定内容"的基本规律，并且依据这个规律进行教学设计。但是，从小学生学习数学的心理特点和活动方式来看，学生只有在对学习内容有了初步的了解和把握之后，才能更准确地理解学习目标。也就是说，学生的课程目标观念在很大程度上受其课程内容观念的制约。

课程价值观念是指学生对"数学有什么用""为什么要学数学"等问题的总体看法。小学生的课程价值观可以分解成三个方面，即小学生如何理解学科的应用价值、课程的发展价值、知识的结构价值。

课程内容观念是指学生对"数学课程学什么"这类问题的总体看法。以"四基"为核心的小学数学课程内容，按四个领域划分，用循序渐进、螺旋上升的方式编排到小学各册教材。经过较长时间的数学课程学习，学生既要适当了解数学课程知识内容的整体结构，适应数学知识的高度组织化、结构化，也要逐步形成关于数学课程内容的知识观、技能观、方法观的活动经验观。

课程目标观念是指学生对"从哪些方面学数学"这类问题的总体看法。面对具体的数学学习活动，教师会根据课程标准的要求，从知识技能、数学思考、问题解决、情感态度等方面设定教学目标，但小学生则更加关注自己"懂不懂、会不会、对不对、快不快、巧不巧、乐不乐"等方面的表现，并在学习经验的基础上对自己做出适当的预期。

课程学习观念是指学生对"怎么学数学""我的数学学得怎么样"等问题的总体看法。数学课程的学习方式是多样的，学生要逐步适应独立思考、教师讲授、合作探究等多种学习方式，主动选择适合自己的学习方式。数学课堂的活动方式也是多样的，听、看、说、做、读、算，学生如何参与这些活动，运用哪些知识在哪些环节开展怎样的活动，需要学生在活动中积累经验、应用经验。对数学学习成效的评价是多角度、个性化的，知识的理解水平、技能的掌握程度需要评价，参与活动、应用方法的情况需要评价，态度与情感表现也需要评价。

第二节　小学生数学课程价值观念及其培养

一、培养"学科应用价值观念"的教学方法

数学与人类发展和社会进步息息相关，随着现代信息技术的飞速发展，数学更加广泛应用于社会生产和日常生活的各个方面。数学不仅是人类实施和改进物质生产活动的工具，也是人类文化的重要组成部分。数学的学科价值决定了数学课程的教育功能，数学教师要努力为学生理解数学应用价值创造机会，启发和引导学生"知数学""信数学""爱数学"。

1. 构建数学与生活的联系

小学数学有大量与现实生活密切联系的知识内容，这些知识和方法能直接

改进生产和生活,应用性非常突出。在教学这类知识内容时,教师就应该有意识地把握时机,强化学生对数学应用性的认识。

要让学生理解数学学科的应用价值,最基本的途径就是让学生觉得"到处都得用数学"。教师要重视数学与生活之间的联系,为学生提供丰富而典型的、有启发性和教育性的学习材料,使学生对数学的广泛应用有充分的体验和真切的感受。例如,在统计的时候用画"正"字的方法计数,能给最后整理数据带来了更多方便。又如,马路上的井盖大多都设计为圆形,是因为圆的所有直径都相等,并且直径是圆内最长的线段。圆形的井盖怎么放都不会掉进井里,保证了安全;圆形的井盖怎样调整方向都会恰好盖住井口,操作起来更方便。

2. 创设知识应用的情境

要让学生理解数学学科的应用价值,还有一条途径就是让学生觉得"用数学方法解决会更好"。教师要充分发挥解决实际问题、探究性学习等教学内容的优势,不仅指导学生解决问题、获得知识,还要通过回顾与反思、总结与分享活动,引导学生体会用数学的眼光分析生活现象、用数学的方法解决生活问题,更加准确、简洁、方便。

【案例6-1】四年级下册"数学广角"的第一个问题情景是"帮妈妈沏茶"。根据题目列出的各环节,正确的沏茶顺序不止一种,都能把事情做对。但如果深入分析各环节的时间,发现如果让某些环节同步进行,就能节省一些时间,让客人尽快喝上茶,这就是把事情做好了。"先把事情做对,再想办法做好",就是用数学方法对生活问题的优化。

第二个问题情景是"烙饼"。在日常生活中,我们把三个饼一个一个地烙熟,也算是把事情做对了。但用数学的眼光来分析,就能找到更加省时间的安排方法,把事情办得更好,而且这种方法还可以推广到更多的生活场景,启发人们用数学方法优化解决生活问题。

二、培养"课程发展价值观念"的教学方法

《义务教育数学课程标准(2011年版)》指出,"作为促进学生全面发展教育的重要组成部分,数学教育既要使学生掌握现代生活和学习中所需要的数学知识与技能,更要发挥数学在培养人的思维能力和创新能力方面的不可替代的作用。"这一课程理念充分阐明了义务教育数学课程的价值,尤其是肯定了数学课程在促进人的发展方面的独特价值。

显然，小学生是无法直接理解上述理念的。作为数学活动的主体、数学课程学习的主体，他们可以观察到自己在知识技能方面的进步，但对自己思维能力和创新能力发展却很难觉察。教师要善于利用教学机会，有效组织自我观察，适时肯定学生进步，让学生感觉到自己与数学课程共进步、同成长。

1. 让学生常常看到自己的进步

进步就意味着发展。把今天的水平跟过去比，就能看到自己的进步。让学生常常有机会看到自己的进步，可以给学生带来积极的情绪体验，帮助学生不断增强学习数学的自信心、主动性。

例如，掌握了两位数加两位数的口算方法之后，教师适时表扬学生："以前需要用竖式计算才能算对的问题，现在你们都能口算了，进步真大呀！"这种以事实为依据的表扬，让学生感受真切，成就感、自豪感在心中油然而生。

2. 有效利用课后的回顾与小结

有经验的教师更能合理地把控课堂教学的时间，即使是有些预设内容没有完成，也会留足课堂回顾与小结的时间。利用好回顾与小结这个教学环节，也可以让学生更清楚地感受到自己的收获和进步。

课堂回顾不仅仅是对新知识的回顾，还要从我们经历了怎样的学习过程、参与了哪些学习活动、收获了什么新的学习方法等方面，鼓励学生自主表达、自我肯定。课堂回顾可以是师生对话问答的方式，也可以是学生自评互评的方式，还可以采用更多更灵活的方式。长期坚持这种教学方式，能让学生意识到，每节数学课都有新收获，每节数学课都有新进步。一课一悟，一课多得。

【案例 6-2】教师在"圆的认识"一课即将结束时，用组织学生"冥想"的方式进行课堂回顾与小结。观察课件呈现的优美画面之后，学生闭目欣赏舒缓的旋律，在教师语言引导下展开冥想：

阳光明媚的春天，我们全班的同学一起来到一片大草地上，我们手拉着手，围成一个圆圈。每个人都面向圆心站立，脸上带着愉快的笑容。

你会发现快乐。你能看到所有好朋友的笑容，是的，看到每一个人的笑容！快乐的情绪充满了整个圆。

你能感受温暖。紧拉着的手，传递着每一个人的热情。哪怕是那个站在圆圈对面，离你最远的人，也跟你一样幸福。

有一个人，走进圆内，站在了圆心的位置。哦，那是我们亲爱的老师！他环顾圆周，亲切地看着每个人，也让每个人都能看到他。他离每个人都不远，也不近，就像他给予我们每个人的关心和慈爱，无私而公平。

现在，我们放开手，向后转。慢慢地向后退，向后退，我们感觉到彼此的距离越来越近，直到我们肩并着肩，围成一个更小的圆圈。

虽然我们看不到老师了，也看不见圆圈上其他的人，但我们却能感受到一股力量。那是我们这个集体的力量。它凝聚着我们，鼓励着我们，支持着我们，勇敢地面对任何困难和挑战。

最后，让我们吸收这种力量，积蓄这种力量，迸发这种力量，用力地向圆外奔跑。啊，我们的圆变大了，越来越大了，向着世界，向着未来，扩展，扩展……

三、培养"知识结构价值观念"的教学方法

数学知识结构是由数学概念、原理、公式、法则以及其他相关命题构成的一种严密的知识体系，它反映了人类关于世界的数量关系和空间形式的认识成果。数学知识结构的严密性，意味着每一种数学知识都是整个结构中的一个组成部分，并与其他知识形成多种多样的联系。

学习一种数学知识，不仅要理解知识内涵，还要理解它的结构意义。教师应努力让学生认识到：每一种数学知识都要以其他知识为基础，每一种数学知识都将成为其他知识的基础，每一种知识在整个知识体系中都是不可缺少的。

1. 突出新旧知识的联系

教师组织学生复习相关的旧知识，目的不仅仅是帮助学生发现和理解新知识，还要让学生积累学习数学知识的基本经验。旧知识为学习新知识设定出发点，提供可供迁移的方法。新知识是旧知识的发展，新方法是旧方法的延伸。学生每次学习新知识的过程中，都能获得相同的学习体验，反复的体验最终让学生形成一种关于数学学习规律的认识：要从已有的知识和经验出发，才能更好地理解新知识、掌握新方法。

【案例6-3】在"分数的基本性质"教学过程中，教师不仅要关注学生是否理解分数的基本性质，是否掌握了分数基本性质的应用技能，还应该从知识联系、知识结构层面延伸学生的数学思考：

探索分数的基本性质，可以把"分数的意义"作为新知识的生长点。同一个正方形被平均分成2份、4份或8份，给其中的1份、2份或4份涂色，表示涂色部分的分数都相等。因此，在数学知识结构中，"分数的意义"可以看作是"分数基本性质"的结构基础，"分

数基本性质"可以看作是"分数的意义"的结构发展。

也可以把"分数与除法的关系"和"整数除法中商不变的规律"作为新知识的生长点。分子相当于被除数,分母相当于除数,分数的大小相当于除法的商。在整数除法中,被除数和除数同时乘或者除以相同的数(0 除外),商不变,那么在分数中,分子和分母同时乘或者除以相同的数(0 除外),分数的大小不变。同样的,在数学知识结构中,关于除法的这两种知识可以看作是"分数基本性质"的结构基础,"分数基本性质"可以看作是对除法相关知识的结构发展。

还可以进一步从学习方法方面引导学生理解数学知识的内在结构。

利用"分数的意义"探索"分数的基本性质",我们使用的是归纳的推理方法,通过对具体图形的观察、对具体分数的分析,结合更多的例子,开展合情推理而得出结论。

利用"分数与除法的关系"和"整数除法中商不变的规律"探索"分数的基本性质",我们使用的是类比的推理方法,根据分数中各部分的关系、除法中各部分的关系,以及这两种关系的相似性,在理解分数与除法意义联系的基础上,开展合情推理而得出结论。

类似的推理活动,学生以往在学习其他数学知识的时候也都曾经历过,因此,本节课对新知识的探索方法,可以看作是已有数学方法在新环境中的延伸应用。

未来将要学习"约分与通分""分数的四则运算"等知识,届时,"分数的基本性质"将发生结构发展,变成这些未来知识的结构基础。

由此看来,在数学知识结构中,"分数的基本性质"是不可或缺的。没有"分数的基本性质",旧知识得不到应有的发展,新知识找不到生长的基础。

2. 加强知识结构的教学

如果说"突出新旧知识的联系"是为了让学生更好地理解新知识,把知识结构作为教学手段,那么"加强知识结构的教学"则是为了完善和巩固学生的认知结构,把知识结构作为学习对象。

数学知识结构是学生数学认知结构的物质基础和客观依据。没有数学知识结构,学生的数学认知结构不可能凭空产生;反过来,不完整、不准确的数学认知结构,也不能正确反映数学知识结构。因此,教师要把知识结构作为完善和巩固学生认知结构的教学资源，在具备相应教学条件时，以知识结构为学习对象，主动帮助学生整理知识结构。

【案例6-4】"分数的意义和性质"知识单元包含的教学内容很多，知识之间的联系也较为复杂。在单元即将结束时，很有必要通过以下方式进行知识结构的教学：

可以呈现单元知识内容的思维导图，结合思维导图系统整理本单元知识内容。

思维导图

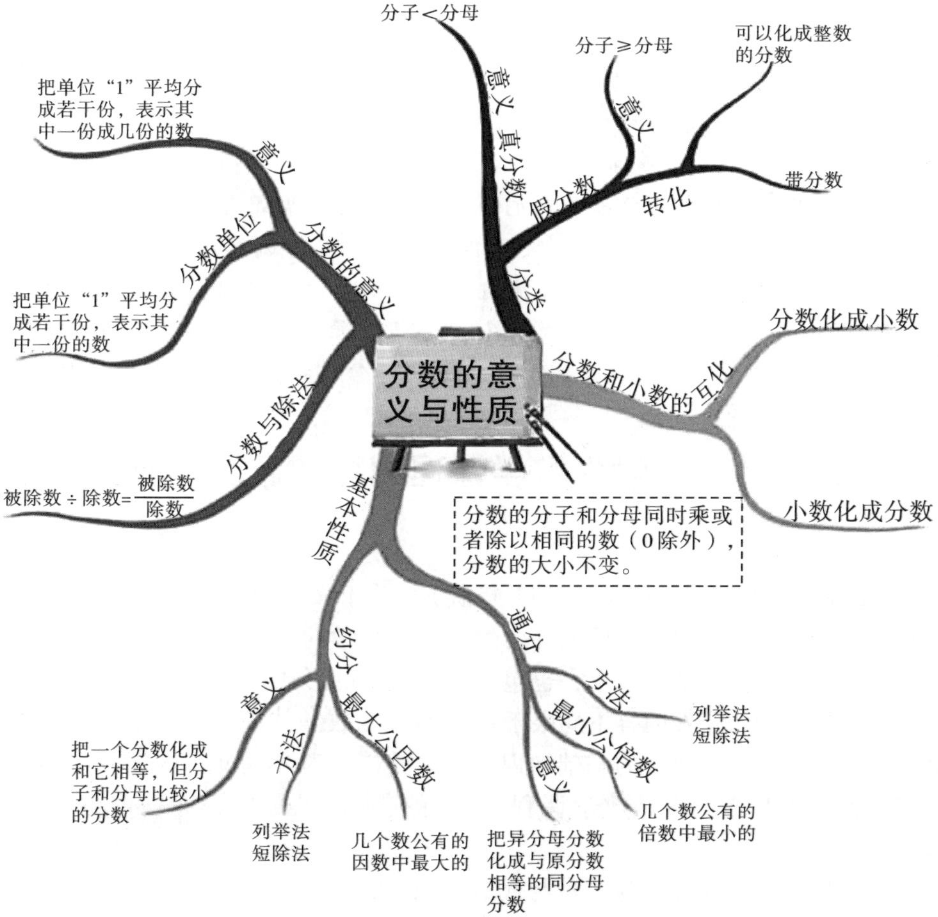

（分数的意义与性质）

- 分数的意义
  - 意义：把单位"1"平均分成若干份，表示其中一份或几份的数
  - 分数单位：把单位"1"平均分成若干份，表示其中一份的数
- 分数与除法：被除数÷除数 = 被除数/除数
- 分类
  - 真分数：分子<分母
  - 假分数：分子≥分母
    - 转化
      - 可以化成整数的分数
      - 带分数
- 分数和小数的互化
  - 分数化成小数
  - 小数化成分数
- 基本性质：分数的分子和分母同时乘或者除以相同的数（0除外），分数的大小不变
- 约分
  - 意义：把一个分数化成和它相等，但分子和分母比较小的分数
  - 方法：列举法、短除法
  - 最大公因数
    - 意义：几个数公有的因数中最大的
    - 方法：列举法、短除法
- 通分
  - 方法：列举法、短除法
  - 最小公倍数
    - 意义：几个数公有的倍数中最小的
    - 把异分母分数化成与原分数相等的同分母分数

可以用更加简明的知识结构图帮助学生整理，如下图所示：

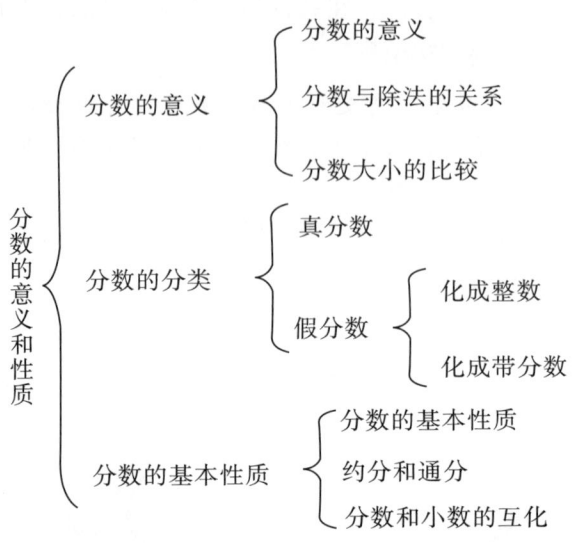

可以让学生自己画出本单元的知识结构图或思维导图。不少教师在这方面做了很好的尝试,从网络上我们可以查阅到丰富的学生作品,这些作品生动地反映了学生自主整理知识、主动构建知识结构的成效。

第三节　小学生数学课程内容观念及其培养

《义务教育数学课程标准(2011年版)》关于义务教育数学课程内容提出的基本理念是:课程内容要反映社会的需要、数学的特点,要符合学生的认知规律。它不仅包括数学的结果,也包括数学结果的形成过程和蕴涵的数学思想方法。小学数学的课程内容不局限于数学知识和数学技能,"适应社会生活和进一步发展所必需的数学的基础知识、基本技能、基本思想、基本活动经验"(简称为"四基"),既是数学课程的目标要求,也是数学课程内容的基本范畴。

小学数学课程内容分为"数与代数""图形与几何""统计与概率""综合与实践"四个领域,每个领域的知识内容具有更多的共性特征和更为紧密的内在联系,但彼此之间又以各种形式交叉融合。

数学教师在课程理念指导下,系统研读教材,理清各领域知识内容的发生与发展线索，可以形成全面、完整而清晰的课程内容观念。小学数学教师整体把握小学阶段的数学课程内容，要达到一种"会当凌绝顶，一览众山小"的境界。

另一方面，由于学生日常的数学学习对象是各种具体的知识，既难以从中分解、抽象出"四基"，也难以形成领域的整体结构认识，常处于一种"只在此山中，云深不知处"的状态。

一、培养"数学知识观念"的教学方法

知识是人类认识世界和改造世界实践经验的总结，是客观事物的属性和联系在人的头脑里的能动反映，是对客观事物规律的主观表征。知识学习特别是学生的学习，更多的是将人类已有的知识转化为学生个体的知识。

1. 知识的价值在于应用

即使是小学生也会意识到，自己正在"发现"或"学习"的知识并非自己的原创，它是人类已有的知识，我们在努力把它变成自己的知识。人类为什么要发明或发现这个知识，为什么要保留和发展这个知识，简单地说，是为了"用"。小学阶段的全部数学知识都是人类在漫长的社会实践中应现实需要而产生的，这些知识也一直都在为人类的生产和生活所运用，并且在新的生产和生活需要中得到发展。

数学教学要充分体现小学数学知识的应用性特点，指导学生从知识的产生、应用和发展中获得感悟，加深对知识价值的理解，逐步形成正确的课程知识观念。

【案例6-5】三年级下册学习小数的初步认识、四年级下册学习小数的意义和性质，教材都附有一则关于小数产生的史料"你知道吗"，说明小数的历史悠久，小数是我国最早提出和使用的。

教师可以在适当的时机提出问题：人们为什么要提出和使用小数？为什么在用分数可以表示比1还小的数时，人们还要使用小数？

教师可借此问题，让学生在猜想和讨论中进一步理解小数易读易写的外部特征优势，进一步理解小数与十进分数的联系，进一步理解十进位值制计数法的基本原理。

2. 知识的关键在于联系

小学数学课程中的知识，大都是人类早期关于世界数量关系和空间形式的认识成果，是数学学科知识中最基础的内容。为了降低学生的学习难度，很多

知识还以简化、直观甚至粗略的形式呈现和总结。即便如此，教材仍然强调了数学知识的结构化，引导学生不断体验知识联系。之所以这样设计就是为了突出数学课程知识观念的另一个功能：充分体验数学知识结构的严谨性，有利于促进学生形成严谨的认知结构，养成严谨的数学学习态度。

教师可以从纵、横两个方向引导学生体验知识的联系。

所谓纵的方向，是指知识从产生、演化到组成结构，形成了清晰的线索。也指学习数学知识时，从回顾旧知识到发现新知识，再到利用新知识发现更多知识，形成了有序的过程。

所谓横的方向，是指数学知识的各种形态之间的联系。我们要利用数学概念进行判断，利用判断开展推理，通过推理形成原理，依据原理推导公式或法则，运用公式或法则实施运算。每一种知识形态都与其他知识形态发生联系，我们每次开展抽象、归纳、演绎、分析与综合等思维活动都需要综合运用多种形态的知识。

二、培养"数学技能观念"的教学方法

数学技能是指学生在老师的指导下，通过有目的、有计划的练习而形成的顺利完成某种数学活动任务的动作体系或心智活动方式。外显的数学技能可称之为数学操作技能，内隐的数学技能称为数学心智技能。良好的数学技能具有准确性、灵活性、自动化或趋于自动化等特点。

小学数学的操作技能多指对数学工具和学具的操作技能。如利用量角器度量角度、利用图片模型演示平移运动等。小学数学最重要的心智技能是运算技能，主要包括口算、笔算、混合运算、较简单的简便计算、解方程等类似技能，也包括在应用公式和数量关系解决图形求积问题、简单实际问题时经历的，明显趋于自动化的心理活动形式。

在《义务教育数学课程标准（2011年版）》中，描述数学技能目标时一般使用"掌握""能"等行为动词。《义务教育数学课程标准（2011年版）》对"掌握"的含义做出解释：在理解的基础上，把对象用于新的情境。这里所说的理解，是指理解技能的原理和规则，对象是指技能规则及规则指导下的活动，用于新的情境是指在经历技能的学习过程之后，技能应用于类似的活动任务之中。

1. 数学技能是合乎规则的行动

无论是数学操作技能还是数学心智技能，都是一种合乎规则的肢体或心理活动方式。

例如，使用量角器度量角度，要符合"两重合一看"的规则，即量角器的中心与角的顶点重合，0 刻度线与角的一条边重合，看角的另一条边指向的两个刻度，读取与 0 度同圈的刻度数。无论角的开口方向、大小、边的长短等情况如何，用量角器度量角度的操作活动都必须合乎上述规则。又如，笔算多位数乘两位数，先算多位数乘两位数个位上的数，再算多位数乘两位数十位上的数，再把两次的乘积按对位规则相加，就是这种运算应该遵守的规则。

一些数学技能是分阶段学习、逐步掌握的，每个阶段有特定的规则，但必须与最终的规则保持一致。例如整数的读法，经历了 20 以内的数的读法、100 以内数的读法、万以内数的读法等几个初级阶段，逐步发展到多位数的读法并形成最终读法规则，在前面几个初级阶段，都要求从高位读起，依次读出各个数位上的数及数位名称，数中间的 0 和数末尾的 0 还有更具体的读法规则，这些规则与最终形成的多位数读法规则是保持一致的。

让学生形成"数学技能是合乎规则的行动"这一观念，可以强化学生学习规则、理解规则、遵从规则的意识，避免学生在学习过程中随意"自创规则"。如学生在计算异分母分数加法时，可能会自创一种"分子相加作分子，分母相加作分母"的算法规则，说明这名学生还没有意识到数学规则的客观性。为什么会这样呢？因为他没有理解规则。

2．理解是掌握技能的基础

无论是数学操作技能还是数学心智技能，只有理解了形成规则的原理，才能真正达到掌握的水平。仅靠动作模仿学到的技能，既不能实现长期稳定的记忆保持，也更容易在新的应用情境中出现错误。

【案例 6-6】为什么用量角器度量角度要遵从上述的几条规则呢？教师如何帮助学生理解这些规则？笔者提出以下教学建议：

首先要让学生知道，量角器实质上是一组角，一组从 0 到 180 度的角。这个原理与直尺的原理是相类似的，直尺实质上是一组线段，一组长度从"0"到"最大刻度"的线段。

其次要理解，这些角是基于把圆周角平均分成 360 份后，产生了 1 度的角，再把 1 度的角作为单位，演化出更多不同度数的角。角的度数就是指一个角里面包含了多少个 1 度的角。这个原理与"线段的长度是指一条线段里面包含了多少个长度单位"相类似的。

第三，比较角的大小的基本方法是把两个角重叠起来，看哪个角的开口更大。这个原理与比较两条线段的基本方法也相类似。

第四，为了方便比较，我们把两个角的顶点重合起来，各自的一条边重合起来，观察各自另一条边的位置。类似于我们比较两条线段的长度时，最好先把它们的一个端点重合起来。

第五，做到了"两重合"以后，角的另一条边指向某个刻度，实质上就是在量角器上找到了一个与待测角同样大的角，而这个角的度数可在量角器上读到。同样，其原理与用直尺度量线段长度类似。

第六，量角器上有内圈刻度和外圈刻度，虽然给我们制造了一点选择麻烦，但这是人们对量角器这种工具的优化和改良结果，因为这样可以更方便地度量开口方向不同的角。这是直尺上没有的特征。

或许有老师觉得，这样教量角会不会太麻烦呢？我的回答是，是的，单纯为了学会量角这种操作技能，也许不需要这么麻烦，但为了让学生意识到并理解了原理的技能才是真技能，这很重要。很重要的事，就不能怕麻烦。

三、培养"数学方法观念"的教学方法

数学方法与数学思想是紧密联系在一起的。《义务教育数学课程标准（2011年版）》在"四基"中提出的"基本思想"，是指基本的数学思想。抽象的思想、推理的思想、数学模型的思想是核心的数学思想，分类的思想、数形结合的思想、转化与转换的思想等是一般的数学思想。前者是对数学全域性内容的抽象概括，反映的数学全局性的本质含义；后者是对数学局域性内容的抽象概括。

数学方法是在数学思想指导下，在具体数学活动中反映出来的，往往表现为思考和解决问题的具体规则、程序或方式。数学方法是数学思想的具体、微观、外在化的表现，具有微观性、明确性和可操作性等特点。例如，将小数乘法转化为整数乘法计算是转化的方法，将平行四边形转化为长方形推导面积计算公式也是转化的方法，很显然，两种转化方法的具体规则、程序和方式是不同的，但它们都是将没有学习过的内容转化为已经学过的内容，以达到解决数学问题的目的，从这一角度看，两种方法都体现了转化的数学思想。

为什么我们讨论小学生的课程观念时，把讨论对象从数学思想替换成数学方法呢？一是因为数学思想的抽象性，小学生对抽象的数学思想虽然能产生具体的体验，但缺乏整体认识它们的能力，所以不具备对数学思想形成稳定看法的条件。二是因为数学方法的明确性和可操作性，更有利于学生进行抽象和概括。学生在数学学习中反复应用、多次感悟数学方法，能逐步形成对这种数学方法的总体看法，随着学习经历的进一步丰富、抽象概括能力的进一步发展，最终将走向理解数学思想的认识高度。

1. 学习不同的知识可以运用相同的数学方法

如果教师把"数学思想方法"作为重要的课程内容和教学目标,那么就应该在具体教学活动中落实相应的教学举措。启发学生探索解决新问题的思路,或者是组织学生回顾解决问题经历的过程,都是明确数学思想方法的良好教学时机。

数学方法在解决问题过程中的应用非常广泛,即使数学问题所在知识领域、内容模块差异显著,都可能运用同样的数学方法予以解决。数学方法在不同情境中的应用,可以让学生对数学方法的认识达到一种"举一反三"的境界。

【案例6-7】条形统计图、折线统计图等直观表现了整组数据的总体水平以及具体数据之间的个别差异;在数轴上认识小数、分数,对于学生理解分数、小数的意义能发挥很好的直观作用;这两种知识内容或教学方法都是数形结合数学方法的典型应用,是数形结合中的"以形辅数"。

用数对确定物体的位置、用方向(角度)和距离两个参数确定两个地点的相对位置等,同样应用了数形结合的数学方法,更具体地说,属于"以数解形"的应用情形。

无论是"以形辅数"还是"以数解形",都体现了数形结合的数学思想。

【案例6-8】行程问题的基本数量关系是:路程=速度×时间,长方形的面积计算公式是:面积=长×宽,两个不同领域的数学知识,都以数学模型的形式表达知识结论,而推导这两个知识结论的过程,都符合数学建模的一般特征,因此,我们可以把这种现象视为数学模型思想或方法在学习不同知识的过程中的具体应用。

2. 学习相同的知识可以运用不同的数学方法

一方面,解决数学问题是一种合乎规则的数学活动,规则往往就蕴涵着解决问题的数学方法。依据规则实施解决问题的数学活动,才能保障活动结果的确定性、正确性。另一方面,解决数学问题的方法和过程常常是多样化的,意味着有多种数学规则可以指导我们实现问题的解决。多样化的方法与确定性的结果,能让学生体验应用数学方法的另一重境界"殊途同归"。

【案例6-9】教学平行四边形的面积计算公式,可以分别运用转化与转换的数学方法、函数的思想方法、数形结合的方法来设计组织教学活动。在学生掌握了"数方格"统计平行四边形面积的方法后：

（1）运用转化与转换的数学方法

指导学生应用平移的知识技能，对平行四边形作恰当的剪拼、平移操作，将其转化为面积相等的长方形，经过比较、推理后，推导出平行四边形的面积计算公式。

（2）运用函数的思想方法

①提出一个问题，到底是什么影响或决定了平行四边形的面积？

②指导学生观察实验演示，统计并记录每次实验中前后图形的面积。

③实验一，固定平行四边形的底，改变高。

④实验二，固定平行四边形的高，改变底。

⑤实验三，同时改变平行四边形的底和高。

⑥实验四，整倍数地改变底或高。

⑦实验五，改变平行四边形的形状而不改变它的底和高。

⑧小结：平行四边形的底和高影响了平行四边形的面积。

⑨观察记录，提出猜想：平行四边形的底乘高等于它的面积。

（3）运用数形结合的方法

①分小组活动，在方格纸上画出面积为24的平行四边形。

②第一次展示之后，鼓励学生画出更多的形状不同的平行四边形。

③归类分析学生作品，指导观察。

④抽象概括规律：底相同的平行四边形，高也相同，反之亦然。并且每种平行四边形的底乘高都等于24。

⑤提出猜想：平行四边形的底乘高等于它的面积。

四、培养"数学活动经验观念"的教学方法

曹才翰认为，数学活动经验是指：对具体数学理论或数学技能的应用背景和条件的概括；对数学活动中一般的数学活动方式、方法的概括。可以简单地理解为，前者是分析数学问题的经验，后者是选择解决方式的经验。

郭玉峰、史宁中认为，"数学基本活动经验是活动过程和结果的统一，体现活动过程的完整性和自然的思维过程，强调个体的亲身经历和感悟，不能传播。数学基本活动经验始终是综合性的，不是个别的，是弥补基础知识，数学能力不能涵盖之不足，是数学教育发展的必然"。这一阐述强调了数学活动经

验的综合性、个体性、过程性等特点，以及数学活动经验的重要价值。

学生的数学活动经验在学习数学的过程中获得，在实践应用中得到发展，相同或类似的活动经验通过多次的学习实践而形成积累，积累到一定程度的活动经验经过抽象和概括之后实现升华。

1. 在"做"中获取经验

数学活动经验的个体性、过程性决定了它不可传播，不能通过简单说教、背诵条文、机械模仿而获得，唯有通过亲身经历、亲自实践、个体感悟才能形成真实的经验。数学学习中的操作活动、思考活动、解决问题的活动，是学生数学活动经验的主要来源。

低年级学生通过摆小棒的操作，把直观的"根"和"捆"分别与抽象的"1"和"10"联系起来，把"9根再加1根变成1捆"与"9加1就是10"联系起来，获得了用实物表象、动作表征理解数学概念和规则的活动经验。

中年级学生在解决"鸡兔同笼"问题时，经历了先假设一个答案，再检验其正确与否，然后调整假设，继续检验，直到假设得到验证的思考过程。不同的学生可能获取了不同的经验：有的人感悟到，一次一次地假设、检验，用尝试的方法是可以最终找到正确答案解决问题的；有的人感悟到，如果对比分析一下根据假设求得的结果与题目条件，能发现该往什么方向调整，这样可以减少假设的次数；还有的人感悟到，每调整一次假设，结果与条件之间的距离有规律地被拉近，可以应用这个规律来计算。

2. 在"练"中积累经验

数学活动经验在活动过程中发生、获得，但由于它的内隐性、情境性，使得经验常常无法被觉察、无法被明言，进而难以保持和记忆。只有通过适当的练习，让学生在与例题类似的问题情境中多次经历相同的操作或思考活动，他们在运用知识和经验解决问题的同时，也重复着类似的活动体验，才有可能自觉地体会到经验的存在，主动对经验进行提炼和概括。

【案例6-10】用量角器测量角度是一种遵从数学规则的操作活动，即使理解了规则之中蕴涵的原理，在新的问题情境中，开口方向变化、边的长度达不到刻度线位置、被测对象接近直角时如何选择度数等情况，仍然会对学生的操作活动形成阻碍。也正是在这种阻碍条件下，学生坚持按"两重合一看"的规则进行操作，并自觉根据原理判断新的操作活动是否符合规则，使用量角器正确测量角度的活动经验被有效积累，不断强化，才能形成正确、稳定的操作技能。

【案例6-11】除法竖式的算理理解、算法规则比较复杂，部分学

生感觉困难较大，尤其是知识发展到"商是多位数"的时候，过程步骤繁琐，前期学习效果不佳的学生，常常会在计算过程中停顿下来，不知道接下来应该做什么。教师针对性地给这部分学生提供一种操作程序的支持，虽然暂时不能解决理解算理的问题，但能够在掌握算法方面起到简化、规范的作用。

把笔算除法的每一轮计算划分为"商、积、余、落"四个步骤。"商"是指定商的位置、估商的大小；"积"是算出除数乘商的积，写在被除数下面；"余"是用减法算出余数；"落"是在余数后面写出"落下来"的被除数的下一位数。至此，完成一轮计算，产生了"新的被除数"，进入新一轮的"商、积、余、落"过程。

3. 在"用"中发展经验

知识的理解与掌握水平，需要在应用中进行检验。以知识应用为目的教学情境可分为两种。一种是与例题类似的情境，以知识的直接应用、简单应用为主，起着巩固知识和技能的作用。另一种是与例题有较明显区别的情境，通过问题的变式，实现知识的拓展和迁移，起着发展知识和技能的作用。而伴随这一过程，学生的数学活动经验也会进一步拓宽范围，或进一步加深印象，或进一步明确清晰。

【案例6－12】两位数加两位数的口算，知识难度经历了从个位相加"不进位"到"要进位"的发展。算理非常清晰，"个位上的数相加，十位上的数相加"，算法却是多样化的。例如34＋27，学生可以想30＋20＝50，4＋7＝11，50＋11＝61；可以想34＋20＝54，54＋7＝61；可以想34＋7＝41，41＋20＝61……

从发展学生运算能力的角度来看，我更倾向于引导学生优化为这样的算法："个位看起，十位算起"。例如上题，先看个位相加是否满十，如果满十，不必先算是十几。十位两数相加（或再加1）确定得数的十位数，个位相加确定得数的个位数。

之所以引导学生做这样的优化，目的有二。其一，从高位算起更符合口算的特点，口算在很多时候应用于估算情境中，从高位算起能更快更准确地确定得数是几十多；其二，引导学生养成整体观察运算对象、把握算式总体特征的习惯。

遵从规则是计算的基本要求，但在运用规则之前要先观察。先观察，确定运算思路后再计算；先观察，有利于发现优化的运算思路。所以，养成先观察再计算的习惯是很重要的。

我们期望学生的数学活动经验能得到这样的发展。

4. 在"思"中升华经验

数学活动经验不是单纯来自数学活动，日常生活的经验、其他学科的经验都可以作为数学活动经验的形成与发展基础。数学活动经验也不完全是个体独有的，个人感悟所得、同伴分享交流、教师提炼概括、家长教导传授等，都是学生获取数学活动经验的途径，直接经验和间接经验都具有重要的价值。

教师要善于利用教学情境、教学手段、教学时机，善于利用预设资源、生成资源，引发学生对数学活动经验的觉察、关注，并在适当条件下引导学生进行分享、交流，利用他人的认识或群体的共识，补充学生在数学活动经验上的不足，修正个体经验中的偏差与错误。

第四节 小学生数学课程目标观念及其培养

《义务教育数学课程标准（2011年版）》在阐述义务教育数学课程性质时就已经明确了课程的基本目标："数学课程能使学生掌握必要的基础知识和基本技能，培养学生的抽象思维和推理能力，培养学生的创新意识和实践能力，促进学生在情感、态度与价值观等方面的发展。义务教育的数学课程能为学生未来生活、工作和学习奠定重要的基础。"课程能实现的，就是课程的功能。充分发挥、努力实现课程的功能，就是课程的基本目标。课程标准的基本理念强调，"要面向全体学生，适应学生个性发展的需要"，突出了数学课程的普及性与适应性。

义务教育阶段数学课程目标分为总目标和学段目标，从知识技能、数学思考、问题解决、情感态度四个方面加以阐述。四个方面是一个密切联、相互交融的有机整体。

数学课程目标涵盖面广，综合性强，层次差别大，数学教师要建立整体、系统、协调的课程目标观念，在教学实践中全面落实课程目标，实属非易。面对一个具体的教学内容，四个方面以何为侧重，又如何相互交融，如何保障全体，又怎样兼顾个体，等等，需要数学教师不断探索、不断实践、不断改进。

对于小学生来说，在展开新知识学习之前，显然是无法设定或理解本节课的学习目标的。但这并不意味着小学生没有目标观念，随着学习经验的不断积累，学生可以从过往学习类似知识的经验中，结合自己的现实基础，对自己本节课的学习方式、学习效果和学习表现做出一定的预期，形成自己的学习目标。

如果教师坚持指导学生在数学学习中体验目标设定与评价，长此以往，学生就能逐步建立关于数学课程目标的较全面的、稳定的看法，这就是学生的课程目标观念。

一、培养关于"知识技能"的目标观念

知识技能是小学数学课程目标中最基础的部分，课程内容中最显性的部分，也是小学生数学学习中最受关注的对象。

1. 从"知不知"到"懂不懂"

课程标准对知识性内容设定了两个层次的结果性目标动词：了解、理解。了解：从具体实例中知道或举例说明对象的有关特征；根据对象的特征，从具体情境中辩论或者举例说明对象。理解：描述对象的特征和由来，阐述此对象与相关对象之间的区别和联系。

一些分阶段教学的知识，如小数的认识、轴对称运动等，第一阶段的知识目标通常以了解为主，也会对个别知识要点提出理解的要求，第二阶段一般都要求学生达到理解的水平。不分阶段教学的知识，如百分数的认识、长方体和正方体等，则直接要求学生完整经历由了解到理解的认识过程。

就学生来说，了解一般就是"知不知"，理解一般就是"懂不懂"。

【案例6-13】学生初次学习加法，只要知道加法是一种算式，里面有加号，把两组东西合起来、两组点子合起来、两个数合起来，可用加法计算。某种东西增加了一些、点子增加了、数增大了，也用加法计算。

再次学习加法，学生要从数学概念层面实现对它的理解："把两个数合起来的运算"是概念的内涵，其中"运算"是这个概念的属概念，属概念里还包含了减法、乘法、除法等其他种概念；基本的加法算式由"两个加数、加号、等号、和"等共同组成，这是对概念外延的抽象和概括。学生还要掌握加法各部分之间的关系并在此基础上理解加、减法的逆运算关系。从理解概念本身继续延伸，还涉及理解加法计算的算理、掌握计算方法等知识。

【案例6-14】学生在高年级认识百分数时，通过个人思考或集体交流能形成一种学习预期：通过今天的学习，我们要知道百分数是什么样子的数、如何读、如何写、表示什么意思、有什么作用、用在哪

里、怎么用、跟其他的数有什么关系、百分数有什么好处、百分数怎样形成的，等等。前三个问题属于了解的层次，后面的问题都是理解层次的具体要求。

学生之所以能形成这种预期，是因为他们经历了多次对数学概念从了解到理解的认识深化过程，逐步建立了关于数学知识学习的目标观念，并体现于具体的数学学习活动之中。

2. 从"对不对"到"会不会"

课程标准对技能性内容设定了两个层次的结果性目标动词：掌握、运用。掌握：在理解的基础上，把对象用于新的情境。运用：综合使用已掌握的对象，选择或创造适当的方法来解决问题。

由此看来，我们可以把学生对技能的学习程度分为两个层次：模仿与简单应用、综合应用与创新应用。第一个层次一般通过"对不对"来判断技能学习效果，第二阶段通过"会不会"来做出评价。

要使学生逐步形成正确的数学技能观念，教师要在日常教学中灵活掌握评价手段，不仅考察数学技能的显性水平，更要创设教学情境，暴露学生是否理解数学技能所依据的原理，以此推动学生改变对自己的评价，从关注自己"对不对"转向更多关注"会不会"。

【案例6-15】学习了多位数乘两位数计算方法之后，在例题之外，学生完成同样难度的三位数乘两位数式题计算，总体上是属于对例题计算过程的模仿，是对算理理解的进一步巩固，是对算法规则熟练化的训练。这是运算技能必须经过的教学环节。学生能否严格遵从规则，包括竖式的书写格式、计算的步骤程序，直接导致结果正确与否。所以"对不对"是这个学习层次的主要目标。

当学生面对几百几十的数乘整十数、几百几十的数乘两位数式题时，学生要理解简易竖式的写法原理和计算规则，需要综合应用多位数乘两位数，以及整十数、整百数乘一位数的算理和计算法则等多项已有知识，是多项技能综合应用的层次。学生"会不会"解决这类问题，不仅受其运算技能水平的限制，更受其运算能力发展水平的限制。

随着知识的进一步发展，学生还要探索乘法的性质（积的变化规律），处理更复杂的多位数乘法计算问题，并通过具体题组的规律，抽象概括一般性的结论，这时，有关多位数乘两位数的技能就得到了创新应用的机会。

二、培养关于"数学思考"的目标观念

数学思考是小学数学课程目标中最核心的成分，是课程内容中覆盖面最广的成分，是学生学习数学必须经历的过程，但因其抽象性、内隐性等特点，最不易被观察和评价。

1. 从"看得到"到"看不到"

这个话题主要讨论小学生如何评价自己抽象与概括等数学思考目标的达成情况。抽象，是小学数学要着力培养的思维能力，是学生数学思考从感性阶段发展到理性阶段的必由之路。抽象是概括的基础，概括有助于抽象。

要让小学生逐步认识到，直观情境、具体情境中的认识对象都是"看得到"的，我们的目的并不仅仅是把这个具体对象弄明白，而是要通过对这个具体对象的研究，发现它所代表的一类对象的特征、特性、规律、规则，然后用数学概念、公式、法则等表达我们的发现，这才是我们要掌握的知识。

真正的知识可以想象得到，却因为抽象而变成"看不到"。无论它是概念还是规则，是图形还是公式，是计算过程还是操作活动，经过人脑抽象和概括之后，知识已经以某种特殊的方式成为我们认识的一部分。我们看到或听到"方程"这个词，即使眼前没有"含有未知数的等式"，我们都知道它是什么；在我们理解了三角形的概念之后，纸上的这个三角形只是我们所知道的无数三角形当中的一个；在我们理解了分数乘法的计算法则之后，书写在黑板上的那个计算过程也只是一个例子而已；当我们看到"画出一个直径为 8 厘米的圆"这道习题，脑海里会浮现出圆规、圆、直径、半径等形象，也会形成一套操作程序：先用直尺确定圆规两脚间的距离为 4 厘米，然后把圆规一脚固定在圆心位置，接着画圆。

2. 从"猜得出"到"推得出"

小学阶段的很多数学知识处于知识的初级阶段，很多数学概念没有进行严格的定义，很多公式、定律、法则也没有向学生展示严密的逻辑论证。这与小学生心理特点和思维发展水平是相关的。某些数学知识看起来是"猜出来"的，实际上学生也经历了复杂的归纳或类比推理思维活动。某些数学知识经过了比较严谨的演绎推理，在"推出来"的过程中，学生的逻辑思维能力得到了锻炼。

小学生有很多归纳推理的数学活动经验，从一组类似现象中抽象共同规律，并猜想这种规律对所有的类似现象都是适用的。如观察几道加法等式，发现两边的算式只是交换了加数的位置，两边的和是相等的，由此猜想：在所有

的加法中,交换两个加数的位置,和是不变的。

也有很多类比推理的数学活动经验,从两个或两类对象在某些属性上的相同或相似,推出它们的另一属性也相同或相似。例如,根据除法、分数、比之间的关系,并由除法的商不变性质,猜想或发现分数的基本性质、比的基本性质。

小学生也有一些演绎推理活动的体验,从已有的事实和确定的规则出发,按照逻辑推理的法则证明和计算,得到具体结论。

【案例6-16】在探索多边形的内角和时,学生观察到长方形、正方形中四个直角的和是360度,由此引出其他四边形内角和也是360度的猜想;再通过剪拼一个任意四边形的四个内角,进一步验证了猜想。这两个步骤运用的仍然是归纳和类比的推理方法,是从特殊到一般的推理。接下来,学生画出一个任意四边形的一条对角线,将其分为两个三角形,利用三角形内角和是180度的已有事实,推论四边形的内角和是360度,这个思维过程中就包含了演绎推理活动。当然,这仍然不是严格的数学证明。

在数学学习中,归纳推理和类比推理都属于合情推理,就算看上去有点"猜"的意思,合情推理仍然是非常重要的推理方法,在人们发现知识的过程中,归纳和类比往往是最重要的方法。演绎推理遵从严格的推理法则,是数学证明中主要的推理形式,是人们证实数学结论的重要思维工具。

在各种数学推理的体验活动中,学生不仅能积累推理的经验和方法,也对数学推理的价值、意义有了逐渐深入的了解,并对自己在数学学习中如何进行推理活动提出适当的目标。

三、培养关于"问题解决"的目标观念

"问题解决"集中体现了数学课程目标中的"四能"要求,发现和提出问题的能力、分析和解决问题的能力是学生数学能力结构中的关键成分。"问题解决"融合渗透于小学数学各领域、各类型的知识内容及其教学当中,是沟通数学内部知识联系以及数学与外部联系的桥梁和纽带。

1. 从"解问题"到"提问题"

问题是推动人们认识世界、改造世界的动力源泉和锐利工具。问题让人处于一种信息不平衡的情境之中,引发了解决问题、重归平衡的内在动机。明确的问题划定了认识活动的范围、对象、进程,聚合了人们的探究方向和探索

焦点。

在小学生经历的"问题解决"学习活动中，所谓的问题并非真的是人类知识的未知，而是教育者将人类已有的知识以问题的方式设计于情境之中。所以，小学生大都会认为，问题是老师、课本、试卷提出来的，我们的任务是解决它。

问题的价值决定了它在教育活动中的意义，着力培养学生主动发现问题、学会明确问题、正确提出问题的能力，是小学数学教学始终不可偏移的基本立场。

教师要创造机会、创设情境，为学生发现和提出问题预留空间、实施引导、提供帮助。要善于利用学生发现的问题，把它作为生成性的教学资源，让个别学生提出的问题引导群体的探索方向。要对学生发现和提出的问题做出合理的评价，即使某些问题超出了教学预设的范围，甚至偏离了学习进程，也要肯定学生主动发现问题、积极思考问题、勇敢提出问题的研究态度和探索精神。

坚持培养学生的"问题意识"，增强学生的"问题能力"，一定能让学生意识到，在数学学习中，会"解问题"固然重要，但是会"提问题"更有意义。

2. 从"解一题"到"解多题"

数量与数量关系、图形与图形关系，是数学知识的反映对象，也是构成数学问题的基本要素。人为设计的数学问题，无论以哪种信息为问题，总是利用问题所反映的数学模型做出的设计，而数量关系则是数学模型的灵魂。

通过长期而大量的数学问题解决学习活动，学生要逐步形成关于问题解决的一种基本认识：发现、理解、运用数量关系是解决数学问题的关键。

学生对数量关系的理解，经历了不同层次的抽象。

【案例 6-17】研究具体某个长方形的面积，学生用单位面积正方形覆盖待测长方形，利用"每排个数"和"排数"，结合乘法的意义，发现了"小正方形的总个数＝每排个数×排数"这个具体的数量关系。

在此基础上，把"每排个数""排数"分别与长方形的长、宽建立联系，进一步抽象出"长方形的面积＝长×宽"这个一般性的公式。

利用这个数学模型，学生不仅能根据长和宽求长方形的面积，也会根据面积和长（或宽），求出长方形的宽（或长），还能解决与这个模型相关的更加复杂的数学问题。

与此类似，学生用相似的思路和方法研究，发现了"路程＝速度×时间""总价＝单价×数量"等更多数学模型，并在具体问题中对它们进行灵活的应用。

在学习正比例、反比例知识的时候，教师引导学生把长方形面积计算公式、行程问题数量关系、价格问题数量关系进行对比分析，将在更高的抽象层次上进行概括，理解正比例、反比例的意义。

教师在教学活动中，应该引导学生对问题解决的学习目标进行思考：我们研究一个问题的数量关系，目的不仅仅在于解决此问题，而是利用发现并理解的数量关系，以静制动，以不变应万变，解决变幻无穷的更多数学问题。

3. 从"一条路"到"多条路"

对数学模型在问题情境中的多样化设计，对多种数学模型在数学问题中的多样化组合，演化出变幻无穷的数学问题，一方面给学生解决问题提出了挑战，另一方面也给学生创造了多样化解决问题的学习机会。

对一个数学问题，寻求不同的方向、途径，运用不同的知识、方法进行解答，不仅有利于提高答案的正确性，还能发展学生数学思维的灵活性，不仅能深化学生对知识联系的认识，还能培养学生主动优化解决问题方法的意识。

【案例6－18】在之前的案例中，我们介绍了"鸡兔同笼"问题的多种解题方法，如一一列举的方法、假设调整的方法、列式计算的方法、列方程的方法等，还可以利用数形结合，用画图的方法探索解题思路：

"鸡兔共8只，26只脚，鸡兔各几只？"

①用下面两种图形分别代表鸡和兔。

②先画出8只鸡。"用掉了"16只脚：

③把剩下的10只脚"装配"给一部分鸡，每次装配2只脚（当然我们没见过三只脚或五只脚的兔子）。

④现在可以看出有多少兔、多少只鸡了。

还有一种用图形帮助解决这个问题的方法,虽然比较抽象,但更具有推广价值,可以用于解决数量较大的鸡兔同笼问题,还可以用于解决鸡兔同笼问题数学模型在其他情境中的变式设计问题。对学有余力的学生来说,是很好的拓展学习材料。

"盒子里有大、小两种钢珠共30颗,共重266克。已知大钢珠每颗11克,小钢珠每颗7克。盒中大、小钢珠各有多少颗?"

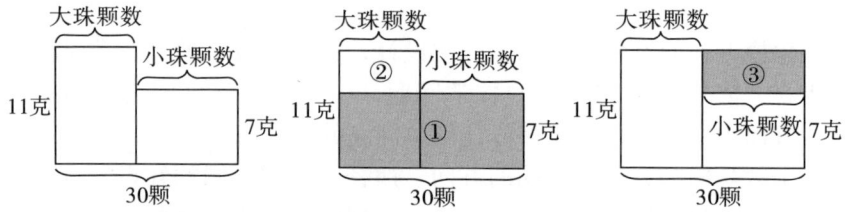

左图用于表示题意。左侧长方形的面积表示大珠的总质量,右侧长方形的面积表示小珠的总质量,组合图形的面积表示266克。不必在意左右两个长方形的宽度大小,只是一种假设而已。

中图的解题思路是:①的面积是 $30 \times 7 = 210$,②的面积是 $266 - 210 = 56$,②的高度是 $11 - 7 = 4$,则其宽度(大珠颗数)是 $56 \div 4 = 14$。

右图的解题思路是:补充了③之后,整个组合图形变为长方形,其面积为 $30 \times 11 = 330$,则③的面积是 $330 - 266 = 64$,③的高度是 $11 - 7 = 4$,则其宽度(小珠颗数)是 $64 \div 4 = 16$。

四、培养关于"情感态度"的目标观念

促进学生在情感、态度与价值观方面的发展,不仅是义务教育数学课程的功能,也是课程的目标。《义务教育数学课程标准(2011年版)》把义务教育数学课程的"情感态度"总目标描述为"了解数学的价值,提高学习数学的兴趣,增强学好数学的信心,养成良好的学习习惯,具有初步的创新意识和科学态度。"(我把它简称为"六情")

关于帮助学生建立数学价值观念的问题，前文已做讨论。关于学生对数学学习习惯等方面的认识将在下一节继续探讨。本节简要讨论如何帮助学生认识到学习兴趣与信心的重要性。

1. 从"愿不愿"到"乐不乐"

人类的情感活动与认知活动始终相伴相生，学生的各种情感因素对数学学习活动形成多方面的影响，既能发挥积极的作用，也能产生消极的作用。其中，兴趣在认知活动的发起和保持阶段作用更加明显。

兴趣是"注意与探究某种事物或从事某种活动的积极态度与倾向"。学习兴趣是学习活动的催化剂和强化剂，它让学习者能集中注意、聚焦观察，能引起动机、亢奋思维，能增强记忆、活跃联想，还能调动其他情感，增强信心、坚定意志。

孔子说"知之者不如好之者，好之者不如乐之者"，一方面强调了兴趣在学习中的作用，另一方面也启发我们，兴趣与认知相关，兴趣有程度差别，兴趣有表里之分，兴趣的持续时间长短不同，兴趣是个体内在的学习因素，有明显的个体差异。

探索未知是一种具有挑战性的认识活动，尤其是低年龄学生，在班级教学为主的学习环境中，每个孩子的兴趣准备各不相同，出于班级管理、课堂管理的约束，有些孩子虽然身在教室，心却不在学习。此时，发挥直接兴趣的功能和作用就显得更为重要。

直接兴趣是指学习者对学习材料、环境和活动本身感到需要，它的产生一般是不被人意识到的，而是由对象特点引起的人的较为强烈的情绪，并形成自发的外在表现。直接兴趣常常能够发挥组织注意、引发动机的作用，解决学生"愿不愿"学的问题。

【案例6-19】在教学有余数的除法时，教师创设了这样的游戏活动情境：

出示5个不同的卡通人物，由一名同学带领同学们按从左到右的顺序，用点数的方法，反复数数，直到这位同学喊停。教师背对屏幕，每次被喊停时，都总能根据学生数出的最后一个数，准确指出是哪个卡通人物。例如，当学生数到17时，教师就能指出它是第2个卡通人物。

在这个游戏活动中设计、使用的各种教学方法，对于激发学生的直接兴趣可以发挥很好的作用：

①卡通人物给学生带来视觉上的愉悦感，形成一种带有童话意味

的学习氛围；

②集体数数的活动可以有效调动全体学生的注意，让更多的孩子参与到活动当中；

③随时可能被喊停的游戏规则，增强了游戏的偶然性；

④师生共同参与的游戏活动，营造了更富亲和力的情感氛围；

⑤教师每次都能"猜对"的游戏结果，激发了学生的问题意识，初步就"探索老师的秘密"产生动机。

间接兴趣是由学习活动的目的或结果引起的，具有突出的自觉性。或者通过老师的长期教育，或者通过自身的反复体验，学生对数学学习的价值，对数学活动的内容和形式有了更充分的认识之后，能主动调整自己的兴趣方向和兴趣程度。

相比直接兴趣，间接兴趣更加个性化，更加内隐和稳定，需要教师持之以恒地引导和培养。一般来说，只有把直接兴趣和间接兴趣很好地结合起来，才能有效地解决学生"乐不乐"的问题，充分调动学生的积极性和主动性。

2. 从"跟着学"到"自己学"

拥有信心就拥有了力量，失去信心就失去了希望。信心对于人是何等重要。

信心对于小学生数学学习同样有着非常重要的意义。

信心影响了小学生参与数学活动的意愿。对有信心完成的数学活动，他们参与积极性更高，对没有信心完成的数学活动，可能会选择放弃。

信心影响了学生参加数学活动的方式。自信的学生愿意选择"自己学"，缺乏自信的学生则希望在别人的帮助下"跟着学"。

信心影响了学生参与学习活动的持久性。坚持参加活动的全过程是自信心的外在表现之一，而缺乏自信的学生更容易转移注意、脱离集体的学习进程。

信心影响了学生面对困难的态度。自信的学生更加欢迎一些有挑战性的学习活动，即使遇到困难，也会选择积极的态度尝试解决困难，缺乏自信的同学可能选择等待老师或其他同学讲解。

信心影响了学生对自己学习效果的预期。基于学习活动的成功经验，自信的学生对完成当前活动任务以及自己在过程中的表现，会有更积极的心理暗示。缺乏自信的学生往往持不抱希望的态度，甚至会产生"反正我不会，不如等别人去做吧"之类的想法。

信心影响了学生在学习活动中的情绪。自信的学生会调动积极的情绪，敦促自己全神贯注于学习活动之中，努力保持思考状态直到任务完成。缺乏自信的同学容易产生消极情绪，注意涣散。课堂集体自主练习时，我们往往能发现一部分小学生磨磨蹭蹭、慢慢悠悠地整理学具，迟迟不能进入练习状态，很有可能是受其消极情绪影响，整理学具等外在动作是他们为应对教师批评而采取的掩饰手段。

影响学生学习数学的信心的因素有很多，增强学生信心的教学方法也很多。下面略举几则并做一些稍微宽泛的思考：

成功体验是增强信心的超级武器。成功带来的满足感和愉悦感，能激发人的正面情绪，其中包括了对自己在完成任务过程中的表现做出充分肯定，延伸为对自己能力的充分肯定，就是自信。

外界肯定是增强信心的重要动力。有时教师需要适当放宽一点原则，对某些有特殊需要的学生给予更大的宽容，不吝褒扬。对于一部分学习困难的学生，哪怕他们付出了不及别人的努力，获得了不及别人的成功，有时候教师也要对其刻意夸大任务的难度、夸大成功的意义。

自我调节是增强信心的有效策略。导致信心缺失的一个很重要的原因是面对的困难太大。一方面要正确对待自己面临的困难，理智分析这些困难的性质和程度，不过分夸大困难。另一方面要调整自我预期，适当降低成功的标准，预防不切实际或过于强烈的动机影响自我判断。还要积极寻求有利因素，主动争取外部支持和帮助。

正视失败是增强信心的理性态度。成功和失败是绝对的。大功告成就是成功，功亏一篑就是失败；一道题做对了就是成功，做错了就是失败。事情总会有个结果，对结果的判断总有客观的标准，有成功就有失败，这是客观的社会规律，人人都要正视，能拥抱成功，也能接受失败。成功和失败又是相对的。意志坚定的人会把一次失败当作下次成功的起点，开启新的奋斗历程；理性思考的人会在失败的一刹那就开始探索失败的原因，调整迈向成功的方向和步伐；热爱生活的人知道，失败之后的成功，能给人带来更强烈的幸福感。

顺便开个玩笑，如果说失败是成功之母，那么谁是成功之父呢？我想是反思。反思很可能就是成功之父。

第五节　小学生数学课程学习观念及其培养

《义务教育数学课程标准（2011年版）》阐述了义务教育数学课程的基本学习理念："学生学习应当是一个生动活泼的、主动的和富有个性的过程，认真听讲、积极思考、动手实践、合作交流等，都是学习数学的重要方式。学生应拥有足够的时间和空间经历观察、实验、猜测、计算、推理、验证等活动过程。"课程标准的学习理念明确了学习数学的主要方式和数学活动的主要形式。

课程标准还阐述了义务教育数学课程的学习评价理念，强调"评价既要关注学生学习的结果，也要重视学习的过程；既要关注学生数学学习的水平，也要重视学生在数学活动中所表现出来的情感与态度，帮助学生认识自我、建立信心。"突出了评价服务于学生发展的基本观念。

数学教师作为学生数学学习的组织者、引导者与合作者，要积极落实课程标准倡导的学习理念，主动为学生体验多种学习方式创造机会和条件，积极引导学生在多样性的数学活动体验中逐步掌握活动的基本规则和规律，增强参与数学活动的能力。

数学教师作为学生学习评价的重要主体，除了要坚持正确的评价观念和科学的评价方法，还要积极鼓励学生进行自我评价，指导学生形成自我评价的正确态度和良好习惯，培养学生掌握一些自我评价的方法。

小学生通过较长时间的数学学习，对数学学习的主要方式积累了较丰富的直观体验，在教师的启发和引导下，可以适当地对这些直观体验进行梳理和提炼，形成对主要学习方式的正确看法，并以此来激励或约束自己的学习行为。

随着课堂教学改革不断发展，越来越多教师开始重视让小学生参与学习评价过程，鼓励学生从多个方面、用多种方式进行自我评价或同伴互评，小学生也积累了一些学习评价的经验，并逐步认识到合理进行自我评价是有利于自己更好地学习数学的。

一、培养关于"数学学习方式"的观念

学习方式是指学生在学习过程中表现出的自主性、探究性和合作性等方面的特征。

小学生处于学习方式的初步养成和逐步发展阶段，学习数学知识的过程，也是他们适应独立思考、认真听讲、合作交流等数学课程学习方式的过程。低年级学生受生理和心理因素的制约，需要在老师的组织和引导下才能进行有效的学习，随着年龄的增长，小学高年级学生在数学学习中的自主性、探究性和合作性逐渐提高，意味着在他们的数学学习中，听老师讲授将不再是最主要的学习途径，以独立思考和合作交流为主要特征的自主学习成分会越来越多，教师作为学生学习合作者的身份特征更趋明显。

1. 独立思考是学好数学的根本保障

数学知识的高度抽象性、充分结构化特点，决定了数学学习的有效性必须以学生个体的独立思考为根本保障。

数学知识和技能的主要形式是概念、定理、公式、法则等，每一种知识和技能从发生、发现、发展到理解、掌握、运用，都要经历复杂的思维活动。对研究对象的感知、对对象特征的抽象、对抽象结果的概括，以及利用概念和命题进行归纳、类比、演绎推理，等等，都不可能利用外部因素代替学生完成，需要学生独立自主开展数学思考才能实现对知识的理解、掌握和运用。

数学知识彼此密切联系而形成一个严谨的知识结构，任何一种数学知识都不可能游离于这个结构之外。学生的数学认知结构是对数学知识结构的一定水平的反映，因此，伴随着新知识的学习，学生的数学认知结构也在不断地发生变化，在知识总量不断增加的同时，结构也变得越来越复杂。学生数学认知结构的建立、发展和完善，同样是外部因素无法替代的，需要学生通过独立思考自主完成。

学习数学知识的一般规律是利用新旧知识的联系，在研究解决数学问题的过程中，揭示新知识的意义，实现对新知识的认知。选择适当的已有知识作为学习新知识的认知出发点、知识生长点，与每个学生个体现有的认知结构有密切的关系，准确、完整、清晰的现有认知结构，为准确而迅速地构建新旧知识联系创造了有利条件，反之则可能导致新知识的学习活动效率低下甚至无法顺利开展。

小学生学习数学的这些基本规律决定了独立思考的重要意义，因此，教师要毫不动摇并且持之以恒地鼓励学生独立思考，从小注重培养学生独立思考的态度和习惯，增强学生独立思考的能力。

2. 认真听讲是学好数学的重要途径

强调学生独立思考的价值不意味着否定教师讲授的功能，鼓励学生独立思考也不意味着忽视教师的讲授。在整个小学阶段，数学教学尤其是课堂教学，认真听取教师的讲授始终是学生实现有效学习的重要途径。

教师讲授发挥着组织课堂的功能。教师一般利用教学语言组织学生的注意，聚焦学生个体和全班集体的观察与思考方向。利用教学语言组织教学流程，使各环节教学保持整体流畅和自然过渡。利用教学语言组织学生活动，清晰交代活动的目的、要求、方法和注意事项等。

教师讲授发挥着引导思考的功能。教师通常会在学生思维活动的关节处进行语言引导，如学生完成观察活动时，教师会组织学生汇报观察所得，并修正学生的认识或表述，同时用提问的方法引导学生进行抽象和概括。教师通常还会在全课小结时，用精练的语言简介本课知识技能要点、回顾学习过程、做出适当评价。

教师讲授发挥着突出关键的功能。教师常常以提问的方式启发学生捕捉解决数学问题的关键。教师在一节课中往往会提出很多的问题，但实质性、关键性的问题并不太多。会听讲的学生，只要通过回顾本节课老师所提的哪几个问题是最重要、最关键的，就能把握本节课的重点和难点，从而强化学习效果。

学生需要充分认识教师讲授的重要性，理解上述教学组织语言、思考引导语言、关键启发语言的意义和作用，主动配合教师，才能达到良好的学习效果。

3. 合作交流是学好数学的有效方式

合作交流是课程改革积极倡导的学习方式，有多方面的促进学生发展的意义。可以培养学生的合作态度和能力，增强学生的社会适应力。可以分工协作完成复杂的数学活动，感受团队的力量。可以表达自己的想法，增加了利用外在语言表述来整理和提炼内在思考成果的机会。可以聆听他人的意见，获得引发思考、激发灵感、修正错误的机会。

数学教师要在理解合作交流学习的意义和价值的基础上，做好合作交流学习的设计、组织、实施和管理，并通过有效的合作交流，提升学生对合作交流的认识，养成主动开展合作、积极进行交流的习惯。

在合作交流过程中，师生都要注意预防两种较极端的倾向。一种是在合作中过于突出个人的作用，把所有的任务集中在大家认为更优秀的学生身上，把所有的希望也都寄托在他身上。教师要注意淡化组间竞争，谨慎处理个人成果与合作成效之间的关系。另一种是在合作中游离团队之外，没有履行相应的合作责任，没有经历应有的活动过程。教师要注意在巡视指导中提醒个体学生及所在小组，既要关注团队的活动成效，也要关注每个成员的活动状态。

二、培养关于"数学活动形式"的观念

学习习惯是学生非智力因素中有着特殊重要意义的成分。叶圣陶先生曾说过："教育是什么？往简单方面说，只需一句话，就是要培养良好的习惯。"

小学各学科课程都承担着培养学生良好习惯的教育任务，各学科也会结合学科特点，在培养学生良好习惯方面有所侧重。小学生的学习习惯是在长期的、大量的、重复的学习活动中逐步形成并趋于稳固的行为方式，因此，在各种学习活动中培养习惯是最基本的途径。

就小学数学课程学习来说,最常见、最主要的数学活动形式包括听讲、观察、操作、表达、阅读、作业等等,所有这些活动形式都伴随着数学思考,是外在活动与内在思考的紧密结合。对这些活动提出具体的要求,实质上就是对学生内在思考进行规范和指导。学生逐步适应并遵守相关活动的要求,不仅能提高具体活动的成效,也能提高数学思考的质量。

总的来说,对小学生数学活动的要求可以概括为以下几个基本观点:

1. 听讲有要求

①集中注意力听讲,思想不能开小差,一旦开小差了,老师后面讲的内容就可能听不明白。②保持听讲,不随便插嘴,不随意打断老师讲课,因为老师是在给全班同学讲课,随便插嘴会影响其他同学听讲和思考。③边听边思考,力争弄明白老师的每一句话,实在没懂的可在适当的时候提问老师。④听了要落实在行动上,按老师的要求去做。⑤除了听老师讲,听同学发言也特别重要,因为很多时候同学讲的就是老师要讲的。

2. 观察有方法

①先听清楚老师提出的观察要求。老师不会让我们随便观察一个对象,一定会提示我们观察什么,怎么观察,观察过后汇报什么。②按一定顺序观察。老师平时教我们从左到右观察、从上到下观察、从外到内观察、从近到远观察,虽然不是每次都得这么观察,但这些方法很有用。③仔细观察。不仅要观察整个画面、物体、模型等,还要观察它们的局部和细节,尤其是观察对象共同的地方或差别最明显的地方,是我们观察的重点。④眼、手、脑一起观察。观察不只是眼睛的活儿,很多时候还需要手的配合。观察不只是看,更重要的是想,是思考。

3. 操作有目标

操作要守规则,因为按规则操作才能帮助我们更准确地观察,更准确地发现知识。

操作是有目标的,要么是掌握一种工具的使用技能,要么是帮助我们了解对象的主要特征,更多的时候是要我们观察比较操作前后的状态,从变化中发现知识。

合作学习中的操作要做好分工,商量着由谁来操作,怎么操作,其他人不要干扰他的操作,认真做好观察和记录。

4. 表达要积极

表达最重要的是说给自己听。想到了,但不一定是想清楚了。说清楚了,一般就证明自己想清楚了。

表达不光是为了说给老师听,也为了说给同学听。很多时候,老师会把他想说的话变成问题,让学生来表达。

给自己争取表达的机会,也要尊重他人的表达。对同学表达中可能出现的错误,不能立即插嘴反对,更不能讽刺挖苦。

5. 阅读要仔细

数学书是学科专家和优秀教师共同努力的智慧结晶,是小学生学习数学最重要的材料,无论在课堂上还是在课外,都要认真阅读数学书,仔细看清每一幅图画,仔细读懂每一段文字,仔细思考每一个问题。

在课外也要积极开展数学阅读。通过老师和家长的推荐,选择适合自己的数学课外读物,仔细阅读,既能拓宽我们的知识视野,也能帮助我们更好地理解和掌握学过的知识。

6. 作业要负责

作业是小学生日常数学学习的一部分,作业能引导我们重温当天在数学课上学了什么,怎么学的,让我们能够温故而知新。

作业能巩固我们在课堂学习中掌握的知识和技能。课堂时间很有限,我们花了大量的时间去发现和理解知识,再通过课外作业进行练习和巩固,是十分必要的。

作业是自己的事情,自己的事情就要自己做。要养成按时作业、自主管理作业、自觉对作业负责的好习惯。

作业难免遇到困难和出现错误。遇到困难时要主动寻求帮助,问家长、老师都行,问同学说不定更好。批改过的作业老师发回后,一定要主动进行订正改错。出现的错误如果没有被改正,下次肯定还会再出错。

三、培养关于"数学课程评价"的观念

马云鹏、张春莉认为,数学学习评价是"指有计划、有目的地收集有关学生在数学知识、使用数学的能力和对数学的情感、态度、价值观等方面的证据,并根据这些证据对学生的数学学习状况和学习水平做出结论的过程。"对学生数学学习过程和结果做出量与质的认定,客观、公正地反映学生数学学习现状,说明学生取得的成绩与存在的问题,以此来激励学生推进和改善自己的数学学习。

现代教育评价提倡多元主体评价方式,鼓励评价对象也参与到评价过程之中,发挥个体自评、同伴互评的功能。因此,小学数学学习评价也应鼓励学生

积极参与。

小学生参与数学学习评价，可以引导他们从评价的角度审视自己的学习过程和结果，既能让他们更清晰地了解自己的成绩和不足，也能更有效地激发他们的自我驱动力。长远来看，引导学生形成正确的自我评价态度，掌握一定的自我评价方法，养成及时开展反思和反省的习惯，对于他们未来适应社会生活，提升自身人格修养水平也大有裨益。

指导小学生进行关于数学学习的自我评价，需要注意以下两个方面的问题：

（1）全面评价

要帮助小学生建立不单纯以分数和排名进行自我评价的观念。尽管小学数学教学逐渐淡化了分数，甚至全面禁止各类排名，但在客观现实中，老师和家长仍然会自觉或不自觉地通过考试分数甚至排名来评价学生的学业发展水平，这种做法在一定程度上加重了学生数学学习的心理负担，也误导了他们的评价观念。

要让学生逐步学会全面评价自我，既要关注考试分数，也要关注分数所反映出来的自身存在问题。可能是知识技能掌握有缺陷，可能是解决问题的方法不正确，可能是数学思考不严谨，可能是解决问题时考虑不周全，也可能是因为粗心大意造成的失误，还可能是不适应考试形式，等等。总之，从多角度分析考试评价结果，能给学生提供正确的问题归因。找准问题才能更有效地解决问题。

（2）正面评价

要注意引导学生，自我评价要坚持以正面评价为主。正面评价的积极意义是多方面的。

正面评价能给学生带来积极情绪，特别是在任务失败、考试失误时，正面评价所带来的积极情绪能抵消、冲淡负面情绪的消极作用，让学生更快地从失败和失误中得到调整机会。

正面评价能让学生看到自己的进步，增强学习信心。当前的失误固然令人惋惜，但跟过去比，一定是收获与进步占主流。既然自己有能力取得如此收获和进步，将来一定能把数学学得更好。

正面评价能让学生找到自己的优势，从而在今后的学习中主动发挥自己的特长、发展自己的个性。评价之所以给人一定的压力，主要是有比较。如果只是用自己的不足和弱项，去跟别人的优势与强项比较，当然会产生挫败感。坚持正面评价，就要主动寻找自己的优势与强项，比如我计算正确率高，说明运算技能掌握得好，细致耐心，这个优势能为我将来的数学学习提供更好的基础和保障，我需要保持并发扬它，从而带动我弥补其他方面的不足。

随感

中国人做事儿总讲究个"道、法、术"。比如，"助人为乐"是道，"帮助有需要的人"是法，"扶老奶奶过马路"就是术。一个人如果深悟并坚信"助人为乐"的道，就能够自然而然地施行"扶老奶奶过马路"的术。可见，道，是指导人们行动的思想观念，很重要。

观念，经历了实践才会形成信念；思想，经过了思考才能形成想法。所以，思想和观念不是凭空产生的，也不是仅靠说教就能灌输的，得通过实践，通过思考。基于实践和思考所形成的思想观念，才是属于自己深信之、力行之的思想观念。

一个孩子因为"扶老奶奶过马路"而得到众人的称赞，他很快乐，并且获得了一个具体的认识：扶老奶奶过马路，是对的。

这个孩子后来再没遇到"要过马路的老奶奶"，但他"护送低年级的小朋友过马路""给同学讲解了一道数学题""在福利院给老人们表演节目"，等等，都得到了众人的称赞，于是他更加快乐，并且形成了一个概括性的认识：帮助有需要的人，是对的。

这个孩子因为做了很多"对的"事情，得到了很多次的众人称赞，也得到了很多次的快乐，于是就慢慢意识到，助人是有意义的，助人是大家都赞赏的，助人是能给自己带来快乐的。这就叫作"助人为乐"。

众人的每一次称赞，都是一次有效的教育。所以，教育，是促进人形成正确思想观念的重要途径。

附录　本书案例索引

第二章　在概念教学中促进学生理解

案例 2-1：二年级下册"万以内数的认识"
　　　　　同化的认知方式在认识"万以内数"中的体现

案例 2-2：五年级上册"简易方程"
　　　　　顺应的认知方式在理解"方程的意义"中的体现

案例 2-3：五年级上册"可能性"
　　　　　在现实情境中体验"可能性"

案例 2-4：四年级上册"角的度量"
　　　　　利用空间想象理解"线段、直线和射线的意义"

案例 2-5：五年级下册"折线统计图"
　　　　　感悟"折线统计图"的知识应用价值

案例 2-6：一年级上册"认识图形（一）"
　　　　　二年级下册"克和千克"
　　　　　感知"立体图形""质量与质量单位"过程中的操作表征

案例 2-7：四年级下册"图形的运动（二）"
　　　　　理解"轴对称图形"过程中的操作表征

案例 2-8：五年级下册"因数与倍数"
　　　　　理解"能被3整除的数的特征"过程中的操作表征

案例 2-9：一年级下册"认识人民币"
　　　　　认识"人民币"过程中的实物表征

案例 2-10：二年级下册"图形的运动（一）"
　　　　　　初步认识"平移和旋转"过程中的实物表征

案例 2-11：三年级上册"分数的初步认识"
　　　　　　初步认识"分数"过程中的图形表征

案例 2-12：五年级上册"简易方程"
　　　　　　认识"方程"过程中的符号表征

案例 2－13：二年级下册"表内除法（一）"
　　　　　　认识"平均分"过程中的语言表征
案例 2－14：四年级上册"平行四边形和梯形"
　　　　　　用属加种差的方法定义"平行四边形"
案例 2－15：三年级下册"小数的初步认识"
　　　　　　用示例的方法介绍"小数"的概念
案例 2－16：四年级下册"图形的运动（二）"
　　　　　　用示例的方法介绍"轴对称图形"的概念
案例 2－17：二年级上册"长度单位"
　　　　　　用描述对象特点的方法介绍"线段"的概念
案例 2－18：四年级下册"小数的意义和性质"
　　　　　　用描述对象功能的方法介绍"小数"的概念
案例 2－19：六年级上册"百分数（一）"
　　　　　　在理解"百分数"功能的基础上理解概念的意义
案例 2－20：四年级上册"角的度量"
　　　　　　利用形成过程理解"线段、直线和射线"的联系与区别
案例 2－21：四年级下册"平均数与条形统计图"
　　　　　　利用形成过程促进学生理解"平均数的意义"
案例 2－22：五年级下册"分数的意义和性质"
　　　　　　指导学生阅读教材，加深理解"分数的多项知识"
案例 2－23：二年级下册"有余数的除法"
　　　　　　顺口溜帮助学生记忆"除法竖式"
案例 2－24：六年级上册"圆"
　　　　　　在手指上标字母，帮助学生掌握"圆的多项知识"
案例 2－25：四年级上册"平行四边形和梯形"
　　　　　　四年级下册"三角形"
　　　　　　变式的学习材料促进学生理解"垂线""三角形的底和高"
案例 2－26：六年级下册"比例"
　　　　　　用反例促进学生理解"正比例的意义"
案例 2－27：二年级下册"克和千克"
　　　　　　通过知识比较巩固学生对"克和千克"的认识
案例 2－28：六年级上册"百分数（一）"
　　　　　　通过知识辨析促进学生理解"百分数的意义"

案例 2-29：五年级下册"长方体和正方体"
　　　　　　综合运用多种表征形式掌握"长方体和正方体的特征"
案例 2-30：六年级上册"比例"
　　　　　　利用联系与区别加深理解"正比例和反比例的意义"
案例 2-31：六年级上册"百分数（一）"
　　　　　　用知识链表揭示"百分数"与相关知识的联系
案例 2-32：六年级下册"整理和复习"
　　　　　　用结构示意图整理"平面图形的周长和面积"相关知识
案例 2-33：五年级上册"简易方程"
　　　　　　简单应用"方程的意义"的练习样题
案例 2-34：四年级上册"平行四边形和梯形"
　　　　　　学习新知识时巩固"垂线""点到直线的距离"等旧知识
案例 2-35：四年级下册"三角形"
　　　　　　从不同角度理解"三角形任意两边之和大于第三边"
案例 2-36：五年级下册"因数和倍数"
　　　　　　通过解决实际问题加深对"因数和倍数"的理解
案例 2-37：五年级上册"数学广角——植树问题"
　　　　　　指导学生在"植树问题"的数量关系中理解关键概念
案例 2-38：四年级下册"平均数与条形统计图"
　　　　　　在解决实际问题中加深理解"平均数的意义"

第三章　在运算教学中促进学生理解

案例 3-1：一年级上册"1-5 的认识和加减法"
　　　　　　利用生活经验和已有知识理解"加法的具体含义"
案例 3-2：二年级下册"表内除法（一）"
　　　　　　多种表征相结合理解"平均分"的含义和两种分法
案例 3-3：四年级下册"小数的加法和减法"
　　　　　　根据运算意义理解"小数加减法的算理"
案例 3-4：二年级下册"有余数的除法"
　　　　　　在解决实际问题中加深理解"有余数除法的意义"
案例 3-5：三年级上册"分数的初步认识"
　　　　　　根据分数的具体含义理解"同分母分数加减法的算理"

案例3-6：五年级下册"分数的加法和减法"
　　　　　理解"异分母分数加减法算理"中的数学抽象思维活动

案例3-7：二年级上册"表内乘法（二）"
　　　　　二年级下册"混合运算"
　　　　　四年级下册"四则运算"
　　　　　根据运算意义理解"混合运算的顺序"

案例3-8：四年级上册"除数是两位数的除法"
　　　　　"除法的性质"对学习后续知识的意义

案例3-9：五年级上册"简易方程"
　　　　　"等式的性质"是"解方程"的算理依据

案例3-10：六年级下册"比例"
　　　　　"比例的基本性质"是"解比例"的算理依据

案例3-11：五年级上册"小数乘法"
　　　　　从运算定律的角度理解"小数乘法的算理"

案例3-12：四年级下册"运算定律"
　　　　　用"乘法分配律"解释"两位数乘两位数的算理"

案例3-13：五年级上册"小数乘法"
　　　　　理解"小数乘小数的算理"的思维活动过程

案例3-14：五年级上册"简易方程"
　　　　　"等式的性质"直接转化为"方程的解法"

案例3-15：四年级下册"小数的加法和减法"
　　　　　在理解算理的基础上掌握"小数加减法的算法"

案例3-16：六年级上册"分数除法"
　　　　　重视学生对"分数除法的算理"的理解

案例3-17：三年级上册"万以内数的加法和减法"
　　　　　指导学生总结"整数加减法的基本计算法则"

案例3-18：五年级下册"分数的加法和减法"
　　　　　指导学生总结"整数、小数和分数加减法的基本算理"，掌握算法要点

案例3-19：六年级上册"分数除法"
　　　　　"除法通用法则"促进学生完善认知结构

案例3-20：三年级上册"万以内的加法和减法（一）"
　　　　　"两位数加两位数口算"的算法优化

案例3-21：五年级下册"分数的加法和减法"
　　　　　利用反例教学强化理解"分数加减法的算理"
案例3-22：六年级下册"分数除法"
　　　　　比较不同算法的适用范围，优化"分数除法的算法"
案例3-23：五年级上册"简易方程"
　　　　　小学阶段"解方程"技能发展线索及算法优化建议
案例3-24：四年级上册"三位数乘两位数"
　　　　　根据乘法性质对"因数末尾有0的乘法"进行简便计算
案例3-25：五年级上册"小数除法"
　　　　　推广应用"商不变的性质"进行简便计算
案例3-26：六年级上册"分数除法"
　　　　　灵活应用计算法则进行简便计算
案例3-27：四年级上册"运算定律"
　　　　　在简便计算的教学中指导学生"分析算式结构"
案例3-28：四年级上册"运算定律"
　　　　　在简便计算的教学中指导学生"分析算式结构"
案例3-29：四年级上册"运算定律"
　　　　　在简便计算的教学中指导学生"分析数据特点"
案例3-30：五年级上册"小数乘法"
　　　　　在简便计算的教学中指导学生"分析数据特点"
案例3-31：四年级上册"运算定律"
　　　　　利用反例教学强化对简便计算算理的理解
案例3-32：四年级下册"小数的加法和减法"
　　　　　关于在估算中"估大"或"估小"的教学建议
案例3-33：五年级上册"小数乘法"
　　　　　利用"因数与1的大小关系"检查计算错误
案例3-34：五年级上册"小数除法"
　　　　　利用"估算结果的区间"检查计算错误
案例3-35：四年级下册"数学广角——鸡兔同笼"
　　　　　用"置换条件和问题"的方法检验解决实际问题的结果

209

第四章　在图形教学中促进学生理解

案例 4-1：四年级下册"三角形"
　　　　　关于抽象"三角形的稳定性"的教学建议

案例 4-2：四年级下册"三角形"
　　　　　关于"三角形的分类"的教学建议

案例 4-3：四年级下册"三角形"
　　　　　用不同的推理方法理解"三角形任意两边之和大于第三边"

案例 4-4：三年级下册"面积"
　　　　　关于理解"面积与面积单位"的教学建议

案例 4-5：二年级上册"角的初步认识"
　　　　　关于"角的大小跟两边的长短无关"的教学建议

案例 4-6：五年级下册"长方体和正方体"
　　　　　"长方体和正方体的认识"教学案例

案例 4-7：六年级上册"圆"
　　　　　以"圆的认识"为例，积累认识平面图形的数学活动经验

案例 4-8：五年级下册"长方体和正方体"
　　　　　指导学生理解"体积与容积"的联系与区别

案例 4-9：五年级下册"长方体和正方体"
　　　　　指导学生了解"升和毫升"在实际生活中的应用

案例 4-10：三年级上册"长方形和正方形"
　　　　　 五年级上册"多边形的面积"
　　　　　 五年级下册"长方体和正方体"
　　　　　 推导"图形有关计算公式"时，发挥表象的作用

案例 4-11：六年级上册"圆"
　　　　　 "操作-比较-推理"是推导图形计算公式的一般过程

案例 4-12：四年级下册"图形的运动（二）"
　　　　　 以"轴对称图形"为例，强调理解图形概念的重要性

案例 4-13：六年级下册"比例"
　　　　　 理解"图形的放大与缩小"的知识本质

案例 4-14：六年级下册"比例"
　　　　　 理解"图形的放大与缩小"的知识本质

案例 4-15：一年级上册"位置"
关于"用已知物品+方位词描述位置"的教学建议

案例 4-16：一年级上册"位置"
关于"左、右相对性"的教学建议

案例 4-17：三年级下册"位置与方向（一）"
关于"东、南、西、北等绝对位置"的教学建议

案例 4-18：五年级上册"位置"
"在方格纸上确定位置"与"一一对应"的数学思想

案例 4-19：六年级上册"位置与方向（二）"
关于指导学生"描述位置"的教学建议

案例 4-20：六年级上册"位置与方向（二）"
关于指导学生"描述方向"的教学建议

第五章 在解决实际问题教学中促进学生理解

案例 5-1：自编案例
关于"问题与数学问题"的举例

案例 5-2：自编案例
关于"数学模型形成理解障碍"的举例

案例 5-3：六年级上册"分数乘法"
"理解数学问题情境"对学生解题活动的影响

案例 5-4：六年级上册"分数乘法"
"数学实际问题按难度分类"的举例

案例 5-5：三年级上册"测量"
"开放性数学实际问题"的举例

案例 5-6：六年级上册"分数乘法"
以数学实际问题引入新知识

案例 5-7：六年级上册"分数乘法"
以数学实际问题促进理解新知识

案例 5-8：六年级上册"分数乘法"
以数学实际问题突出新知识应用性

案例 5-9：六年级上册"分数乘法"
以数学实际问题巩固新知识

案例 5-10：四年级上册"运算定律"
　　　　　　把解决实际问题作为学习新知识的载体
案例 5-11：三年级上册"数学广角——集合"
　　　　　　把解决实际问题作为开展探究性学习的平台
案例 5-12：三年级上册"长方形和正方形"
　　　　　　通过操作活动解决数学实际问题
案例 5-13：五年级上册"简易方程"
　　　　　　以"相遇问题"为例，指导学生把题目"读细"
案例 5-14：五年级上册"简易方程"
　　　　　　以"相遇问题"为例，指导学生把题目"读懂"
案例 5-15：五年级上册"简易方程"
　　　　　　以"相遇问题"为例，指导学生分析数量关系
案例 5-16：六年级上册"分数乘法"
　　　　　　"分步解答"与"列综合算式解答"
案例 5-17：六年级下册"百分数（二）"
　　　　　　列方程解决实际问题
案例 5-18：四年级下册"数学广角——鸡兔同笼"
　　　　　　列方程解决实际问题
案例 5-19：六年级下册"比例"
　　　　　　列比例式解决实际问题
案例 5-20：三年级下册"测量"
　　　　　　用列表的方法解决实际问题
案例 5-21：四年级上册"数学广角——优化"
　　　　　　用画图的方法解决实际问题
案例 5-22：二年级下册"数学广角——推理"
　　　　　　灵活选择多种方法解决实际问题
案例 5-23：五年级上册"小数乘法"
　　　　　　结合问题情境处理计算结果
案例 5-24：四年级下册"平均数与条形统计图"
　　　　　　根据问题情境和计算结果做出合理判断
案例 5-25：四年级下册"平均数与条形统计图"
　　　　　　根据问题情境和计算结果做出合理预测
案例 5-26：五年级下册"折线统计图"
　　　　　　利用统计数据引导学生关注社会生活

案例 5-27：四年级下册"数学广角——鸡兔同笼"
　　　　　　"鸡兔同笼"的多种解题思路与检验方法
案例 5-28：五年级下册"数学广角——找次品"
　　　　　　通过"回顾与反思"提炼数学知识和方法
案例 5-29：六年级上册"数学广角——数与形"
　　　　　　通过"回顾与反思"总结数学活动经验

第六章　小学生理解数学课程

案例 6-1：四年级上册"数学广角——优化"
　　　　　创设知识应用情境，体验数学应用价值
案例 6-2：六年级上册"圆"
　　　　　有效利用课堂小结，促进学生情感发展
案例 6-3：五年级下册"分数的意义和性质"
　　　　　注重新旧知识联系
案例 6-4：五年级下册"分数的意义和性质"
　　　　　优化学生认知结构
案例 6-5：三年级下册"小数的初步认识"
　　　　　感悟数学知识的应用价值
案例 6-6：四年级上册"角的度量"
　　　　　理解"角的度量"知识本质，掌握"角的度量"操作技能
案例 6-7：自编案例
　　　　　感悟数形结合的思想方法
案例 6-8：自编案例
　　　　　感悟数学模型的思想方法
案例 6-9：五年级上册"多边形的面积"
　　　　　运用不同的数学思想方法指导"平行四边形的面积"教学
案例 6-10：四年级上册"角的度量"
　　　　　　积累数学活动经验，感悟数学学习方法
案例 6-11：三年级下册"除数是一位数的除法"
　　　　　　简洁表达操作程序，帮助特殊学生掌握技能
案例 6-12：三年级上册"万以内数的加减法（一）"
　　　　　　主动进行算法优化，养成良好运算习惯

案例6-13：自编案例
　　　　　　从了解到理解，从"知不知"到"懂不懂"

案例6-14：六年级上册"百分数（一）"
　　　　　　运用已有数学活动经验，指导学生开展自主学习

案例6-15：自编案例
　　　　　　从掌握到运用，从"对不对"到"会不会"

案例6-16：四年级下册"三角形"
　　　　　　积累不同推理方法的应用体验

案例6-17：自编案例
　　　　　　数学知识在不同层次的抽象

案例6-18：四年级下册"数学广角——鸡兔同笼"
　　　　　　两种画图的方法用于解决"鸡兔同笼"问题

案例6-19：二年级下册"有余数的除法"
　　　　　　开展丰富而有趣的数学活动，激发学生学习数学的兴趣

参考文献

［1］曹培英. 跨越断层，走出误区："数学课程标准"核心词的解读与实践研究［M］. 上海：上海教育出版社，2017.

［2］辞海编辑委员会. 辞海［M］. 上海：上海辞书出版社，2010.

［3］孔凡哲，曾峥. 数学学习心理学［M］. 北京：北京大学出版社，2009.

［4］黎加厚. 新教育目标分类学概论［M］. 上海：上海教育出版社，2010.

［5］李光树. 小学数学学习论［M］. 北京：人民教育出版社，2014.

［6］李士锜，吴颖康. 数学教学心理学［M］. 上海：华东师范大学出版社，2011.

［7］李宇韬，徐铭侃. 小学数学精准教学实施策略之内容解读与目标设定［M］. 广州：世界图书出版公司，2020.

［8］林语堂. 孔子的智慧［M］. 沈阳：万卷出版公司，2013.

［9］吕林海. 数学理解性学习与教学：文化的视角［M］. 北京：教育科学出版社，2013.

［10］史宁中. 基本概念与运算法则：小学数学教学中的核心问题［M］. 北京：高等教育出版社，2013.

［11］王永春. 小学数学核心素养教学论［M］. 上海：华东师范大学出版社，2019.

［12］吴正宪，刘劲苓，刘克臣. 小学数学教学基本概念解读［M］. 北京：教育科学出版社，2014.

［13］徐速. 小学数学学习心理研究［M］. 杭州：浙江大学出版社，2006.

［14］杨焕章，郭湛. 简明哲学原理二十四讲［M］. 北京：中国人民大学出版社，2016.

［15］张兴华. 儿童学习心理与小学数学教学［M］. 南京：江苏教育出版社，2011.

［16］郑毓信．小学数学教育的理论与实践［M］．上海：华东师范大学出版社，2017．

［17］中华人民共和国教育部．义务教育数学课程标准（2011版）［M］．北京：北京师范大学出版社，2012．

［18］周春荔．数学思维概论［M］．北京：北京师范大学出版社，2012．

后　　记

人们常说"作品是作者的孩子",就算是男性作者也愿意把自己想象成刚刚诞下新生命的母亲。漫长的孕育期里饱含着无尽的想象和期待,母亲本能地摄取、积累着新生命需要的一切营养。

2012年,在逐渐走出了对"新课程"的新奇和迷茫之后,我开始跟工作室的伙伴们一起探索关于小学数学课程目标的话题。想法很直接:无论多么先进的课程理念,最终必须落实到生动而直观的课堂教学实践中;无论多么美好的课程愿景,最终必须转化为准确而具体的课堂教学目标。

我们探讨过小学数学课程的7个目标行为动词:了解、理解、掌握、运用、经历、体验、探索。从它们的词语本义,到它们在课程目标中的具体含义,从它们与教学内容的互相适应,到它们在课堂教学中的行为表现,从实现单一目标的教学方法,到促进多个目标融合共进的教学策略……

我们逐渐聚焦了探索的重点——理解。了解是初步的理解,理解是深刻的了解;理解是掌握的基础,掌握是运用的前提;经历伴随着理解,体验丰富着理解,探索深化了理解。真正的理解不仅反映了知识自身的意义,更反映了知识之间的联系;深刻的理解不仅包含了认知的成果,也融合了情感的收获;完整的理解不仅形成了知识技能,发展了情感态度,也推动了学习方法和课程观念的改变。

分娩是痛苦而艰辛的,母亲忍受着紧张、焦虑、恐惧,也激发了决心、信心、意志。

2020年底开始构思本书写作提纲,试写了一两个章节,始终不能令人满意。整个寒假都深陷于困顿之中,迟迟不能进入状态,甚至怀疑自己,是不是选择了一项根本无法胜任的任务。在随后的一个学期里,虽然没有取得实质进展,但不断地暗示自己、调整自己,对"即将发起的攻坚战"越来越有了底气。

真正的写作只持续了一个多月的时间。面对一个具体的问题,总是先想起自己上过、听过、研过、磨过的那些课例,总能回到教学现场,回忆起自己曾经经历、感悟、提炼、分析过的点点滴滴。因此,我得赞扬自己,多年来严谨

地对待每一节课,养成了思考现象的习惯、探索规律的习惯、提炼经验的习惯、应用理论的习惯。

凝视着自己诞下的新生命,母亲是惊喜的,"瞧,她多漂亮啊!"母亲是好奇的,"鼻子还是眉毛,她哪儿像我呢?"母亲也是略有遗憾的,"唉,眼睛要是再大点儿就好了。"母亲更是充满信心的,"将来能变大的,那是一定的!"

30多年的教学经历令我略感自信,自己还算比较了解同行们需要、喜欢、适应什么样的教学参考读物。分享有质量的案例,或许是一线教师最务实的教学研究方式;探讨案例所蕴含的经验或理论,可能更容易引发一线教师对实践的反思;对教学难点提出可操作的建议,应当能解决一线教师更具体的困惑。感谢研究伙伴和实践同行们,在本书的写作过程中,他们给了我很多中肯的意见和热情的鼓励。

新生命一经诞生,就是独立的个体。他们将享受这世界所有的美好,也会面临风雨洗礼、经历成长挑战。正如一个作品一旦面世,既分享了作者的所得,也暴露了他的局限,在此,笔者诚恳地欢迎大家指出错误和缺陷,提出批评和质疑。

特别感谢挚友小幺,在写作最困难的时候,帮助我重建信心,重整思路。没有小幺的鞭策与鼓励,这本书与读者见面恐怕会遥遥无期。

徐铭侃

2021年9月